SIEH MEHR!

WIE KUNST UNSER DENKEN BEREICHERT

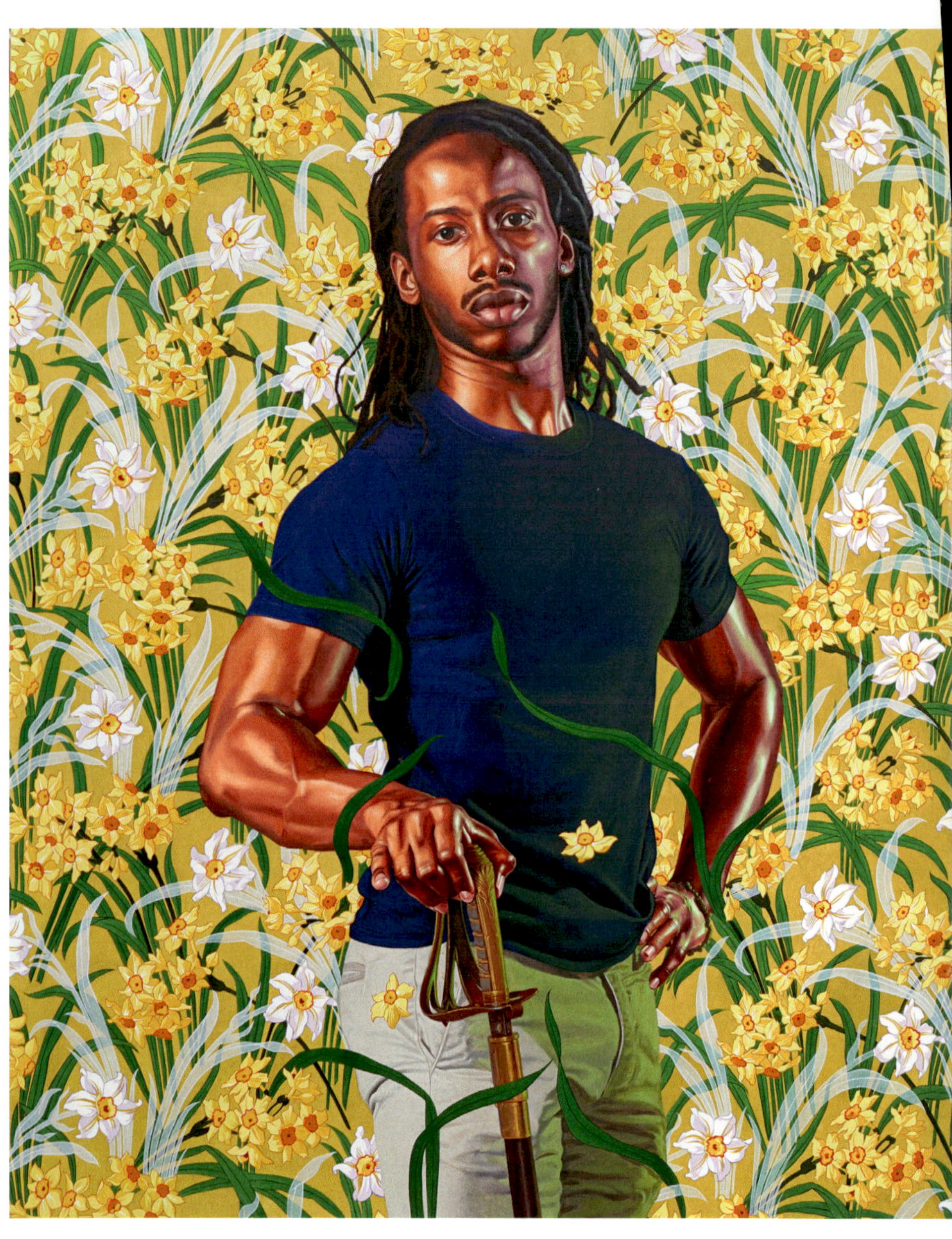

WIETEKE VAN ZEIL

SIEH MEHR!

WIE KUNST UNSER DENKEN BEREICHERT

Aus dem Niederländischen übersetzt
von Bärbel Jänicke

E. A. Seemann

INHALT

Essays

EINLEITUNG

Niemand wird mit einer Meinung geboren. Neugeboren, starrt man auf die Welt. Stunden, Tage, Wochen, Monate. Man beobachtet und registriert, alle visuellen Informationen gehen ein, aber es wird noch keine »Übersetzung« in Form von Wörtern ausgegeben. Als Kind hat man dazu noch kein Bedürfnis. Man schaut erst einmal ungefähr zwei Jahre, bevor Wörter eine gewisse Rolle zu spielen beginnen. Dann schaut man noch einmal ungefähr fünf Jahre, bevor man selbst zu lesen beginnt. Danach geht es schnell. Wörter werden wichtiger und überwuchern die Wahrnehmung; das Riechen, Fühlen, Hören, Schmecken und Sehen wird in Sprache gefasst. Wir heften dem, was wir wahrnehmen, Wörter an. Und das geschieht selten, ohne dass wir urteilen.

Das urteilsfreie Beobachten eines Kindes ist eine Fertigkeit, die wir später im Leben nur noch mit großer Mühe erlangen können. Wir lernen, etwas zuerst wahrzunehmen, es dann zu bewerten, und schließlich, ihm eine Bedeutung zu geben. Wir lernen, eine Meinung über etwas zu haben, und ehe wir uns versehen, scheinen diese Meinungen selbstverständlich zu sein. Damit ist die Bedeutung, die wir unserer Wahrnehmung gegeben haben, zu einer feststehenden Wahrheit geworden, unumstößlich wie ein Naturgesetz.

Als ich 13 war, kaufte mir mein Vater ein T-Shirt mit der Aufschrift: »Ich bin nicht rechthaberisch, ich habe einfach immer Recht.« Er hatte seine helle Freude daran, dass ich bei Tisch gern mitredete, und forderte mich regelmäßig auf, meine Meinung zur Politik, zu Atomwaffen, zu Nelson Mandela oder zu den Hausbesetzerkrawallen in Amsterdam zu äußern. Er wollte wissen, was ich von Tina Turner und von Beethoven hielt. Diese Meinungen waren noch nicht besonders ausgefeilt. Ich fand es vor allem interessant, dass ich mir eine Meinung bilden konnte, und es fühlte sich ein wenig so an, als ob diese Themen auch meine eigenen wären.

Urteilsbildung ist in gewissem Sinne ein Sich-Zueignen. Ein ganz klein wenig Zugriff auf das bekommen, was man um sich herum sieht. Mit 13 schienen diese Themen noch beruhigend übersichtlich zu sein. Das änderte sich ziemlich schnell. Wie sich herausstellte, war die Welt doch wesentlich schwerer zu verstehen, und menschliches Verhalten erst recht. Überdies ließ sich längst nicht jede Emotion mit einer Meinung zukleistern oder in eine Ecke schieben. Auch wenn man manchmal den Eindruck hat, dass das den Gepflogenheiten entspricht.

Wer sich umschaut, hört Meinungen. Diese dürfen und können wir immer deutlicher äußern, und die Freiheit, dies zu tun, ist ein hohes Gut. Aber seine Meinung zu äußern, ist mittlerweile auch zu einer Norm geworden. Besonders durch den Einfluss der (sozialen) Medien scheint es manchmal so, als ob es eine Leistung sei, schnell eine Meinung zu haben.

Auf der Grundlage dessen, was wir kennen und für »normal« halten, messen wir den Dingen, die wir sehen und erleben, unbewusst ständig einen Wert bei. Kontext, Kultur und soziale Normen beeinflussen die Art und Weise, in der wir unserer Umwelt Bedeutung verleihen. Die »eigene Meinung« und die Freiheit, die eigene Meinung zu äußern, werden gefeiert, auch wenn es manchmal fraglich ist, wie eigen und frei diese Meinung wirklich ist. Was man nicht weiß, kann man schließlich nicht berücksichtigen. Und was man nicht selbst erlebt hat, kann man auch nicht so leicht einschätzen. Kurzum: Sich ein gutes Urteil zu bilden, ist eine Kunst.

Und Kunst kann uns helfen, besser zu urteilen. Sie bietet uns neue Perspektiven und zeigt uns die Welt aus einem anderen Blickwinkel als unserem eigenen. Sie fordert uns dazu heraus, selbst mehr zu entdecken: schöne Details, unerwartete Assoziationen und neue Bedeutungen.

Eine der schönsten Eigenschaften, die die bildende Kunst auszeichnen, sehe ich gerade in der Abwesenheit von Worten. Sie existiert außerhalb der Sprache; für die Wahrnehmung eines Kunstwerks spielt es keine Rolle, mit welcher Sprache man aufgewachsen ist. Uns wird etwas in bildlicher Form angeboten. Die Bedeutung gibt sich nicht sofort preis. Weil wir sie meist nicht gleich in Worte fassen können, werden wir zum Teil auf das offene Beobachten zurückgeworfen, das kleinen Kindern zu eigen ist. Das Kunstwerk kann die Realität darstellen oder auch nicht, es kann abstrakt oder figurativ, verletzlich oder brutal sein. Es kann aktuell sein, auch wenn es Hunderte von Jahren alt ist, weil es in ihm um Dinge geht, die die Menschen auch heute noch angehen.

Die bildende Kunst ist ein freies Feld, in dem die Möglichkeit zur Interpretation und Urteilsbildung immer offensteht, jedem Menschen und jeder Generation aufs Neue.

Das kann allerdings heikel sein. Wir sind so daran gewöhnt, schnell eine Meinung zu haben (oder haben zu müssen), dass ein »schön« oder »merkwürdig« schnell gesagt ist. Der unbewusste Drang, etwas zu bewerten, ist hartnäckig. Und wenn wir selbst etwas nicht sofort bewerten, steht oft jemand in der Nähe, der uns ein Urteil aufdrängt, als ob man ein Werk nur so verstehen könne, und als ob damit die Sache erledigt sei. Aber um etwas angemessen zu würdigen, kann es gerade hilfreich sein, wenn man in der

Lage ist, seine Meinung für eine Weile zurückzustellen. Kunstwerke geben uns die Chance, diese Fähigkeit einzuüben. Um Freude am Beobachten selbst und an einer sorgfältigen Urteilsbildung zu gewinnen, und um sich bewusst zu werden, wie man zu dem eigenen Urteil gelangt. Und um zu entdecken, was das über einen selbst aussagt.

Um besser hinzusehen, habe ich mir angewöhnt, bei den Details zu beginnen. Details können Aufschluss darüber geben, wie man das Ganze sieht. So, wie in einer intimen Beziehung manchmal gerade die kleinsten Gesten den wahren Wert des Ganzen offenbaren können. Anders kann man Wichtiges leicht übersehen.

So wurde mir beispielsweise die Qualität von Berninis Marmorbüste des Kardinals Agostino Valier (siehe Seite 71) erst richtig bewusst, als ich bemerkte, dass der Schulterumhang des Kardinals nicht ordentlich zugeknöpft war – eines der Knopflöcher ist leer. Ich wollte schon fast nach seinem Umhang greifen, um den Knopf durch das Loch zu friemeln, als mir klar wurde, dass er aus Marmor besteht, und Bernini mich dazu gebracht hatte, dass ich mich an einem Knopf zu schaffen machen wollte, den es überhaupt nicht gab. Bei Kehinde Wiley, dem amerikanischen Künstler, der extrem realistisch Menschen malt, wurde mir erst klar, wie gut er uns hinters Licht führt, als ich bemerkte, dass die Reflexionen aus dem Hintergrund auf dem leuchtend blauen T-Shirt seines Modells zu sehen waren. Ein grünes Leuchten, als ob es wirkliches Licht wäre.

Dieses Buch ist eine Schilderung des Sehvergnügens und eine Übung in Urteilsbildung. Wie kann es sein, dass ich einen sterbenden Löwen, der vor 2700 Jahren auf eine Wand in Ninive gemeißelt wurde, gebannt betrachte, obwohl man uns in der Schule beigebracht hat, dass »realistische« Kunst erst einige Jahrtausende später entstanden ist? Warum sind mir ein paar großartige Künstlerinnen nicht schon früher aufgefallen, und wie lässt es sich erklären, dass kaum eine von ihnen in den westlichen Kanon aufgenommen wurde? Wie kommt es, dass wir Schwarze Menschen in Gemälden nicht so schnell bemerken? Und was um alles in der Welt soll ich von so einer Aktion wie dem geschredderten Kunstwerk des Street Art-Künstlers Banksy halten?

Ganz anders als meinem 13-jährigen Ich, das an den Tischgesprächen teilnahm, gelingt es mir heute meist nicht, sofort eine Meinung über etwas zu haben. In vielen Bereichen wird das als Schwäche empfunden – Zweifel werden schnell als negativ abqualifiziert; man schlägt sich nicht auf eine Seite, ist unsicher, uninformiert oder gar ein Opportunist.

Aber daran, erstmal keine Meinung zu haben, ist nichts verkehrt. Manchmal weiß man nicht sofort, worauf man achten soll, worin die Absicht liegt oder ob man genug weiß, um sich überhaupt eine Meinung bilden zu können. Dieses Buch beginnt daher mit sechs Tipps, die dabei helfen sollen, zu einem ausgewogenen Urteil zu gelangen. Diese Tipps basieren auf wissenschaftlichen Forschungen zur Wahrnehmung und zu den Faktoren, die bei unserer Urteilsbildung oft unbewusst eine Rolle spielen. Sie zeigen, was wir tun können, um unseren Geist für neue Informationen offen zu halten, auch dann, wenn die erste emotionale Reaktion sofort eindeutig ist.

So wird das untersuchende Denken, zu dem uns die Kunst einlädt, zu einem Vergnügen an sich. Ein Vergnügen obendrein, das uns eine Fertigkeit vermittelt, die auch außerhalb des Museums sehr nützlich für uns sein kann. Es gibt immer etwas zu entdecken, wozu man sich eine Meinung bilden kann. Es ist der Mühe wert, sich die Zeit dafür zu nehmen.

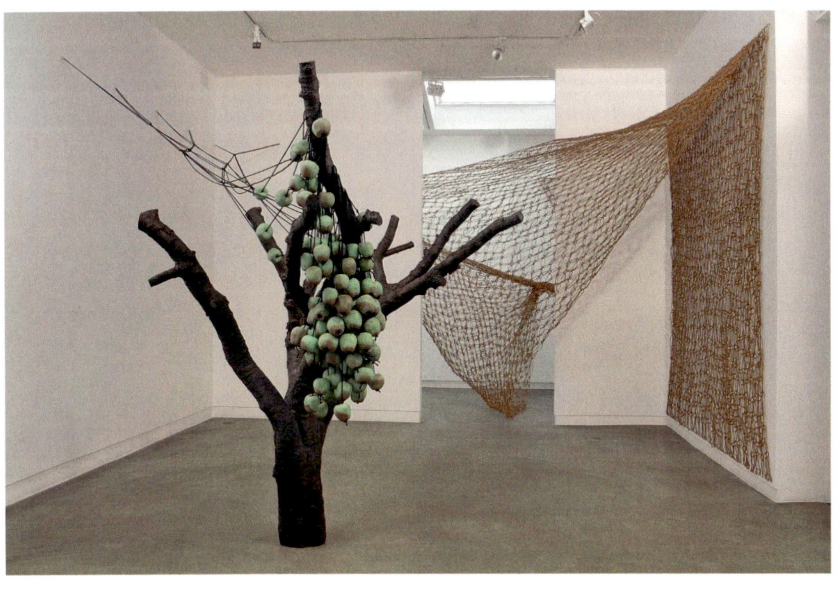

ANYA GALLACCIO, WHO CAN I TURN TO IF YOU TURN AWAY, 2005, BRONZE, GRÜN GLASIERTES PORZELLAN UND SCHWARZES SEIL, 226 X 215 X 180 CM. IM HINTERGRUND SOMEWHERE SAFER WHERE THE FEELING STAYS, 2008, HANDGEWEBTES, GEKNOTETES DRAHTNETZ AUS GOLDLAMÉ, 195 X 180 CM

TIPP 1

STELLE DEINE MEINUNG ZURÜCK *OBWOHL DIE WISSENSCHAFT SAGT, DASS MAN DAS NICHT KANN*

Vor etwa 10 Jahren war ich mit Freunden in einer Galerie. An der Wand hingen Fischernetze, und in der Ecke lag ein Zweig, der genau so hingelegt worden war, wie man es erwarten würde, wenn jemand diesen Witz über die Reinigungskraft erzählt, die aus Versehen das Kunstwerk zusammenfegte. Es kam mir vor, als würde der Zweig regelrecht auf die Reinigungskraft warten. Ein ganz gewöhnlicher Zweig, leicht verdorrt, mit einigen wenigen Blättern. Eine Art Osterzweig, etwas dunkler. Ich konnte nichts damit anfangen. Eine meiner Freundinnen, die sowieso nicht so recht wusste, was sie hier sollte, rollte mit den Augen. Schon wieder so was. Genau das fand sie an zeitgenössischer Kunst so ärgerlich: Ein Zweig liegt in der Ecke, und wir, in unseren hippen Ausgehklamotten, sollen »Oh« und »Ah« rufen. Dann kauft ein Sammlerpaar diesen Zweig für einen Haufen Geld, legt ihn zu Hause in eine Ecke, instruiert die Reinigungskraft und muss seinen Freunden dann immer wieder erklären, dass dieser Zweig natürlich Kunst ist. Und sehr viel gekostet hat.

Ein paar Jahre später erzählte mir eine Freundin, die sich besser mit zeitgenössischer Kunst auskannte, dass der Zweig aus Bronze war. Dass er Teil eines größeren Ganzen ist, eines Œuvres, in dem Vergehendes und Beständiges thematisiert wird, eine Ode an Materialien, die lebendig sind, sich verwandeln und vergehen, und an Materialien, die überdauern. Aus Meerwasser destilliertes Salz, das zu Wellen geformt und so dem Meer wieder »zurückgegeben« wird. Äpfel, die langsam verfaulen. Ein Fischernetz, ein so alltägliches Werkzeug, das sich mit Knoten endlos verlängern lässt, aus Goldfäden gefertigt. Ein Baum aus Bronze. Man muss das nicht schön finden; niemand muss Kunst schön finden. Aber dieser Zweig ist Teil eines Gesamtwerks, das wie ein Organismus wächst und mit dem die Künstlerin sagen will: Schau noch einmal hin. Schau dir die Dinge, die du normalerweise übersiehst, weil du sie für selbstverständlich hältst, noch einmal neu an. Ein Zweig ist vergänglich, obgleich ein durchschnittlicher Zweig länger lebt als wir. Die Künstlerin erschafft aus diesem Zweig eine

Skulptur, um seinen Wert zu bewahren. Unsere Wahrnehmung der Welt ist dabei zu verdorren, heißt es im Begleittext zur Ausstellung. Dieses Kunstwerk stammt von Anya Gallaccio aus dem Jahr 2008.

Mittlerweile sind Jahre vergangen. Es ist zu einer Art Wettbewerb geworden, sich schnell eine Meinung zu bilden. Die sozialen Medien befeuern diese Form der Meinungsbildung und machen sie zur Norm. Denn auf Bilder und Texte – beispielsweise auf Schlagzeilen –, die auf einer Timeline ohne Kontext und wild durcheinander an uns vorbeirauschen, dabei permanent um unsere Aufmerksamkeit wetteifernd, kann man nur kurz und schnell reagieren. Diese Bilder und Texte werden geteilt und verbreitet, um Reaktionen hervorzurufen, vorzugsweise heftige Reaktionen, denn die funktionieren am besten. Alles ist darauf angelegt, bemerkt zu werden. Mit den sozialen Medien haben wir alle mehr Macht bekommen, die Macht, eine Meinung zu haben und ihr eine Plattform zu geben. Aber die Technik ist auf Geschwindigkeit ausgerichtet und hat damit Kontexte und feine Nuancen ausgefiltert. Dabei sind es gerade diese Aspekte, die, ebenso wie Ruhe, entscheidend dafür sind, dass wir uns ein ausgewogenes Urteil bilden können.

Die Kunst bietet ein ausgezeichnetes Gegenmittel, um sich davor zu schützen. Wenn ich an die bronzenen Zweige von Anya Gallaccio denke und an alles, was ich seither in Museen und Galerien gesehen habe, wird mir klar, wie viel mir entgangen wäre, wenn ich mich allein auf meine ersten, ungefilterten Reaktionen auf manche Kunstwerke gestützt hätte. Und was noch wichtiger ist: Ich wäre eine schlechte Autorin geworden. In den meisten Fällen wirkt ein Kunstwerk oder ein künstlerisches Detail auf meinen Geist wie ein Efeu; es klammert sich fest und rankt sich um meine Gedanken. Bis ich mehr dahinter suche. Mehr Möglichkeiten finde, es zu betrachten, und dadurch auch mehr von der Welt um mich herum zu verstehen beginne.

Kunst hat immer etwas in petto. Kein Detail ist zufällig. Bei einem Kunstwerk darf man erwarten, dass die Dinge niemals grundlos so sind, wie sie sind, dass es einen Zusammenhang gibt, den man vielleicht noch nicht durchschaut, und dass jedes Detail, jede Farb- oder Materialwahl, eine Bedeutung haben kann. Deshalb lohnt es sich, nicht gleich mit Meinungen um sich zu werfen.

Wir haben die Tendenz, ständig schnell zu urteilen, das geht wie von selbst. Wir »scannen« gewissermaßen unsere Umgebung und teilen das, was wir sehen, in Kategorien ein, etwa in vertraut/unbekannt, anziehend/abstoßend, sicher/gefährlich. Unser sogenanntes »Reptiliengehirn« ist instinktiv aufs Überleben ausgerichtet. Diese Urteile gehen unserem Denken voraus, die Begründungen werden oft erst nachgeliefert. Das Reptiliengehirn kann sehr nützlich sein, etwa wenn man blitzschnell entscheiden muss, ob man fliehen oder kämpfen sollte. Aber das müssen wir nicht besonders oft. In seinem Buch *Blink! Die Macht des Moments* (2005) hat der Autor Malcolm Gladwell eine ganze Reihe moderner Anekdoten gesammelt, die den Nutzen schneller Urteile belegen. Er erzählt die spannende Geschichte eines erfahrenen Kunstexperten, der in einem Sekundenbruchteil erkannte, dass eine Skulptur nicht authentisch war, während alle anderen sie für ein Original hielten. Irgendetwas kam ihm nicht richtig vor, als er sie zum ersten Mal sah, und diese Einschätzung erwies sich als korrekt. Das sind großartige Beispiele für ein »Denken-ohne-nachzudenken«, wie Gladwell es nennt. Aber allen Kunstexpertinnen und -experten, die eine Fälschung dank ihres Bauchgefühls erkennen, stehen mindestens genauso viele Experten und Expertinnen gegenüber, denen das nicht gelingt. Auch darüber sind gute Bücher geschrieben worden, zum Beispiel *Magenta* (1998) vom Meisterfälscher Geert Jan Jansen, der beschreibt, wie er kalt lächelnd Lithographien von Karel Appel fälschte, kurz mit seinen Turnschuhen darüber lief, um das Papier alt aussehen zu lassen, und dann den Künstler selbst um ein Echtheitszertifikat ersuchte, das er immer wieder erhielt.

Schnelle Urteile stützen sich auf frühere Erfahrungen, die das Gehirn gespeichert hat. Diese bilden zusammen eine Art Kompass dafür, was wir als sicher und richtig, und was als gefährlich und falsch wahrnehmen. Doch wenn die Erfahrungsbasis begrenzt ist, kann Vertrautheit zu unangebrachten schnellen Urteilen führen.

Die Nobelpreisträger Daniel Kahneman und Amos Tversky, beide Psychologen und Wirtschaftswissenschaftler, haben unser Denken in zwei Systeme unterteilt. System 1 arbeitet schnell und automatisch, mit wenig Aufwand und wenig Gefühl für Kontrolle; aus ihm gehen unsere »in-einem-Wimpernschlag«-Urteile hervor. System 2 ist für die komplexen mentalen Prozesse zuständig, etwa für Berechnungen und bewusstes Denken. Dieses System formt unsere abgewogenen Urteile. Von uns selbst glauben wir, dass unsere Urteile sehr durchdacht seien und wir also nach Systems 2 handeln würden, während wir uns in Wirklichkeit weitgehend von Impulsen leiten lassen und daher nach System 1 vorgehen, schreibt Kahneman in seinem berühmten Buch *Schnelles Denken, langsames Denken* (2012).

Hinsehen und sich orientieren, wiedererkennen, erschrecken, Emotionen anderer beurteilen – all diese Verhaltensweisen gehören zu System 1. Dieses System funktioniert automatisch, wir urteilen, bevor wir es überhaupt bemerken. Das Urteil (oder die Entscheidung) geht aus allen zuvor gespeicherten Erfahrungen hervor. Es ist daher zwar schnell, wird aber ein Leben lang durch neue Erfahrungen verfeinert. System 2 umfasst jede Form des Denkens, die Aufmerksamkeit erfordert, und es kann System 1 in Parade fahren. Ein berühmtes Beispiel dafür ist das psychologische Experiment des »unsichtbaren Gorillas«. Aus diesem Experiment geht hervor, dass Personen, deren Aufmerksamkeit beeinflusst wird – beispielsweise weil man sie zuvor gebeten hat, auf etwas Bestimmtes zu achten – viele visuelle Informationen entgehen. Selbst einen Mann, der im Gorillakostüm direkt vor unserer Nase durch das Bild tanzt, können wir übersehen, wenn unsere Aufmerksamkeit auf eine andere Aufgabe ausgerichtet ist. Dieses Experiment zeigt, dass gelenkte Aufmerksamkeit (System 2) das schnelle, automatische Agieren (System 1) beiseiteschieben kann.

Eigentlich werden wir ständig von beiden Systemen gelenkt und zum Narren gehalten. Wir bilden unsere Urteile auf der Grundlage dessen, was wir wissen, als wäre das alles, was es zu wissen gäbe. System 1 vermittelt uns die Illusion, über vollständiges Wissen zu verfügen. Es ist ja auch viel einfacher, sich ein Urteil zu bilden, wenn man wenig weiß. Denn das »Puzzle«, das man legt, hat dann viel weniger Teile, man kann die Vielzahl an Perspektiven und Faktoren weitgehend außer Acht lassen. Überdies kann es beruhigend sein, das Puzzle klein zu halten. Kahneman zeigt, was an unserer Tendenz, aus den begrenzten Informationen, die uns zur Verfügung stehen, eine klare Geschichte zu entwerfen, nicht stimmt: »Unsere beruhigende Überzeugung, dass die Welt einen Sinn hat, ruht auf einem sicheren Fundament: unserer beinahe unbegrenzten Fähigkeit, die eigene Unwissenheit zu ignorieren.«

Nach Kahnemans Theorie ist die Kunst unser Instrument zur Verfeinerung von System 2. Kunstwerke schreiben uns nichts vor; sie lassen uns jederzeit Raum, unsere eigene Bedeutung aus ihnen herauszulesen. Sie lassen sich nur angemessen beurteilen, wenn man Zugang zu Zeit und Kontext hat, und selbst dann bleibt offen, worin ihre Bedeutung genau besteht. Sie kann für die nächste Generation, in einem anderen Kontext, wieder anders sein.
Je häufiger wir Kunst betrachten, desto stärker entwickelt sich unsere Antenne für ihre vielfältigen Deutungsmöglichkeiten. Es gibt immer mehr zu wissen, es gibt immer einen Ausweg aus dem übersichtlichen, aber begrenzten und manchmal einengenden Rahmen unserer Gedanken und Erfahrungen. Kunstbetrachtung verfeinert unsere schnellen Urteile, sie hilft uns aber auch zu verstehen, dass man diesen Urteilen nicht immer trauen kann.

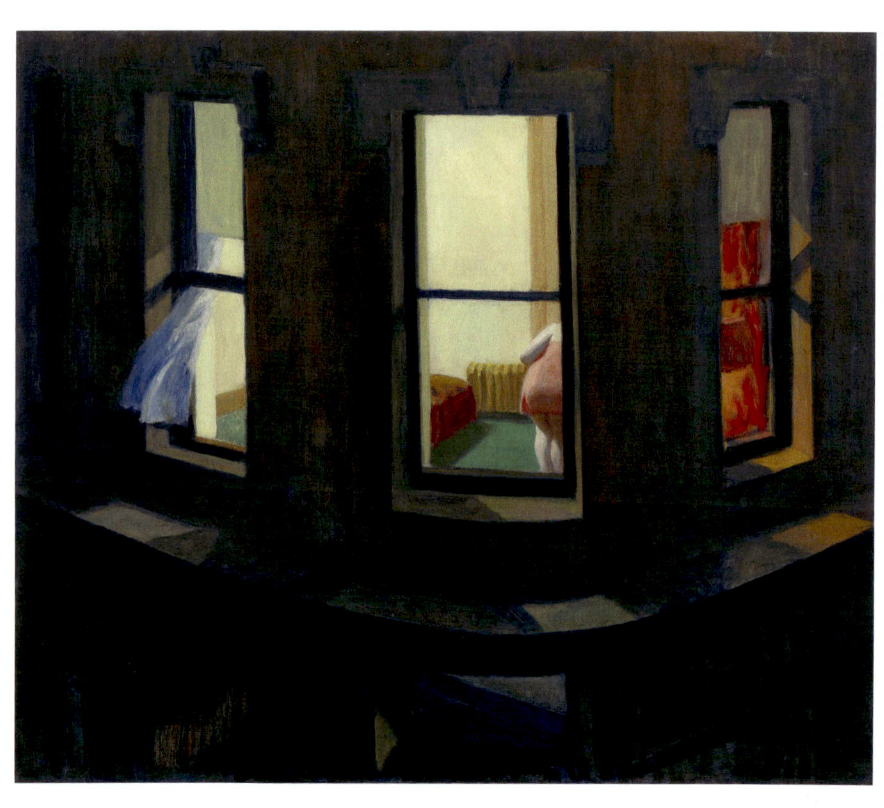

EDWARD HOPPER, NIGHT WINDOWS, 1928, ÖL AUF LEINWAND, 73,7 X 86,4 CM, MUSEUM OF MODERN ART, NEW YORK

TIPP 2

WIR SIND, WAS WIR MEINEN

UNSER URTEIL SAGT VOR ALLEM ETWAS ÜBER UNS SELBST AUS

Edward Hopper gilt als der Künstler der Einsamkeit. In seinen Bildern erkennt man das Leid menschlicher Isolation. Das kann tröstlich sein, denn Leid wiederzuerkennen, kann Leid lindern. Für mich brachten diese Kunstwerke allerdings das Gegenteil zum Ausdruck. Als ich ein Hopper-Gemälde zum ersten Mal im Original sah, fühlte ich mich zu Hause. Wie kann das sein? Weil wir Bilder anhand dessen beurteilen, wie wir uns fühlen. Unsere Meinung hängt in großem Maße von unserer Stimmung ab.

Bei Hopper und mir funktionierte das so. Vor langer Zeit schrieb ich einmal: »Einsamkeit ist ein bösartiges Monster. Ein wenig wie ein Lindwurm, der einen von innen auffrisst. Nie ist sein Hunger gestillt. Bis man schließlich völlig leer ist.« Teenagerprosa, ich weiß, aber das unglückliche Gefühl war echt, neu und bitter. Als ich 17 war, fühlte ich mich furchtbar und schrieb darüber, mit einer gewissen Scheu, in mein Tagebuch. Ich war gar nicht allein, sondern hatte ein erfülltes Sozialleben, eine große Klappe in der Schule, hatte Familie, Sport, Kirche, einen Job in einer Pizzeria, und war auch ehrenamtlich unterwegs. In den beiden Phasen meines Lebens, in denen ich von Einsamkeit geplagt war, als Teenager und später während eines Praktikums im wunderschönen Florenz, war ich ständig von Menschen umgeben. Menschen, bei denen ich mich eigentlich zu Hause fühlen sollte. Ich watete mit ihnen durch Aktivitäten, als ob ich strampeln müsste, um nicht darin zu ertrinken. Einsamkeit, so weiß ich heute, hat rein gar nichts damit zu tun, dass es einem an Menschen um sich herum fehlt. Es ist die Sehnsucht nach Kontakt, nach Berührung, nach Lachanfällen, nach gemeinsamem Staunen, die sich einfach nicht erfüllt. Und das ständige Gefühl, dass alle, in jeder kleinen Geste, dein Scheitern bemerken.

In ihrem Buch *The Lonely City* (2016), einer präzisen Analyse des Alleinseins und der Einsamkeit, die ich meinem früheren Ich gerne geschenkt hätte, nennt Olivia Laing es »die unangenehme Kombination aus Isolation und einem fast unerträglichen Gefühl, dass diese bloßgestellt ist«. *Exposure*, wie das Gefühl öffentlicher Sichtbarkeit im Englischen heißt, ist Teil der Einsamkeit. Ebenso wie die Scham, die daraus erwächst.

Die Anwesenheit anderer kann die eigene elende Stimmung dann noch verstärken, denn anders als viele andere Kümmernisse erweckt sie mitunter Abscheu. Der einsame Mensch strahlt eine Bedürftigkeit aus, der viele, selbst diejenigen, die das Leid kennen, aus dem Weg gehen wollen, als wäre sie ansteckend.

Seltsamerweise verschwanden diese Gefühle in dem Moment, als ich zum Studieren nach Amsterdam ging (und auch, als ich später nach Florenz zurückkehrte). In Amsterdam war ich allein, manchmal so allein wie die Frauen in Hoppers Gemälden, aber ich war frei. Die Scham war verschwunden, ebenso wie das bedrückende Gefühl, dass das eigene Scheitern ständig für alle sichtbar sei. Die neue Stadt hatte noch keine Meinung über mich, und das war eine große Erleichterung. Die Stadt war voller Menschen, und das fühlte sich auf eine neue Art sicher an. In der Ruhe dieses Alleinseins löste sich meine Einsamkeit auf, und es entstand Raum für ein freudvolleres Leben. Fast automatisch gesellten sich Menschen dazu. Was mich sonst immer Mühe gekostet hatte, lief plötzlich ganz wie von selbst. In dieser Stimmung stand ich im Jahr 2000 in New York vor Hoppers *Night Windows* (1928). Es fühlte sich herrlich an, und frei. In meinem Urteil über das Werk spielte Leid gar keine Rolle.

Olivia Laing schreibt auch über Edward Hoppers Kunst, und ihre Beschreibungen sind besser als alle anderen, die ich kenne. Mit eindringlichen Details über die Heimatlosigkeit und die Unfähigkeit, Kontakt aufzunehmen. In ihrem Text zu *Night Windows*, dem Gemälde, vor dem ich in New York stand und das in einem Außenblick eine Frau alleine in ihrer Wohnung zeigt, beschreibt sie, wie die Architektur die Atmosphäre bestimmt: »Fenster haben mit Augen etwas gemeinsam [...], und diese Hindernisse, diese mit Farbe zugeschmierten Löcher, erzeugen Unsicherheit darüber, ob und wie man gesehen wird: Vielleicht sieht jemand hin, vielleicht handelt es sich aber um ein Übersehen, man bleibt ignoriert, ungesehen, vernachlässigt, unerwünscht. In den unheilverkündenden *Night Windows* schwillt dieses Unbehagen zu akuter Unruhe an.«

Das trifft auf bewundernswerte Weise einen zentralen Aspekt, und ich weiß sicher, dass ich diese Gemälde nie wieder betrachten kann, ohne an Laings Beobachtungen zu denken. Ich empfand jedoch ganz anders, als ich davorstand. Als Betrachterin befindet man sich in der Tat in der Position der Voyeurin – man schaut auf die Frau herab, als stünde man in einem gegenüberliegenden Gebäude, ein paar Stockwerke höher. Aber ich habe mich mit ihr identifiziert. Eine angenehm chaotische Wohnung, schönes Licht, eine sichere Höhle in der Stadt. Vielleicht will sie im Bett ein Buch lesen, vielleicht ruft sie eine Freundin an, vielleicht bereitet sie sich auf einen Abend mit einem Geliebten vor. Diese Freiheit prägte mein Urteil.

Wie können wir wissen, wie ein Kunstwerk gemeint ist und wie wir es betrachten sollen? Und warum sieht der eine Betrachter darin eine Bestätigung für etwas völlig anderes als die andere Betrachterin?

Über die Intention von Kunst wird viel diskutiert. Muss das, was wir von Kunst halten, dem entsprechen, was wir nach dem Willen des Künstlers oder der Künstlerin davon halten sollen? In Hoppers Fall gestaltet sich das recht schwierig, denn der gab gerne ausweichende Antworten. So sagte er unter anderen, in seinem Werk gehe es gar nicht um Einsamkeit, obwohl sein Werk zum Archetypus für diese Emotion geworden ist.

Einer gewissen Theorie zufolge spielt es keine Rolle, was Kunstschaffende mit ihrem Werk aussagen wollen. Intentionaler Fehlschluss wird das genannt. Viele von ihnen sind ohnehin schon längst verstorben oder stehen nicht zur Verfügung, um Fragen nach ihren Absichten zu beantworten. Solange das Kunstwerk »funktioniert«, muss man nicht wissen, was der Schöpfer oder die Schöpferin damit sagen wollten. Es ist auch in Ordnung, wenn es anders »funktioniert« als beabsichtigt.

Andererseits kann man argumentieren, dass Intentionen durchaus eine Rolle spielen; der Künstler wollte mit Formen, Farben und Materialien etwas vermitteln, das man aus dem Bild herauslesen muss. Es handelt sich um eine Art verschlüsselte Sprache in Bildern, mit der sich der Schöpfer an seine Betrachterinnen und Betrachter wendet. Wir werden durch seine oder ihre Arbeit zum Nachdenken über Dinge angeregt, über die wir uns vielleicht noch nie Gedanken gemacht haben. Denken Sie an den Zweig von Anya Gallaccio; in diesem Fall haben Informationen zu dem Urteil beigetragen, das ich mir darüber gebildet habe. Die Designerin Hayley Levitt verglich es mit der Frage nach einem Feuerzeug. Wenn man jemanden auf der Straße fragt: »Haben Sie ein Feuerzeug?«, geht man davon aus, dass die Person weiß, was man mit dieser Frage meint. Man fragt nicht, ob jemand ein Feuerzeug besitzt, die Intention besteht darin, ein Feuerzeug zum Anzünden einer Zigarette zu bekommen.

Wie immer man jedoch zum intentionalen Fehlschluss stehen mag: Die psychologische Forschung sagt, dass die eigene Emotion bei der Beurteilung von Situationen enormes Gewicht hat. Wenn wir starke Gefühle haben, beispielsweise traurig oder einsam oder gerade verliebt oder voller Sehnsucht sind, entsteht eine Art Tunnelblick. Wir beginnen, unsere Gefühle in kleinen Dingen bestätigt zu sehen, und interpretieren unsere Wahrnehmung aus diesen Gefühlen heraus. Eine intensive Stimmung weckt zudem Erinnerungen an andere Momente, in denen wir in der gleichen Stimmung waren. Dieses Phänomen wird als *mood congruent memory* bezeichnet, stimmungskongruente Erinnerung. Man sieht zum Beispiel einen Film über den Verlust eines geliebten Menschen und denkt an Momente in seinem eigenen Leben, in denen man den Schmerz des Verlustes erfahren hat.

Die Psychologen Gerald Clore und Jeffrey Huntsinger konnten in einer Studie aus dem Jahr 2007 nachweisen, dass Emotionen bei unserer Urteilsbildung gewissermaßen Regie führen. Aus einigen Experimenten geht hervor, wie einfach das funktioniert: Wenn es regnet, neigen wir dazu, die Dinge negativer zu sehen als bei Sonnenschein. Ganz gleich, um was es geht, unsere Stimmung umklammert gewissermaßen alles, worüber wir eine Meinung haben können, selbst die banalsten Dinge. Unser emotionaler Zustand dient als Informationsquelle für alles, was wir beurteilen müssen. Illustriert wird dies im Film *Clueless* (1995), einer heiteren Satire über elitäre amerikanische Teenager, die sich an Jane Austens klassische Sittenkomödie *Emma* anlehnt. Cher, die Hauptfigur, ist ein reiches Mädchen aus Beverly Hills, das von ihrem Lehrer kritisiert und schlecht benotet wird, woraus sie den Schluss zieht, dass dieser wohl eine Portion Liebesglück gebrauchen könnte. Das funktioniert offensichtlich: Als sie den miesepetrigen Lehrer mit einer netten Frau zusammenbringt, werden alle seine Beurteilungen positiver und damit auch die Noten der gesamten Klasse.

Kunstwerke eröffnen uns unzählige Möglichkeiten, sie zu beurteilen. So konnte ich beispielsweise in einem Bild von Edward Hopper das positive Gefühl von Freiheit erkennen, während andere darin Beklemmung oder die Verzweiflung der Einsamkeit sehen. Für die bildende Kunst gibt es keine Gebrauchsanweisung, sie muss daher immer durch uns »übersetzt« werden. Wir selbst holen Bedeutung aus ihr hervor, unabhängig davon, ob wir etwas über ihre Schöpferin oder ihren Schöpfer wissen oder nicht. Und dabei bestimmen unsere Emotionen, wie wir sie beurteilen.

TIPP 3

WAS WIR NICHT VERSTEHEN, MACHT UNS NEUGIERIG

WARUM WIR EHRFURCHT BRAUCHEN

Manchmal steht man vor etwas, das sich groß anfühlt. Es mag winzig sein; seine Größe erfährt man innerlich. Es ist ein Gefühl der Überwältigung. Man versteht es vielleicht nicht, aber das spielt eigentlich kaum eine Rolle. Es geht in diesem Moment nicht ums Verstehen. Das überwältigende Gefühl kann mit Liebe oder Trost einhergehen, mit Intimität oder Erregung. Im Grunde ist es Ehrfurcht gebietend. Oder wie es im Englischen so schön heißt: *awe-inspiring*.

Jeder wird dafür seine eigenen Beispiele haben. Ich erinnere mich an dieses Gefühl bei einigen Kunstwerken. Eines davon ist *Die Heimsuchung* (um 1528–30) von Jacopo da Pontormo, die ich mit Anfang 20 in der kleinen toskanischen Kirche San Michele Arcangelo in Carmignano sah, für die dieses Gemälde ursprünglich geschaffen worden war. Alles ist Bewegung und Farbe, und zwischen den beiden Frauen, die sich begegnen, besteht eine unausgesprochene Herzlichkeit. Die gegenseitige Berührung ihrer Arme wirkt wie selbstverständlich. Und dass die Frauen doppelt auf dem Gemälde zu sehen sind – ihre zweiten Versionen blicken uns direkt an –, vermittelt uns das Gefühl dazuzugehören. In diesem Gemälde gibt es Luft und Wind. Ein Wind, der direkt aus dem 16. Jahrhundert zu mir herüberwehte, so empfand ich es zumindest. Eine leichte Brise zog durch alle meine Gedanken, und ich wünschte mir, dass die Leute, mit denen ich unterwegs war, aufhören würden zu reden. Seither betrachte ich das Gemälde gefühlsmäßig immer ein bisschen als »mein« Bild – weil ich diesen intimen Moment mit ihm erlebt habe. Ich habe es noch zweimal im Original gesehen, Jahre später. Und hoffe, es noch häufiger zu sehen.

So etwas kann durchaus auch bei abstrakteren Kunstformen geschehen: Man begreift nichts davon, hat aber ein derart überwältigendes Gefühl in unmittelbarer Nähe des Kunstwerks, dass es gar keine Rolle mehr spielt, ob man etwas versteht oder nicht. Vor allem bei monumentalen Werken wie den riesigen Stahlinstallationen von Richard Serra oder den großen Gemälden von Mark Rothko, Yves Klein oder Bridget Riley reagieren viele

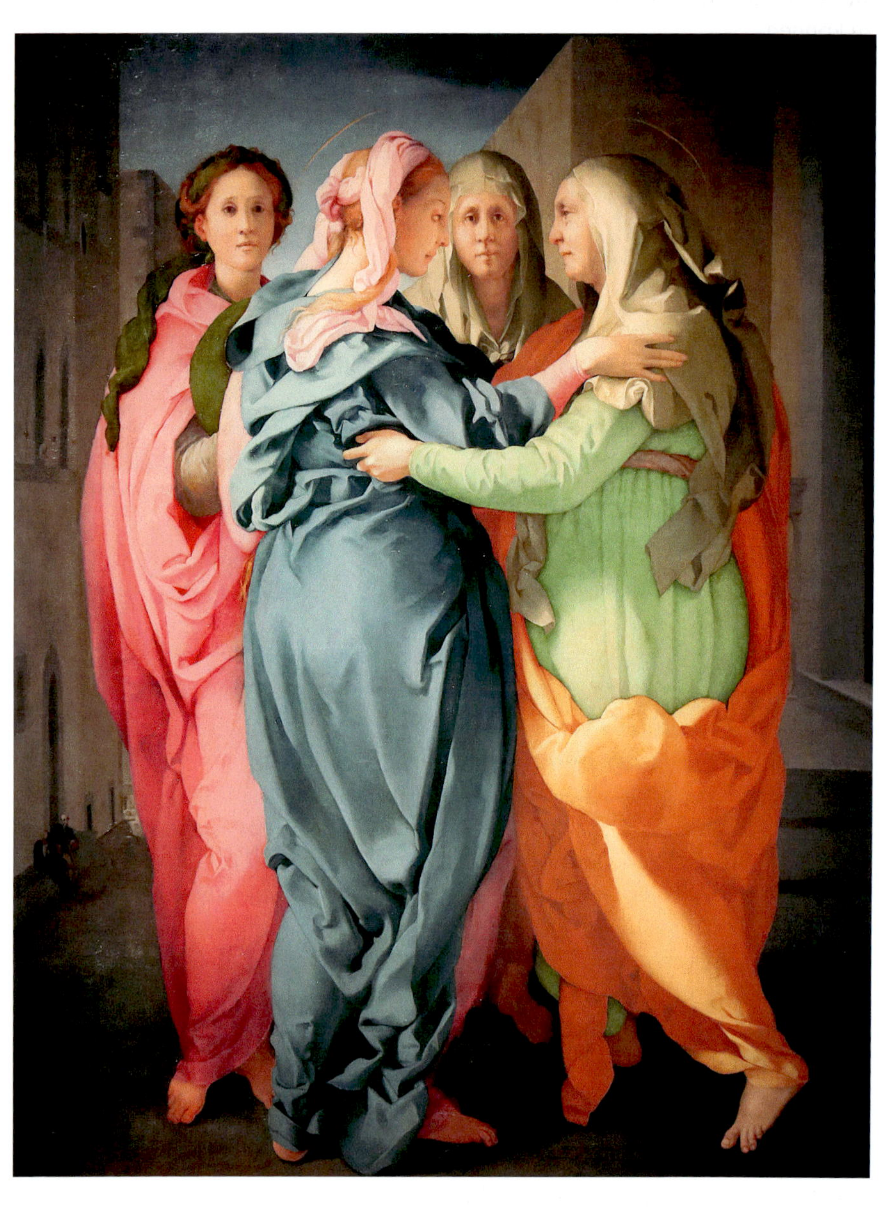

JACOPO DA PONTORMO, DIE HEIMSUCHUNG, UM 1528–30,
ÖL AUF TAFELHOLZ, 202 X 156 CM, PIEVE DI SAN MICHELE ARCANGELO, CARMIGNANO

Menschen ähnlich. Die Erfahrung ist stärker als der Wille, sich alles erklären zu können.

Ich kann mich auch an eine solche überwältigende Erfahrung erinnern, bei der keine Kunst im Spiel war. Als ich vor Jahren in Sizilien am Meeresufer saß und lange auf die Wellen schaute, passierte etwas. Das Wasser, das immer schon da war, immer da sein würde und frei vom menschlichen Wollen und Wünschen dahinfloss, eröffnete mir eine neue Perspektive und eine wohltuende Gelassenheit. Ich beobachtete lange den Rhythmus des Glitzerns – obwohl es tatsächlich vielleicht nur eine Viertelstunde war, ich kann es gar nicht sagen.

Viele Menschen erleben Ähnliches bei einem geliebten Menschen, einem Partner oder einem Kind. Man sieht etwas ganz Alltägliches, vielleicht eine Geste oder ein spontanes Lachen, und genau an diesem Detail entfacht sich die Liebe, das Staunen über den anderen. Dieses Detail löst plötzlich all diese Liebe aus, wie eine Welle. Auch ein Fundstück kann den gleichen »*awe*-Effekt« hervorrufen. Sei es ein Kieselstein am Strand oder eine wissenschaftliche Erkenntnis.

Awe, nennen wir es ein überwältigendes Staunen, ist das Gefühl, in physischer Nähe zu etwas Großem und Erhabenem zu sein, das unser Verständnis der Welt übersteigt, schreibt der Psychologe Dacher Keltner von der Universität Berkeley. Es beginnt mit etwas Unfassbarem, mag es noch so klein sein. Jedes Mal, wenn dieses Gefühl in uns aufkommt, scheint es etwas in uns zu öffnen. Neben der Liebe, der Natur und vielleicht der Erkenntnis ist die Kunst eine großartige Quelle für diese Ehrfurcht gebietende Erfahrung. Sie schafft ein Gefühl von Einheit, manchmal sogar ohne dass uns das Bedürfnis danach bewusst war.

Keltner untersuchte die Auswirkungen dieser Emotion. In der Vergangenheit waren solche Gefühle religiösen Erfahrungen vorbehalten, wobei man eine Erklärung dafür in der Nähe zum Göttlichen suchte. Doch ein überwältigendes Staunen kann man auch angesichts eines großen Magnolienbaums in voller Blüte empfinden. Oder eines Schwarms von Staren, der in wellenförmigen Bewegungen durch die Luft tanzt.

Awe ist der Beweis dafür, dass ein Nicht-Verstehen manchmal viel besser sein kann als ein Verstehen. Etwas sofort verstehen zu wollen, ist ein Reflex, der dazu dient, geistige Kontrolle über seine Umgebung zu erlangen. Ein schnelles Urteil mag befriedigend wirken, doch eigentlich setzt es dem Denken eine Grenze: So, damit bin ich fertig, das verstehe ich. Jetzt muss ich mich damit nicht mehr befassen. Hat man aber einmal erkannt, dass überwältigendes Staunen lohnend und bereichernd ist und unsere Gedanken lange Zeit in seinem Bann halten kann, ist es leichter, sich dem zu öffnen, was man nicht sofort versteht. Und das allein kann schon genug sein.

Awe, die Erfahrung von Ehrfurcht, Schönheit und Wunder, ist übrigens auch gesund, im wahrsten Sinne des Wortes. Wissenschaftler haben herausgefunden, dass es die einzige Emotion ist, die in unserem Körper Stoffe freisetzt, die unsere Abwehrkräfte stärken. In einer Studie wurde ein (gewisser) Zusammenhang zwischen dem Zytokinspiegel und dem Gefühl von *awe* festgestellt. Zytokin ist ein Molekül, das im Immunsystem eine Rolle spielt - zu viel davon beeinträchtigt unsere Widerstandskraft. Von allen Emotionen trug offenbar nur *awe* zu einer Senkung der Zytokinwerte bei. Eine solche Erfahrung leistet also einen ganz konkreten Beitrag zu unserer Gesundheit. Andere Studien deuten auf einen Zusammenhang zwischen *awe* und Altruismus hin; diese Emotion führt also auch zu mehr Freundlichkeit und Großzügigkeit. Eine tägliche Dosis *awe*, wie klein sie auch sein mag, ist daher einfach gut für uns. Und macht uns zu netteren Menschen. Kunst als eine der wichtigsten Quellen überwältigenden Staunens kann daher auch im buchstäblichen Sinne heilsam sein.

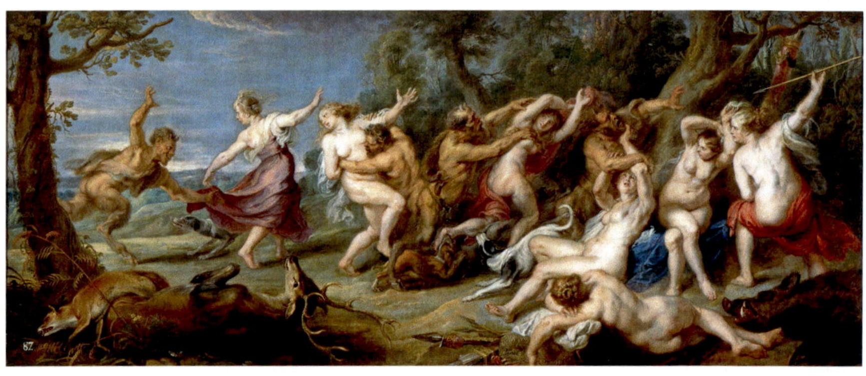

PETER PAUL RUBENS, DIANA UND IHRE NYMPHEN, VON SATYRN ÜBERRASCHT, 1639–40, ÖL AUF LEINWAND, 129,5 X 315,2 CM, MUSEO DEL PRADO, MADRID

TIPP 4

KUNST IST GEDULDIG

WIE WIEDERHOLUNGEN UNSER URTEIL VERÄNDERN

»Zu einem Kunstwerk muss man ein wenig heimkehren. Ein wenig genügt schon, wie zu einem Geruch, den man kennt, aber nicht zuordnen kann. Vielleicht ist das der Grund, warum die Gemälde von Rubens für viele Menschen eine so lange Inkubationszeit benötigen.« Als ich vor einigen Jahren eine große Ausstellung der Werke von Peter-Paul Rubens im Museum Louvre-Lens besuchte, versuchte ich mit diesen Worten meine Annäherung an das Werk von Rubens zu beschreiben. Als Studentin mochte ich es überhaupt nicht. Es war mir zu wild, zu viel, zu unübersichtlich, und ich hatte keine Ahnung, worum es in all diese Allegorien und Mythen eigentlich ging. Ich erkannte wenig, hatte keinen Anhaltspunkt und verlor den Faden. Heute, mehr als 20 Jahre später, hat sich daran nicht einmal allzu viel geändert. Ich erkenne längst nicht immer, um welche Legenden und Mythen es in den Bildern geht.

Und doch bewundere ich heute Rubens' Werk. Das brauchte allerdings mehr als zwei Jahrzehnte. Heute kann ich mich an einem kleinen Engel erfreuen, der sich von dem großen Fest gelangweilt zurückzuziehen scheint. Seine Augen, seine Locken, die Art, wie er mit den Satinröcken seiner Mutter, in denen er Zuflucht sucht, zu verschmelzen scheint. Es kann mich in Staunen versetzen, wie präsent der Ausdruck seiner Figuren wirkt. Als stände man wirklich jemandem mit einem verständnisvollen Blick gegenüber, der nur einem selber gilt. Als geschähe es heute und als wäre dieser Blick nicht vor 400 Jahren in Farbe gebannt worden.

Rubens verstand es, Menschliches, wie Angst, Sehnsucht oder Überdruss, auf eine Weise darzustellen, dass wir dessen aktuelle Kraft noch Jahrhunderte später verspüren. Wie konnte mich das je kalt lassen, wie konnte ich das schwierig oder prätentiös finden und denken, »das ist einfach nicht mein Ding«?

Eine interessante Erklärung dafür kommt aus der Psychologie und wird als Mere-Exposure-Effekt bezeichnet, als Effekt des bloßen Kontakts. Umso häufiger wir mit etwas konfrontiert werden, umso stärker steigt es in unserer Wertschätzung. Das läuft unbewusst ab. Unser Gehirn mag einfach Dinge, die uns vertraut sind. Im Laden wählen wir oft Marken, die wir kennen, auch wenn sie teurer sind als unbekannte Marken. Kinder wollen Filme, die sie mögen, immer wieder anschauen. Durch diese Wiederholung steigert sich die eigene Wertschätzung, selbst wenn man nicht sofort begeistert war. Die Hosen mit den weiten Hosenbeinen, die einem zuerst nicht gefielen, will man plötzlich doch haben, weil sie nun überall in Zeitschriften zu sehen sind. Und dieses Lied, das man sich anfangs nicht anhören mochte, gefällt einem überraschenderweise nach einer gewissen Zeit doch; man summt es plötzlich automatisch mit, wenn es gespielt wird.

Wir alle haben eine Vorliebe für Wiederholungen. Robert Zajonc, der polnisch-amerikanische Psychologe, der in den 60er Jahren den Mere-Exposure-Effekt erforscht und benannt hat, entdeckte, dass Menschen auf neue, unbekannte Dinge – seien sie visuell, geschmacklich oder auditiv – zunächst mit Angst und Vermeidung reagieren. Er testete dies bei allen möglichen Dingen: etwa bei bedeutungslosen Wörtern, chinesischen Kalligrafien, Lebensmitteln, die man öfter als einmal kostet, Formen, Fotos, Tönen. Sogar bei Tieren scheint der Effekt zu funktionieren; ungeborene Küken, die noch im Ei bestimmten Tönen ausgesetzt wurden, zeigten nach dem Schlüpfen eine Vorliebe für diese Töne. Es erwies sich überdies als vorteilhaft, wenn zwischen den Wiederholungen eine etwas größere Zeitspanne liegt – als ob die Vertrautheit eine Art Reifeprozess durchlaufen müsse.

Zwei andere Psychologen führten ein Experiment durch, an dem 31 Studierende beteiligt waren. Dafür forderten sie vier Frauen auf, ihre Seminare zu besuchen. Eine von ihnen tauchte dort kein einziges Mal auf, posierte allerdings für das Gruppenfoto, eine zweite kam 5 Mal zum Seminar, eine 10 Mal und die letzte 15 Mal. Die Frauen nahmen während der Seminare mit niemandem Kontakt auf. Anschließend wurden die 31 Studierenden, die an den Seminaren teilgenommen hatten, gebeten, die Frauen zu beurteilen. Über die Frau, die 15 Mal teilgenommen hatte, äußerten sich die Studierenden wesentlich positiver als über die anderen drei.

Wie der amerikanische Wissenschaftler James Cutting herausfand, spielt der Mere-Exposure-Effekt auch in der Kunstbetrachtung eine Rolle. Cutting entdeckte, dass das wiederholte Betrachten impressionistischer Kunstwerke die Wertschätzung und Vorliebe für diese Werke erhöhte, und dass dies nicht notwendigerweise mit der Qualität der Werke selbst zusammenhing.

Ein großer Teil des Kanons, also der Gruppe von Kunstwerken, die wir für unsere Kultur als die bedeutsamsten ansehen, wurde ausgewählt, weil Menschen oft mit diesen Kunstwerken konfrontiert wurden. Und weil sie zum Kanon gehören, werden sie auch weiterhin häufiger gesehen als andere, was den Effekt zusätzlich verstärkt. Das beste Beispiel dafür ist die *Mona Lisa* (um 1503), deren Ruhm explosionsartig anstieg, nachdem sie im Jahr 1911 gestohlen wurde und ihr Bild in allen Zeitungen zu sehen war. Als sie wiedergefunden wurde, kannten sie unzählige Menschen, die nie den Louvre besucht hatten.

Interessant ist Cuttings Voraussage, dass sich der westliche Kanon verändern könnte, da heute nicht nur professionelle Institutionen wie Museen und Medien über die Sichtbarkeit von Kunstwerken entscheiden, sondern zunehmend auch die Öffentlichkeit über die sozialen Medien. Die Wertschätzung von Künstlern, die von den traditionellen Museen und Kunsthistorikern kaum wahrgenommen werden, etwa von Künstlerinnen und Künstlern mit einem nicht-westlichem Hintergrund, nimmt tatsächlich zu, und diese öffentliche Wertschätzung beeinflusst wiederum das Urteil der Institutionen, die diesen Künstlerinnen und Künstlern nun eine größere Bühne zugestehen (siehe Essays 1 und 2).

Kunstwerke sind immer Neuheiten, denn schließlich gab es, bevor sie geschaffen wurden, noch keine identischen Objekte. Sie bieten uns eine Kombination aus Form, Farbe und Gehalt, die so zuvor noch nicht existierte. Mit dem Wissen, dass wir auf den Anblick von Dingen, die wir nicht kennen, zunächst oft unbewusst ablehnend oder ängstlich reagieren, ist es verständlich, dass wir etwas Unvertrautes wie ein Kunstwerk nicht immer sofort positiv bewerten. Dass wir es so manches Mal seltsam oder weit hergeholt finden oder denken, »das ist einfach nicht mein Ding«. Aber häufiger hinschauen hilft.

Was mir bei meiner Beschäftigung mit Kunst anfangs noch nicht bewusst war, ist die unendliche Geduld der Werke. Wenn wir Kunstwerke zum ersten Mal betrachten, geht es um uns; wir finden sie großartig, wir finden, dass sie »nicht wirklich funktionieren«. Wir betrachten Kunstwerke so, als ob sie uns dienen müssten. Rubens fand ich lange Zeit unübersichtlich, wild und übertrieben. In den Museen begegnete ich seinen Werken immer wieder – und ich schenkte ihnen keine Beachtung. Doch die Kunstwerke blieben, wo sie waren. Sie hängen an der Wand, ob man sie hasst, ignoriert, verabscheut, sie langweilig und altbacken, unverständlich oder übertrieben findet – und sie hängen immer noch da, wenn man langsam anfängt, Sympathie für sie zu entwickeln. Wenn man für sie bereit ist. Wie ein kleiner Hund, der an der Tür darauf wartet, dass man mit ihm Gassi geht – nur sehr viel geduldiger. Und dann geht es nicht mehr um uns, sondern darum, was das Kunstwerk zu bieten hat.

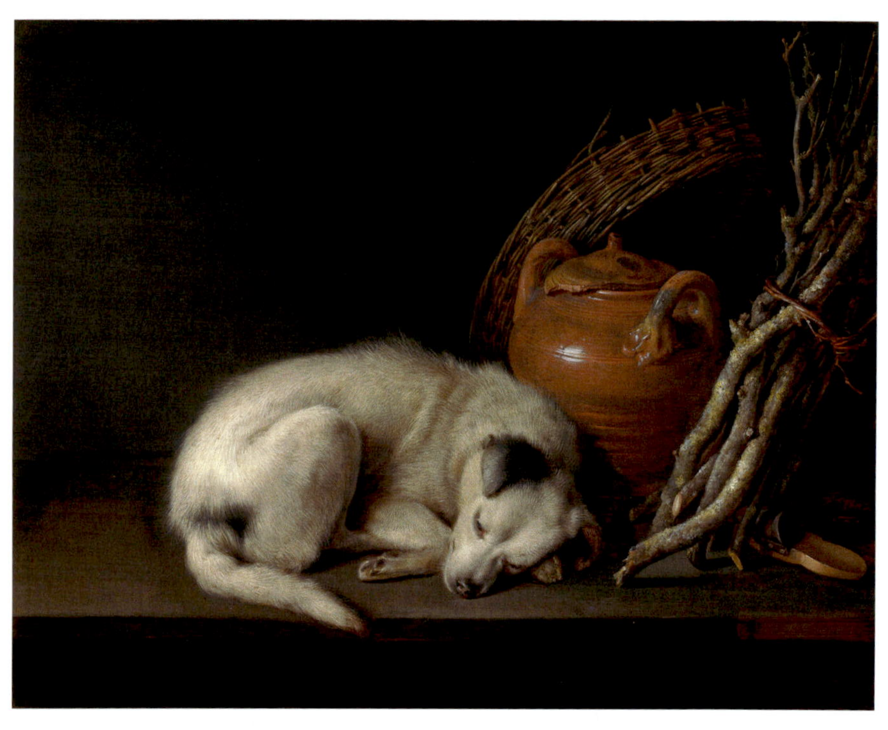

GERRIT DOU, SCHLAFENDER HUND, 1650, ÖL AUF HOLZ, 16,5 X 21,6 CM, SAMMLUNG ROSE-MARIE UND EIJK VAN OTTERLOO, SCHENKUNG AN DAS MUSEUM OF FINE ARTS, BOSTON

TIPP 5

DU HÄTTEST DABEI SEIN SOLLEN

GUT URTEILEN BEDEUTET ZUERST SELBST SEHEN

Sie können fragen, wen sie wollen: Hat man die Wahl, seine Lieblingsband über die Kopfhörer des Smartphones zu hören oder ein Konzert der Band mitzuerleben weiß die große Mehrheit, wie sie sich entscheiden würde. Kunst ist dazu da, live erlebt zu werden, und das ist nirgendwo so deutlich wie in der Musik und den darstellenden Künsten. Als ich zum ersten Mal zu einem Konzert ging – mit 16 zu Lenny Kravitz in Utrecht –, war ich tagelang neben der Spur. Auf eine gute Art und Weise. Ich hatte keine Ahnung, dass ein Live-Konzert eine derartige Wirkung haben konnte. Es war, als würde man sich in etwas hineinbegeben und Teil des Ganzen. Mit dem Hören einer CD hatte das wenig zu tun; man machte eine Erfahrung, bei der man ganz dabei war. Es war intim und zugleich verbindend, es war etwas Umgrenztes, worin man ein wenig den Halt verlor. *Let Love Rule,* Kravitz' damaliger Hit, schien endlos zu sein wie ein wogendes Meer. (Und dabei habe ich keine Drogen genommen, denn davor hatte ich viel zu viel Angst. Ich kann mir auch kaum vorstellen, was das zusätzlich noch hätte bringen sollen.) Im Kern ist diese Art der Erfahrung auch in der bildenden Kunst zu finden, wenn auch vielleicht weniger offensichtlich. Daher hat es auch Jahre gedauert, bis ich das merkte.

Bildende Kunst ist dazu gedacht, im Original betrachtet zu werden. Das war schon immer so. Altarbilder wurden dazu geschaffen, um vor ihnen zu beten, sie manchmal sogar zu berühren, und um in Kontakt mit dem Höheren zu treten. Aufgabe der Künstler und Künstlerinnen war es, die Heiligen so schön und gut darzustellen, dass die Betrachter das Gefühl bekamen, die Heilige Mutter Maria persönlich würde sie herbeiwinken. Totempfähle und andere Votivobjekte sollen dazu dienen, in festen Ritualen Kontakt mit den Ahnen oder einer höheren Wirklichkeit aufzunehmen. Porträts dienten jahrhundertelang dazu, die Nähe eines geliebten Menschen, der nicht (mehr) da war, spüren zu können. Historiengemälde, und sogar Stillleben, sollten Gefühle und Sehnsüchte wecken.

Ein Kunstwerk ist nur ein lebloses Ding, dennoch kann es sich so anfühlen, als trete es mit uns in Kontakt. Kunst ist eine Illusion; Künstlerinnen und

Künstler verwenden Material und Form, um uns glauben zu machen, dass wir etwas sehen. Adams behaarte Beine in Jan van Eycks *Genter Altar* (1432) und die Perlen der Engel, die darauf mit gerunzelter Stirn ihr Lied singen, müssen magisch gewirkt haben, als die Menschen sie sahen, 500 Jahre bevor es Fotografien gab. Jan Steens wilde Feste brachten Tumult an die Wand eines stillen Raumes, und ich bin sicher, dass die Menschen, die Gerrit Dous Gemälde eines schlafenden Hundes sahen, den Drang unterdrücken mussten, das Tier streicheln zu wollen. Abbildungen können beeindruckend sein, doch nur beim Original ist die (Seh-)Erfahrung persönlich und allumfassend.

Kunst ist wie eine Sockenpuppe für Erwachsene. Bei einem Kind muss man nur die Hand in eine Socke stecken und die Stimme verstellen, um ein Stück Stoff vor seinen Augen in ein reales Wesen zu verwandeln. Die sprechende Socke sorgt für ein Erlebnis, das sich echt anfühlt. Bei Kunstwerken können alle Details eine Rolle spielen, wenn es gilt, die Betrachter von der Illusion zu überzeugen: die Materialität, die Form, das Format im Verhältnis zum Betrachter, manchmal sogar der Geruch oder der Klang. Kunstwerke haben eine Handlungsmacht, eine Wirkung, die etwas zustande bringen kann.

Darüber, wie bedeutsam es ist, ein Kunstwerk im Original zu sehen, ist viel geschrieben worden. Der Philosoph Walter Benjamin tat es als erster. Schon vor 100 Jahren schrieb er, dass »die Aura des authentischen Kunstwerks« verloren gehe, wenn man das Werk in einer Reproduktion (als Fotografie, damals noch in Schwarz-Weiß) sehe. Er fand, dass man ein Kunstwerk nicht würdigen könne, wenn man nicht persönlich davorstand. Das Spannungsverhältnis zwischen echt und unecht ist heute um ein Vielfaches größer, weil es so viel mehr Medien gibt, mit denen wir einen erheblichen Teil unseres Lebens verbringen. Die direkte Wahrnehmung verliert gegenüber der medialen Wahrnehmung allmählich an Terrain. Studien zeigen, dass wir immer mehr Zeit vor dem Bildschirm zubringen. Unsere Urteile basieren daher zunehmend auf dem, was wir auf einem Bildschirm sehen. Und das ist anders, als leibhaftig vor einem Kunstwerk zu stehen.

In ihrem Essay *Optimierung ohne Ende* im Band *Trick Mirror* (2021) zeigt die amerikanische Schriftstellerin Jia Tolentino, wie schwierig es für uns ist, ein Verhältnis zu dem zu finden, was allgegenwärtig ist: eine mediendurchtränkte Kultur, die glaubt, dass die bloße Wirklichkeit unzureichend ist. Die Illusion des Virtuellen – das Unechte, das als echt präsentiert wird – ist in unser Leben eingedrungen, und wir gehen täglich damit um. Das hat beträchtliche Auswirkungen auf unsere Urteilsbildung. Wir sehen Bilder von irrealem Urlaubsglück, irreal schmalen Taillen, irreal glatter Haut, sich nach einer Geburt irreal schnell erholenden Körpern, irreal lustigen Partys, irreal erfolgreichen Lebenswegen. Natürlich wird alles als real dargestellt. Die Medien präsentieren uns solche Bilder unaufhörlich, nicht nur vom Leben der Stars weit weg in Hollywood, sondern auch von unseren eigenen Freunden auf Instagram.

Dadurch wird ein Idealbild in uns verankert, schreibt Tolentino, die sich in ihrem Essay auf die Folgen für Frauen konzentriert, auch wenn sie für Männer nicht viel anders sind. Frauen mussten schon immer zeitgebundenen Normen entsprechen – in der Renaissance ebenso wie im viktorianischen Zeitalter oder in den 50er Jahren des 20. Jahrhunderts. Heute geschieht dies über neue, von der Technologie diktierte Wege. In der heutigen Idealvorstellung verbindet sich Feminismus nahtlos mit einer marktfreundlichen Manier, sich möglichst sichtbar zu machen, die Illusion zu erwecken, die eigene Schönheit selbst erschaffen zu haben, und zu versuchen, daraus möglichst viel Kapital zu schlagen. Wir halten den Mythos aufrecht, dass der Erfolg und die Verwirklichung des Ideals in unserer eigenen Hand liegen: »[Die ideale Frau] mag glauben – nicht ohne Grund und vollauf ermutigt durch den Feminismus – dass sie selbst die Architektin dieser erlesenen, beständigen und oft freudebringenden Art von Macht ist, die dieses Bild über ihre Zeit, ihr Geld, ihre Entscheidungen, ihr Ich und ihre Seele ausübt.« Die nackte Realität und die Machtlosigkeit, Unsicherheit und Unvollkommenheit, die damit einhergehen, werden dann schnell zur Enttäuschung.

Ich dachte an die *Mona Lisa*. Kunst kann auch im Original enttäuschend sein, auch wenn es sich häufiger umgekehrt verhält. Als ich angesichts ihres Ruhms und ihre Allgegenwärtigkeit erwartungsvoll nach Paris reiste, stand ich am Ende enttäuscht vor ihr im Louvre. Sie war so klein. Und so schmutzig. Alle meine Erwartungen waren falsch. Die *Mona Lisa* ist ein fantastisches Werk, und letztendlich wurde auch alles wieder gut. Als ich sie mir öfter und länger angesehen und die Horden von Menschen um mich herum vergessen hatte, gelang es mir, das überhöhte Bild von ihr abzuschütteln. Ganz gleich, wie positiv oder negativ die Überraschung bei einem Kunstwerk auch ist, sobald man einmal davorsteht, ändert man seine Meinung darüber. Um sich ein eigenes Urteil bilden zu können, muss man das Original vor Augen haben.

Mehr denn je ist es heute ratsam, ein Bewusstsein für den Unterschied zwischen einer realen Erfahrung und einer Medienerfahrung zu schaffen. Warum kann Kunst dafür hilfreich sein? Weil Kunst selbst etwas Form verleiht, was es nicht gibt – Dingen, Menschen, Ideen, Geschichten. Wie etwa den zuvor erwähnten behaarten Beinen von Adam auf dem *Genter*

Altar und dem kleinen Hund auf Gerrit Dous Gemälde. Auch hierbei handelt es sich um eine Darstellung von etwas anderem: Die Betrachter standen damals weder vor den behaarten Beinen noch vor einem Hündchen. Sie standen vor Farbe. Doch stärker als bei den reproduzierenden Medien wie Fotografie und Video ist die Trickkiste in der bildenden Kunst Teil des Spiels. Künstler legen ihre Karten auf den Tisch. Sie legen die Mechanismen frei, die dafür sorgen, dass wir ihren Illusionen auf den Leim gehen. Sieh hin, es ist diese Farbe, die dich überzeugt. Sieh hin, du hast dich fast in diesen Marmor verliebt.

Viele Kunstwerke thematisieren den Unterschied zwischen Realem und Irrealem. So haben verschiedene Videokünstler und -künstlerinnen schon seit den 70er und 80er Jahren genau das getan, was Jia Tolentino beschreibt: Sie haben ihr eigenes Leben gefilmt, den eigenen Körper optimiert, sich selbst zur Marke erklärt, endlos anpassungsfähig an das Modell, das die größte Sichtbarkeit ermöglicht. Die Videos von Marina Abramović, in denen sie sich so lange wie möglich auf Eis legte, tanzte, bis sie buchstäblich umkippte, oder sich die Haare bürstete, bis sie bluteten, können als Vorläufer für die unzähligen YouTuber gesehen werden, die heute bis an ihre Grenzen gehen, um permanent Aufmerksamkeit zu erzielen, selbst wenn es lebensgefährlich wird. Aber Abramović hatte dabei ein anderes Ziel im Auge: Ihr ging es nicht darum, Selbstkasteiung und Durchhaltevermögen zu verherrlichen, sie wollte über die Grenzen des Körpers nachdenken. Und Chuck Close machte uns mit seinen Bildern bewusst, wie wir dem, was wir sehen, Bedeutung verleihen (siehe Seite 101). Aus der Nähe betrachtet, bestehen seine überlebensgroßen Porträts aus vielen kleinen abstrakten Formen und werden erst dann zu Gesichtern, wenn man auf Distanz zu ihnen geht. Als ob man die Pixel eines Bildschirmbildes vor sich hätte. Um das wahrzunehmen, muss man allerdings tatsächlich selbst vor einem solchen meterhohen Gemälde stehen.

TIPP 6

BEGRÜSSE DIE VERÄNDERUNG MIT OFFENEN ARMEN

SEINE MEINUNG ZU ÜBERDENKEN IST KEINE SCHWÄCHE

Joseph hat meinen Blick auf die Kunst stärker verändert, als ich es für möglich gehalten hätte. Ich hatte ihn schon mehr als einmal gesehen, aber ich bemerkte ihn erst, als man mich auf ihn aufmerksam machte.

Joseph liegt auf dem *Floß der Medusa* (1819), einem schaurigen Gemälde von Théodore Géricault, das den Untergang des französischen Schiffes Méduse im Jahr 1816 thematisiert. Die Besatzung fand in Rettungsbooten Zuflucht, aber ein Floß, auf das sich 151 Menschen gerettet hatten, wurde abgetrieben. Panik brach aus, Menschen wurden ins Meer geworfen, und um zu überleben, aßen einige ihre Leidensgenossen auf. Nach 13 Tagen auf See wurde das Floß mit nur noch 15 Überlebenden gefunden. Drei Jahre später verewigte Géricault das Ereignis in einem der bis heute berühmtesten dokumentarischen Gemälde. Selten wurde ein aktuelles Ereignis so schnell zu einem Symbol.

Im Jahr 2016 sah ich das Werk wieder, mitten in der Flüchtlingskrise, wobei mir seine Bedeutung erneut bewusst wurde. In ganz Europa ertranken Menschen, darunter auch Kinder, auf sinkenden Flößen, und hier stand ich, und betrachtete ertrinkende Männer und Frauen.

In vielen historischen Kunstwerken herrscht eine gewisse Anonymität – man weiß nicht, wer abgebildet ist. Man erfährt die Namen der Personen nur, wenn sie porträtiert wurden, und selbst dann nicht immer. In Historien- oder Genregemälden gibt es meist eine große Zahl namenloser Akteure oder Statisten. Zwar haben wirkliche Menschen Modell gestanden, aber Individualität scheint hier nicht wichtig. Als ich 2019 jedoch auf Joseph aufmerksam gemacht wurde, veränderte sich etwas. Er war eines der beliebtesten Modelle für Gemälde wie das *Floß der Medusa*.

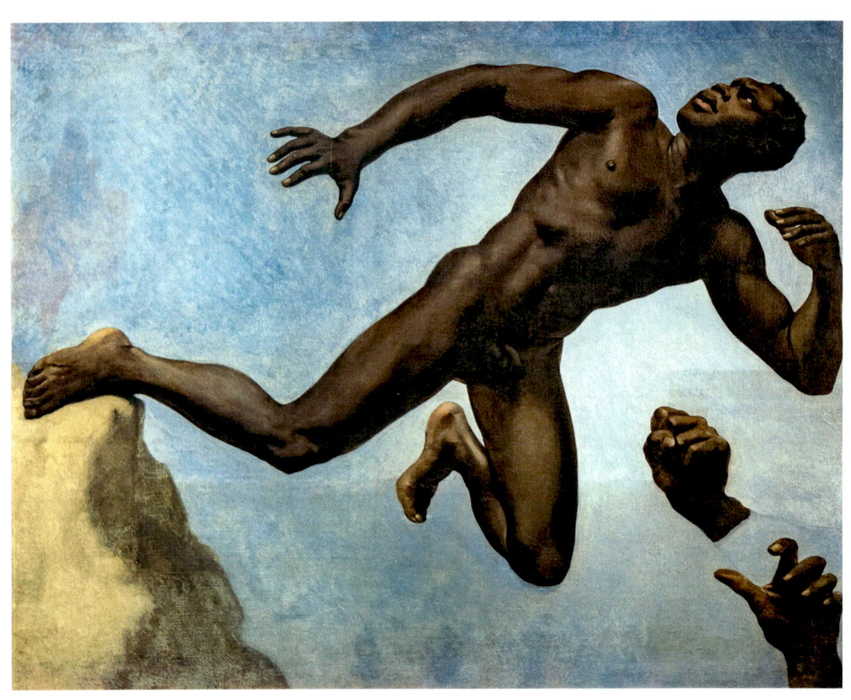

THÉODORE CHASSERIAU, STUDIE NACH DEM MODELL JOSEPH, VORSTUDIE ZU EINEM WERK VON JEAN-AUGUSTE-DOMINIQUE INGRES, UM 1838, ÖL AUF LEINWAND, 54,8 X 73,5 CM, MUSÉE INGRES, MONTAUBAN

Joseph galt beinahe das gesamte 19. Jahrhundert hindurch als das beste Schwarze Modell in der französischen Malerei. Die Nachfrage nach ihm war so groß, dass er auf der Gehaltsliste der Pariser École des Beaux Arts stand. Er war ein professionelles Modell für die Maler dieser Zeit, von Delacroix bis Géricault, und das bis ins hohe Alter. Es dauerte anderthalb Jahrhunderte, und bedurfte eines gewissen Interesses an Schwarzen Modellen, bis er in der Öffentlichkeit einen Namen erhielt. Mir fiel er bei der Ausstellung *Le Modèle Noir* im Musée d'Orsay 2019 ins Auge. Dort erlangten neben Joseph noch andere berühmte Schwarze Malermodelle öffentlich ihre Namen zurück.

Wie es bei großen Veränderungen oft der Fall ist, kann etwas sehr lange schlummern, bis letztendlich der Moment kommt, in dem sich ein Schalter umlegt. Wir begannen die Schwarzen Menschen auf vertrauten Gemälden erst zu sehen, als die traumhafte Kombination aus dieser Ausstellung und dem äußerst populären Musikvideo zu Beyoncés *Apeshit*, mit ihrem Ehemann, dem Rapper Jay-Z, uns dafür sensiblisierte. In diesem Video, das im Louvre gefilmt und rund 130 Millionen Mal angeschaut wurde, werden wir auf Schwarze Menschen in berühmten Gemälden hingewiesen. In der Ausstellung lernte man sie dann kennen.

Wir sind darauf konditioniert worden, Männer für wichtiger als Frauen und Weiß für wichtiger ist als Schwarz zu halten, und so sind Menschen, die von der Gesellschaft über Jahrhunderte als unwichtig angesehen wurden, auch in der Kunstbetrachtung und in der Literatur über Kunst aus dem Blickfeld geraten. Diese beiden Ereignisse, die Ausstellung und das Video, brachten bei vielen Kunstschauenden einen blinden Fleck zum Vorschein. Ich bin froh, dass sich meine Sicht auf die Dinge geändert hat – mit der Hilfe von Archivmitarbeitern und -mitarbeiterinnen, einer Handvoll Kunsthistorikern und Kunsthistorikerinnen und Beyoncé.

In meinem Kopf wurde eine kleine Tür aufgestoßen; ich brannte darauf, mehr zu erfahren. Wer stand Modell für den schönen König Balthasar von Dürer, und für all die anderen Balthasare? Wer ist der Junge neben Maria Stuart im Mauritshuis, und wer ist der Schwarze Mann, dessen Gesicht Rubens vier Mal, aus verschiedenen Perspektiven und ohne jegliche Ausschmückung, gemalt hat? Und warum habe ich mich das zuvor nie gefragt? Ein berühmtes Beispiel ist Manets *Olympia* (1863), die nackte weiße Frau, über die ganze Bücher geschrieben wurden. Neben ihr steht eine ebenso große Schwarze Frau, mit einem Blumenstrauß in der Hand. In all den Jahren war sie in den Beschreibungen dieses Bildes nicht mehr als eine kleine Fußnote. Nun hat sie, die Laure hieß, und Krankenschwester und Modell war, verdientermaßen einen Platz in der Literatur über Manets Gemälde gefunden.

Die Kunstgeschichte hat sich jahrelang kaum darum bemüht, der Schwarzen Perspektive in der westlichen KunstAufmerksamkeit zu schenken, sie haben sie bisweilen achtlos als irrelevant oder »doch nicht aufspürbar« abgetan. Was an ein anderes Beispiel aus unserer Zeit erinnert, bei dem sich viele schwertun, ihre Meinung zu ändern: die Diskussion über den niederländischen *Zwarte Piet*, den Begleiter von Nikolaus.

Die Psychologie sieht den Grund für die Schwierigkeit, eine einmal getroffene Entscheidung zu revidieren, darin, dass wir uns schämen. Wir fürchten die Reaktionen der Menschen in unserem sozialen Umfeld.
Wir sind soziale Wesen, und wenn eine Meinung mit der Identität einer Gruppe in Zusammenhang steht, ist die Distanzierung davon ein Akt,

der sich auf unsere eigene Position in der Gruppe auswirkt. Das kann sich wie ein »Verrat« an der Gruppe oder an eigenen liebgewonnenen Erinnerungen anfühlen: Nikolaus und seinen Begleiter Piet zu mögen, daran ist doch nichts verkehrt, oder? Aus psychologischen Untersuchungen geht hervor, dass Menschen neue, sachhaltige Informationen lieber ignorieren oder herunterspielen, als ihre Meinung zu ändern. Wir empfinden einen starken Druck, in unseren Auffassungen konsistent zu sein, auch wenn das nicht logisch erscheint.

Viele Studien zeigen, dass wir eine Vorliebe für Dinge entwickeln, die zu uns gehören. Auch Meinungen gehören zu uns. Der amerikanische Psychologe Alex Lickerman beschreibt das sehr eindrücklich: »Wir hängen unser Herz an unsere Antworten wie wir es an unsere Besitztümer hängen. Eine einmal gegebene Antwort ist nicht mehr nur eine Antwort, sie ist jetzt unsere Antwort. Sobald wir uns darauf festlegen, stellt sich bei uns in Hinblick auf die Antwort eine emotionale Voreingenommenheit ein, wir werden sogar blind für deren Nachteile, die wir zuvor durchaus gesehen haben. Kurz gesagt, wir werden resistent gegen eine Änderung unserer Gedanken, weil unsere Antwort Teil dessen geworden ist, was wir sind. Jede Bedrohung dieser Antwort wird zu einer Bedrohung unserer selbst.«

Auch wenn wir beginnen, an unserer Meinung zu zweifeln, führt dies nicht zwangsläufig zu einer Veränderung. Oft führen Zweifel sogar dazu, dass wir uns tiefer in unsere Auffassungen verbeißen, weil wir Veränderung als eine Bedrohung empfinden. Es gibt sogar Studien, die belegen, dass Menschen, wenn es um kontroverse gesellschaftliche Meinungen geht, ihre Ansichten der Außenwelt gegenüber umso heftiger verteidigen, je mehr sie innerlich daran zweifeln. Auch wenn das ihren eigenen Interessen zuwiderläuft.

Auch unser Gehirn ist uns dabei keine Hilfe. Wie Wissenschaftler 2017 herausfanden, müssen mehrere Areale des Gehirns auf komplexe Weise zusammenarbeiten, um schnelle Entscheidungen zu treffen, die den Kurs ändern. Von einem Plan abzuweichen, erfordert die superschnelle Koordination verschiedener Gehirnteile. Ändert man zum Beispiel seine Meinung, während man gerade auf das Gaspedal tritt, ist es fast unmöglich, sofort zu bremsen. Die ursprüngliche Entscheidung scheint das Verhalten zu »verstetigen«. Und diese Tendenz wird mit zunehmendem Alter und der Verlangsamung der Reaktionsfähigkeit des Gehirns immer stärker. Die Studie hilft der Wissenschaft beispielsweise, Erklärungen für das Verhalten von Menschen mit Suchterkrankungen zu finden. Aber offenbar sind wir alle unbewusst ein wenig süchtig nach unseren Gedanken, Meinungen und Plänen. Sich von ihnen zu lösen, erfordert Anstrengung.

Was wir in der Politik verabscheuen, schätzen wir bei unseren Künstlern und Künstlerinnen als Qualität, schreibt Zadie Smith im Essay *In Zungen Reden* in ihrem Buch *Sinneswechsel* (2015) über das Leben mit mehreren inneren »Stimmen«. Die intellektuelle Offenheit, mehrere Perspektiven zu sehen und vor allem die Möglichkeit offen zu halten, dass es neue Wege geben könnte, etwas zu bewerten, gehört zu den Stärken der Kunst. Ein Gedicht ist keine grammatikalisch korrekte und bis ins kleinste Detail festgelegte Geschichte, sondern eine Kombination aus 26 Buchstaben, die uns etwas anbietet, das wir selbst weiterführen können. Es verknüpft sich mit unseren Gedanken, es bestimmt oder entscheidet nichts. Ein Kunstwerk ist eine ähnliche Darreichung, für die es manchmal 10, 20 oder 100 Möglichkeiten der Betrachtung, Beschreibung und Interpretation gibt. Kunst kann dazu beitragen, die Tür zu mehr Erkenntnis, mehr Einsicht, mehr Erfahrung und mehr Perspektiven (Zadie Smiths »Stimmen«) offen zu halten, um unser Urteil ständig zu bereichern.

Im Jahr 2018 habe ich beispielweise in einem italienischen Renaissancegemälde ein Detail gesehen, das, jedenfalls mir, ein wenig half, als es bei der Diskussion um den *Zwarte Piet* mal wieder heiß herging. Es handelte sich dabei um die goldenen Kugeln des Heiligen Nikolaus. Wir drehten ein kurzes Filmchen über den niederländischen Nikolaus, der mittlerweile von den heftigen Diskussionen, in die sich die Parteien immer tiefer verstricken, schon sehr belastet ist. Dabei ist er derselbe Heilige Nikolaus, den es schon im 8. Jahrhundert gab und dessen Jahrestag in den Niederlanden schon seit dem 14. Jahrhundert gefeiert wird. Piet kam erst 1000 Jahre später dazu. Allein diese Perspektive vermittelte einigen Zuschauern des Films die Erkenntnis, dass es bei dieser Geschichte auch noch um etwas anderes geht. Betritt man in Italien eine Kirche, trifft man auf den Heiligen Nikolaus, den Schutzpatron der Kinder, aber auch der Prostituierten, der alleinstehenden Frauen und der Seeleute. Es handelt sich weder um eine ausschließlich niederländische Geschichte, noch um eine Geschichte, die ausschließlich unserer Zeit zuzuordnen ist. Unser spezieller Honigkuchen, unsere goldenen Schokoladenmünzen, unsere Spekulatiusfiguren: Sie alle lassen sich aus dieser jahrhundertealten Legende erklären. Die Legende des Heiligen Nikolaus ist reichhaltig, auch ohne das viel später hinzugefügte Element seines »Knechts«, den wir früher nett und vertraut fanden, der vielen anderen Menschen aber ein weniger positives Gefühl vermittelte.

Ein künstlerisches Detail löst die hitzige Debatte womöglich nicht auf, aber es schafft Raum, um etwas, über das wir eine festgefahrene Meinung hatten, auf eine neue Weise zu betrachten. So gibt uns die Kunst die Mittel an die Hand, für neue Erkenntnisse und bessere Urteile offen zu bleiben.

EIN OFFENES FENSTER

Kann ein Kunstwerk Freiheit vermitteln? Vor nicht allzu langer Zeit stand ich zum ersten Mal in meinem Leben vor diesem Gemälde und empfand eine Kombination aus Sicherheit und Weite. Es war nicht überwältigend, es fand keine Verschmelzung mit einem größeren Ganzen oder so etwas statt. Es war eher klein und unvorhergesehen, wie ein Freund, der gerade dann ein Fenster öffnet, wenn man es nötig hat. Die knallorange-rosa Sonne glüht am dunstigen Morgenhimmel, und durch diese orangefarbenen Streifen scheint sich alles zu bewegen. Sie tanzen ruhig auf der Wasseroberfläche. In der freien Natur achte ich selten so auf etwas.

Doch das war keine zufällige Reaktion. Es gab sogar eine ziemliche Inkubationszeit für diese Erfahrung. Dieses kleine Gemälde ist weltberühmt, höchstwahrscheinlich kennen Sie es. Der Titel *Impression, Sonnenaufgang* war namengebend für den Impressionismus. Es wurde damals belächelt (»Monet hatte offenbar so wenig Zeit den Hafen zu malen, dass er das Bild bloß ›Impression‹ nannte«) und bewundert, aber der Rahmen war durch dieses eine Wort gesetzt: Impression. Es bedeutet, dass man die Dinge nie erneut auf die gleiche Weise sieht und Luft, Licht und Stimmung unsere Sichtweise beeinflussen.

Es ist auch eines der ersten Werke, in das ich mich in meiner Schulzeit vertieft habe. Ich hatte es in einem Buch gesehen. Wie ein gemalter Sonnenaufgang einen rebellischen Teenager ergreifen konnte, ist mir noch immer ein Rätsel. Ich fand die ganze Welt nervig und die meisten Dinge dämlich, und dann kommt ein Maler aus dem 19. Jahrhundert daher und schafft eine Offenheit. Mit diesen glühenden Reflexionen durchbrach etwas den Kokon, in den ich mich selbst gehüllt hatte. Es wurde ein Fenster zu etwas Schönem und Ruhigem geöffnet. Kürzlich, 30 Jahre später, stand ich vor dem Original.

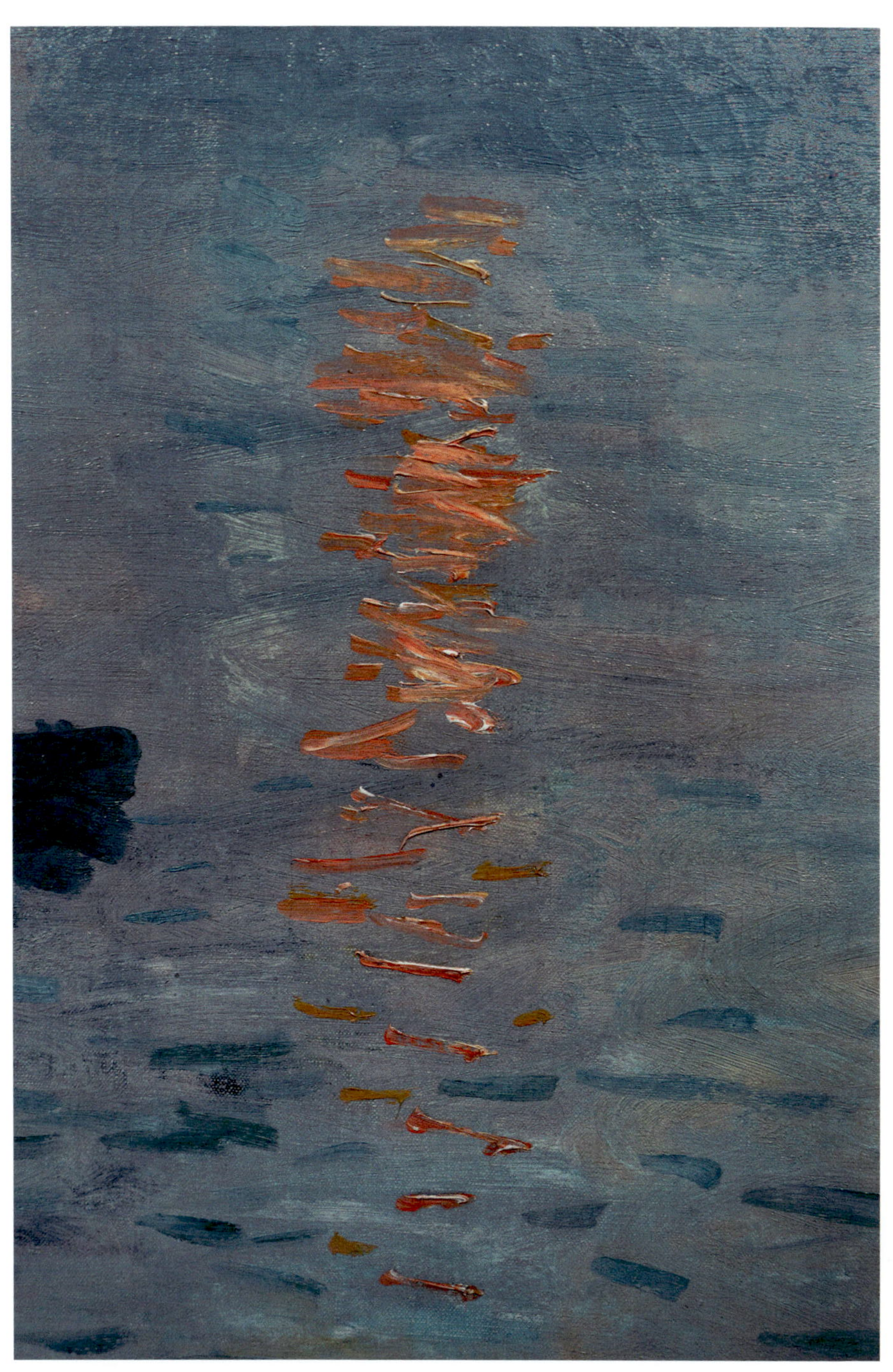

Wenn niemand im Saal gewesen wäre, hätte ich vielleicht lauthals »Danke« gesagt. Gerade dieser lange Gärprozess zählt. Die Vorstellung, dass man zu einem Kunstwerk, das einen irgendwann mal beeindruck hat, Jahre oder Jahrzehnte später zurückkehren kann, vermag dieses Gefühl von Freiheit hervorzurufen. Vielleicht auch deshalb, weil man dann erst erkennt, dass ein solches Werk einen selbst lange überleben wird. Es ist da und es wird dableiben, und es wird Menschen weiterhin Raum geben. Auf dem Instagram-Account des Fotografen Daniel Cohen habe ich einen Text gelesen, der mich ziemlich berührt hat. Er hatte zuvor Jules Schelvis porträtiert, den am längsten lebenden Überlebenden des Vernichtungslagers Sobibor. Aus diesem Lager hatten 57 Personen den Krieg überlebt, 18 davon waren Niederländer. Insgesamt sind in Sobibor 169 800 Menschen ermordet worden; fast hätte es niemanden mehr gegeben, der davon hätte erzählen können. So, als ob dort nichts geschehen wäre. Schelvis lebte bis 2016, und als Cohen 2015 in einem Interview in der Zeitung *Het Parool* las, dass er gerne noch einmal das Rijksmuseum besuchen wolle, zögerte er nicht lange. Er rief ihn an und nahm den 94-Jährigen ins Museum mit. »Nachdem wir einige Zeit durch das Museum gelaufen waren, kamen wir zu dem berühmten Gemälde *Die Judenbraut* von Rembrandt van Rijn«, schreibt Cohen. »In diesem Moment wurde klar, es war dieses Gemälde, das er noch einmal sehen und bewundern wollte. Wir schwiegen.« Schelvis' eigene Braut hatte Sobibor mehr als 70 Jahre zuvor nicht überlebt. Er kehrte zu seinen Erinnerungen zurück und ließ zu, dass Rembrandts Gemälde mit seiner Schönheit in seinem Geist ein Fenster öffnete. Kunst gibt uns manchmal die Freiheit, Gedanken zu erschließen, zu denen uns der Zugang anders nicht mehr – oder noch nicht – offensteht.

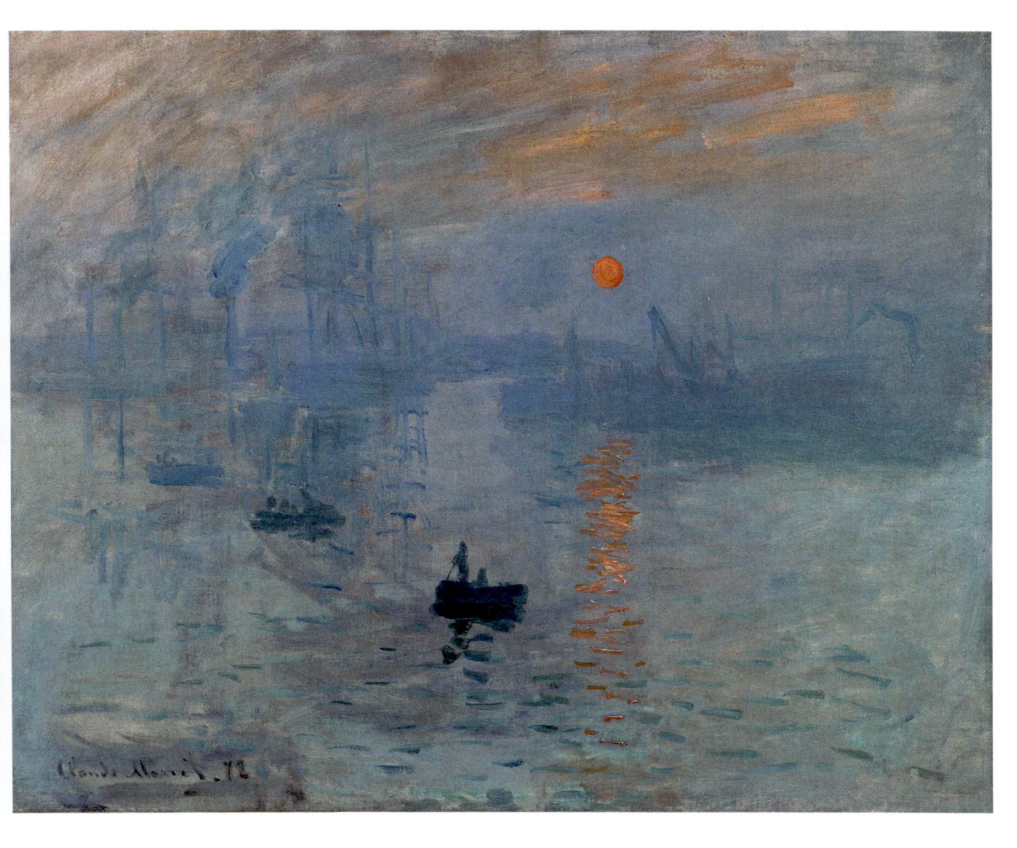

CLAUDE MONET, IMPRESSION, SONNENAUFGANG, 1872, ÖL AUF LEINWAND, 48 X 63 CM, MUSÉE MARMOTTAN MONET, PARIS

LEUTE

Zu den faszinierendsten Details in vielen Gemälden Salvador Dalís gehören die winzigen Menschen. Die Leute, die wie Ameisen in Landschaften von gigantischen, verfremdenden Gebilden (einem schmelzenden Telefonhörer, einem menschlichen Totempfahl oder einem riesigen Grashüpfer) herumwuseln. Winzige, verlorene Figuren, menschlich oder zumindest menschenähnlich.

Der Mann hier links schaut uns direkt an, als ob wir uns etwas dabei denken sollten. Er ist mit so wenigen Klecksen gemalt, dass es sich auch um ein Gerippe handeln könnte – bei Dalí ist alles möglich. Von Weitem betrachtet scheint die »Figur« rechts (wir wollen sie mal nicht als Mensch bezeichnen) ein Baby fallen zu lassen, mit dem Kopf voran.

Ist das nun ein grausames Detail oder nicht? Das »Ding« ist genauso amorph wie Dalís schmelzende Masken und Uhren, es ist grün, fließend, lebendig, aber was ist es? Ein Mann und sein Hund schauen zu. Gemeinsam stehen sie im Wasser.

Diese winzigen Figuren erinnern an das große Gemälde von Hieronymus Bosch, *Der Garten der Lüste* (um 1490–1500), das sich ebenfalls in Madrid befindet – im Prado, ein paar Hundert Fußschritte entfernt. Wo Dalí ist, ist Bosch nicht weit. Dalí ist von Boschs Welten geprägt. Ich weiß das nicht aus irgendwelchen Quellen, sondern durch die Betrachtung seiner Bilder, es kann nicht anders sein.

Beide Künstler haben Welten erschaffen, die niemand zuvor erdacht hatte. Sie waren einfach nie jemals in der Fantasie eines anderen Menschen aufgekommen. Diese Künstler haben sie zum Leben erweckt, und wer sie einmal gesehen hat, wird sie nie wieder los. Sie sind real. Beide betonen in ihren Werken oft das Monströse: teuflische Figuren, schmelzende Landschaften, riesige Eierschalen, salamanderartige Insekten. Aber es sind

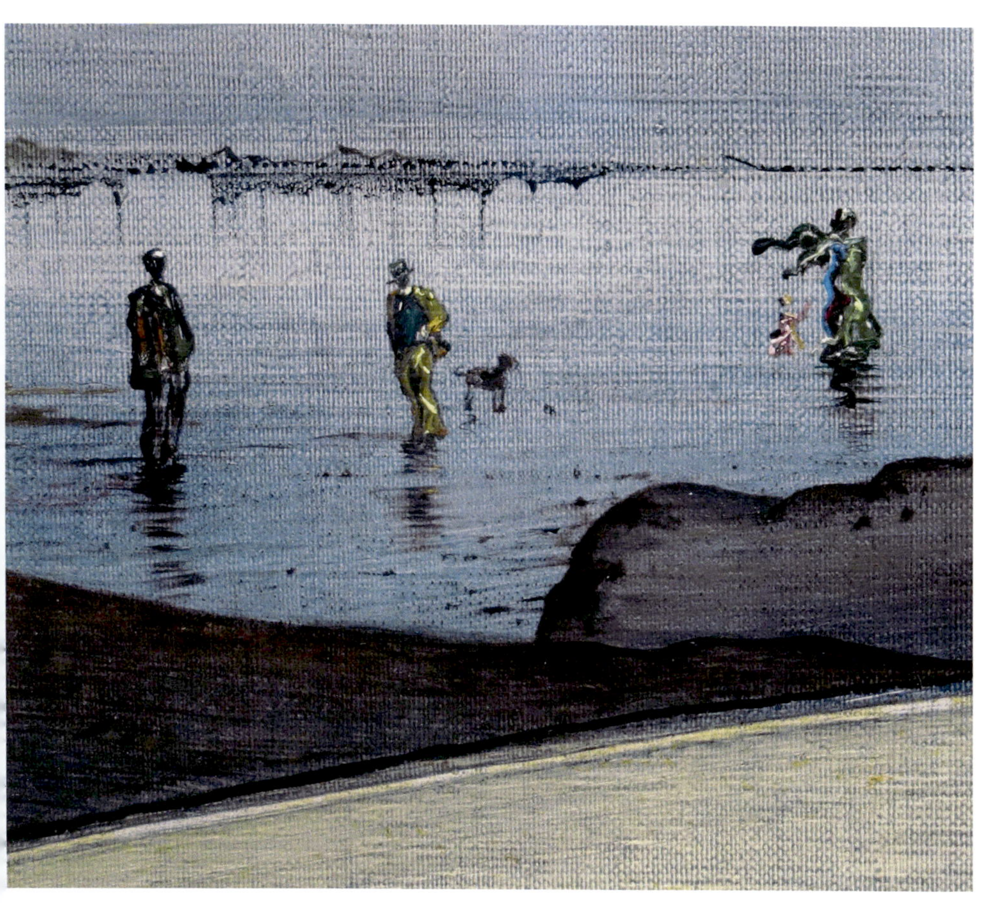

die (fast) menschlichen Wesen, die die Darstellungen persönlich machen. Die winzigen Männer und Frauen im *Garten der Lüste*, die verzweifelt oder sehnsüchtig schauen. Der winzige Vater, der seinem Kind ein Bauwerk aus Gesichtern zeigt, das Kind, das nur aus ein paar Punkten besteht.

Diese Menschen, das sind wir. Sie stehen sinnbildlich für alles, was wir nicht begreifen, alles, was über unseren Verstand geht.

So wie diese Leute dastehen, klein und etwas unbehaglich, so fühlte ich mich ein wenig im Reina Sofía Museum. Während des Besuchs durchdringt mich ein Gefühl von Bedrohung und Krieg. Mit der Geschichte Spaniens habe ich mich nur am Rande beschäftigt, aber ganz abgesehen von dem, was in Büchern darüber zu lesen ist, spürt man hier, wie es sich anfühlt, ständig Krieg und Diktatoren ausgesetzt zu sein. Die Bedrohung ist überall, der Mensch zieht hier immer den Kürzeren. Die Dunkelheit ist unser Begleiter. Die Kunst macht Dinge denkbar und möglich, die es in unserer Vorstellungswelt zuvor nicht gab; sowohl die dunkelsten Ängste als auch Hoffnung und bessere Welten.

Das Bittere an diesem Gemälde, das den Titel *Das Rätsel Hitlers* trägt, liegt darin, dass es Dalís Bruch mit den Surrealisten markiert. André Breton hatte Dalí bereits satt und schloss ihn nach diesem Bild endgültig aus der Gruppe aus. Zum Teil, weil er nicht Partei ergriff. Er zeigt die Bedrohung, die Hitler verkörpert, aber auch seine Faszination für dessen Charisma und Ruhm. Dalí fühlte sich von mächtigen Männern angezogen und er war auch mit Franco befreundet. George Orwell schrieb 1944, man solle nicht vergessen, dass Dalí sowohl ein guter Zeichner als auch ein verachtenswerter Mensch sei.

Dalí vertrat eine Auffassung, die in unserer Gesellschaft immer häufiger zu finden ist: Ruhm geht über Moral. Seine »Neutralität«, wie er sie selbst bezeichnete, ergriff eigentlich Partei für die Anziehungskraft der Macht. Das zu wissen, ist hilfreich; dieses Gemälde ist keineswegs ein Protest gegen Hitler. Wer sind dann diese kleinen Leute?

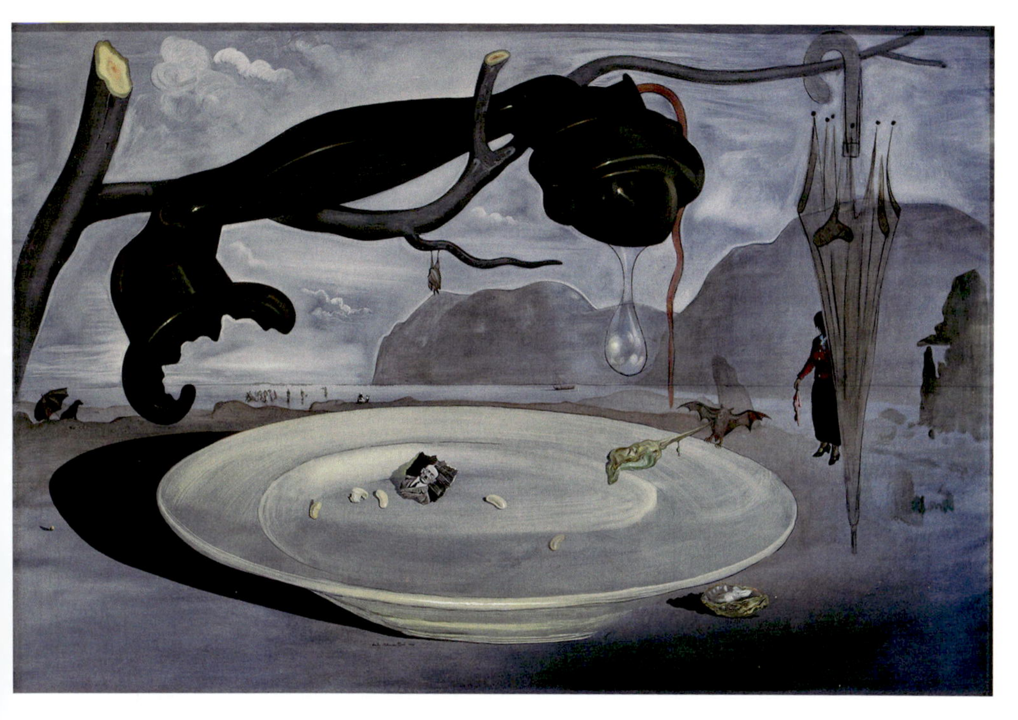

SALVADOR DALI, DAS RÄTSEL HITLERS, 1939, ÖL AUF LEINWAND, 95 X 141 CM, MUSEO REINA SOFIA, MADRID

LAMM IM LÖWENGEWAND

Warum landet eine aus Ägypten stammende, kleine abbasidische Bergkristall-Statuette im 13. Jahrhundert in einem kirchlichen Reliquiar in Deutschland? Auf einer Kokosnuss aus Indien? Um Ehrerbietung zu erzwingen. Hier handelt es sich um die erste bekannte Kokosnuss in einem europäischen Kunstobjekt; der Bergkristall war purer Luxus.

Macht hat vielerlei Gesichter. Eines davon gibt sich mit Waffen und Gewalt zu erkennen, es bringt sich am deutlichsten zur Geltung. Als der schnellste Weg, Menschen zu unterwerfen. Weniger rabiat sind die Formen der Machtausübung, die sich eher theatralisch zum Ausdruck bringen: die Verhalt-dich-mal-normal-Strategie und die Protz-Strategie. Der niederländische Premierminister Mark Rutte, der einen umgefallenen Kaffee aufwischt, und Barack Obama, der mit einer 110-jährigen Schwarzen Frau tanzt, verwenden die erste Strategie. Beide setzen bescheidenes Verhalten ein, um Bewunderung zu erheischen. Das Prunken mit Luxus in der römisch-katholischen und der russisch-orthodoxen Kirche (und in der Pop- und Hip-Hop-Kultur, um einen weiteren hierarchiesensiblen Klub zu erwähnen) gehört zur zweiten Strategie. Dabei setzt man auf Reichtum, um anderen Respekt abzunötigen. Dieser Luxus ist für die meisten Menschen unerreichbar, und das weckt Bewunderung. Die Päpste der Geschichte und die Lil' Waynes dieser Welt haben mehr gemeinsam, als man vielleicht denkt.

Diese Vorstellungen einer Machtausübung, die nicht gewaltsam verfährt, reichen bis in die Antike zurück, schreibt der Historiker Peter Raedts im Katalog zur Ausstellung *Der Münsteraner Domschatz* im Utrechter Museum Het Catharijneconvent, in der das kostbare rituelle Objekt 2018 zu sehen war. Der eine Kaiser umgab sich mit Gold und Seide aus fernen Ländern, der andere kleidete sich genau wie der einfache Mann. Ein Unterschied, der später den Katholizismus und den Protestantismus kennzeichnen sollte.

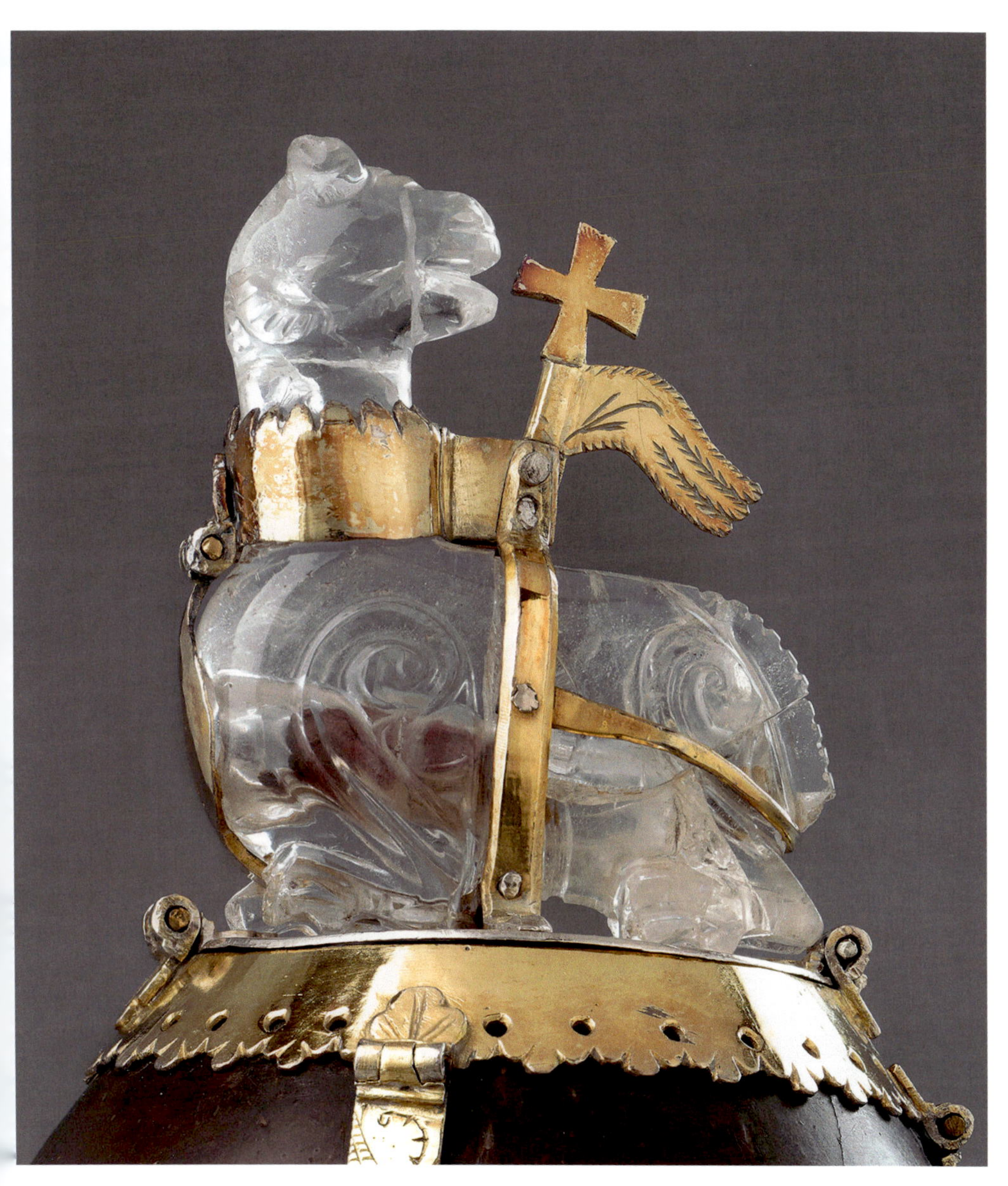

Und der sich sogar in der Popwelt beobachten lässt: Man schaue sich nur die ungeschminkte Soulsängerin Alicia Keys an, die mit ihrem überirdisch guten Klavierspiel begeistert, und die Rapperin Cardi B, die uns in eine theatralische Welt voller Glanz und Luxus eintauchen lässt. *Nothing in this world that I like more than checks (Money).* Es gibt nichts in der Welt, das letztere lieber mag als Geld.

Aber nun zu dieser kleinen Skulptur, die eine völlige Kehrtwende hinlegt – im wahrsten Sinne des Wortes. Denn sie war bereits in Ägypten eine Skulptur, und nicht etwa ein unbehauenes Stück Bergkristall. Zwei Jahrhunderte, bevor sie in diesem Reliquiar landete, war sie als Löwe geschaffen worden. Im frühen Islam, dem die Abbasiden anhingen, ein Symbol für Macht, Mut und Königtum.

Macht bedeutet auch, sich die Symbole anderer anzueignen. So ging auch diese symbolträchtige Skulptur, Gott weiß wie, von islamischen in christliche Hände über. Und wurde dabei umgedreht: Der Kopf des Löwen wurde abgeschlagen und andersherum wieder aufgesetzt. Er wird ihm im wahrsten Sinne des Wortes zurechtgerückt. Unser Löwe blickt nun zurück und wird dadurch zum Lamm. Ein Trick der christlichen Deutschen. Denn so sieht in der christlichen Kunst das Lamm Gottes, das Agnus Dei, aus, jeder erkannte das damals. Sicherheitshalber, damit ja niemand auf die Idee komme, einen verstümmelten Löwen zu sehen, hat der Künstler der Skulptur noch ein Fähnchen und ein Kreuz aus vergoldetem Silber aufgesetzt.

Das Lamm Gottes symbolisiert ebenfalls Macht, Macht durch moralische Werte wie Demut und Barmherzigkeit. Jesus opferte sich als Lamm und wurde so zum König seiner Anhänger. Eine andere Strategie also, die hier wahrhaft Gestalt annimmt.

In dem kristallenen Lamm wird ein Stück rote Seide verwahrt, und in der Kokosnuss, so heißt es, befindet sich Blut des Erlösers. Echtes Blut, das den Gläubigen reinigen und heilen konnte – die Kokosnuss symbolisierte Läuterung.

Von einer Kultur zur anderen und von einem Machtzentrum zum anderen wurden Bergkristall und Kokosnuss verwendet, um einen blutrünstigen Löwen in das Blutopfer des Lammes zu verwandeln.

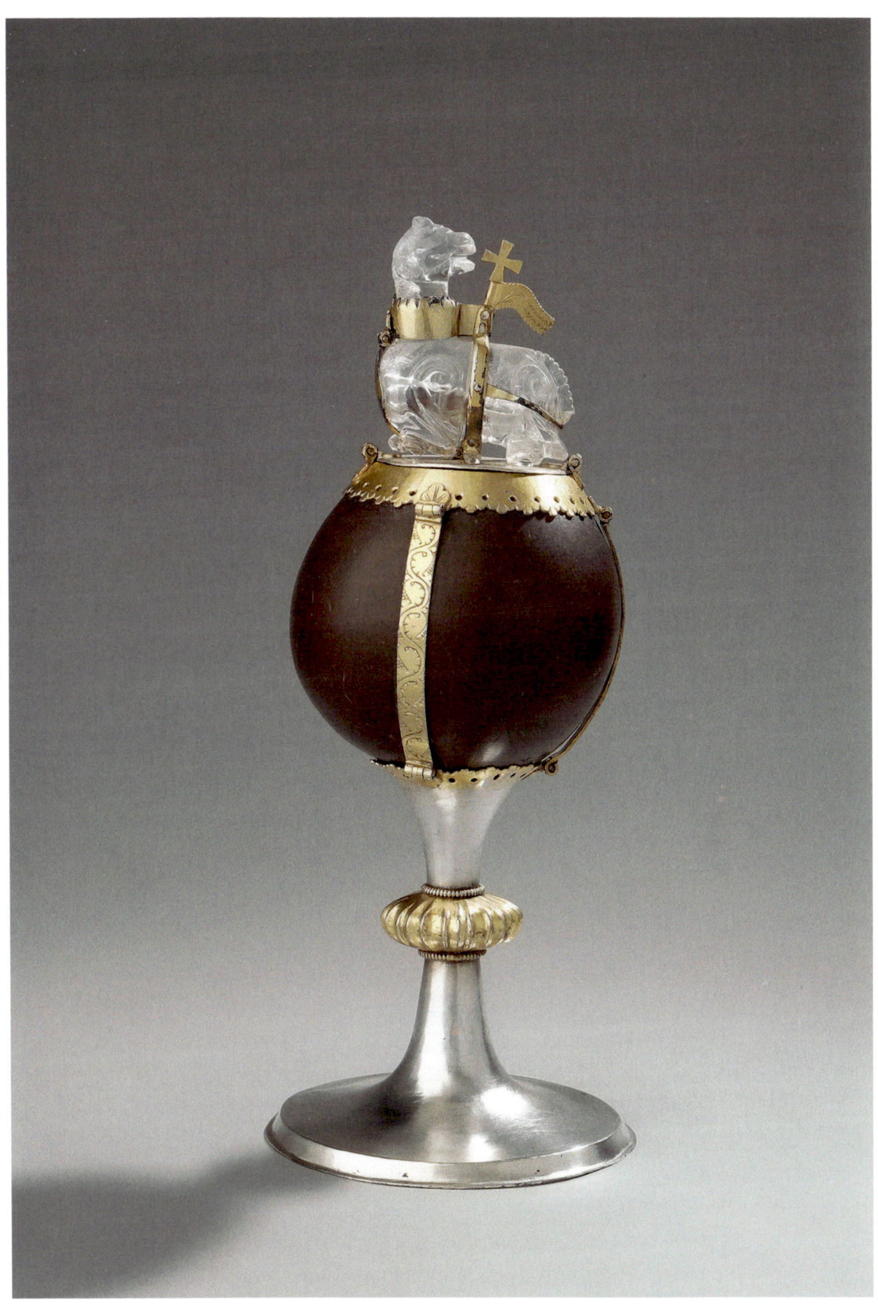

KOKOSNUSS-RELIQUIAR, UM 1230–50, BERGKRISTALL, KOKOSNUSS, SILBER, GOLD, 27,5 X 11,1 CM, DOMKAMMER DES ST. PAULUS DOMS, MÜNSTER

RUTSCHGEFAHR

Abgesehen von dem angenehmen Anblick, den eine muskulöse männliche Wade bietet, ist dieses Detail auch die Antwort auf die Frage: Wie ging man mit Strümpfen um, als es noch keine Gummibänder gab? Hier sehen sie den Gebrauch der schottischen Strümpfe, einem wichtigen Bestandteil der traditionellen Kleidung in Schottland, dokumentiert in einem 3 Meter hohen Gemälde.

Lebensgroße Porträts sind schon an sich interessant. Doch wenn der Porträtierte dann auch noch dasteht, wie eine Mischung aus einem römischen Kaiser und dem biblischen David, der gerade Goliath enthauptet hat, und zudem in ein so schönes Karo eingehüllt ist, bleibt der Blick unweigerlich an ihm hängen.

Die Sache mit dem römischen Kaiser ist kein Scherz: Lord Fyvie, William Gordon, hat sein traditionelles *breacan-an-fei-leadh*, sein großes Plaid mit dem Gürtel, so gedreht, dass es an eine kaiserliche Toga erinnert. Natürlich mit voller Absicht, zumindest wenn es nach dem Kunsthistoriker Christopher M. S. Johns geht, der in Gordons Tracht eine Manifestation der kulturellen Identität und der Position des Schotten in der vereinigten britischen Gesellschaft des 18. Jahrhunderts sieht. Zusätzlich zu seinem ultraschottischen Tartan-Kilt trägt Gordon nämlich auch die traditionelle rote Jacke der britischen Armee. Die Aussage ist unverkennbar. Gordon hatte das ganze Outfit eigens deshalb nach Rom mitgenommen, um sich dort als Kaiser porträtieren zu lassen. Aber wie dem auch sei, kommen wir nun zu den Strümpfen.

Ich habe bisher noch nie darüber nachgedacht, wie das Leben ohne Gummiband gewesen sein muss. Kein elastischer Taillenbund, keine Zwillen, keine Spanngurte oder Haargummis, keine Bungee-Sprünge und natürlich keine Strümpfe, die nicht herunterrutschen. Wie Kunststoff ist auch Gummi

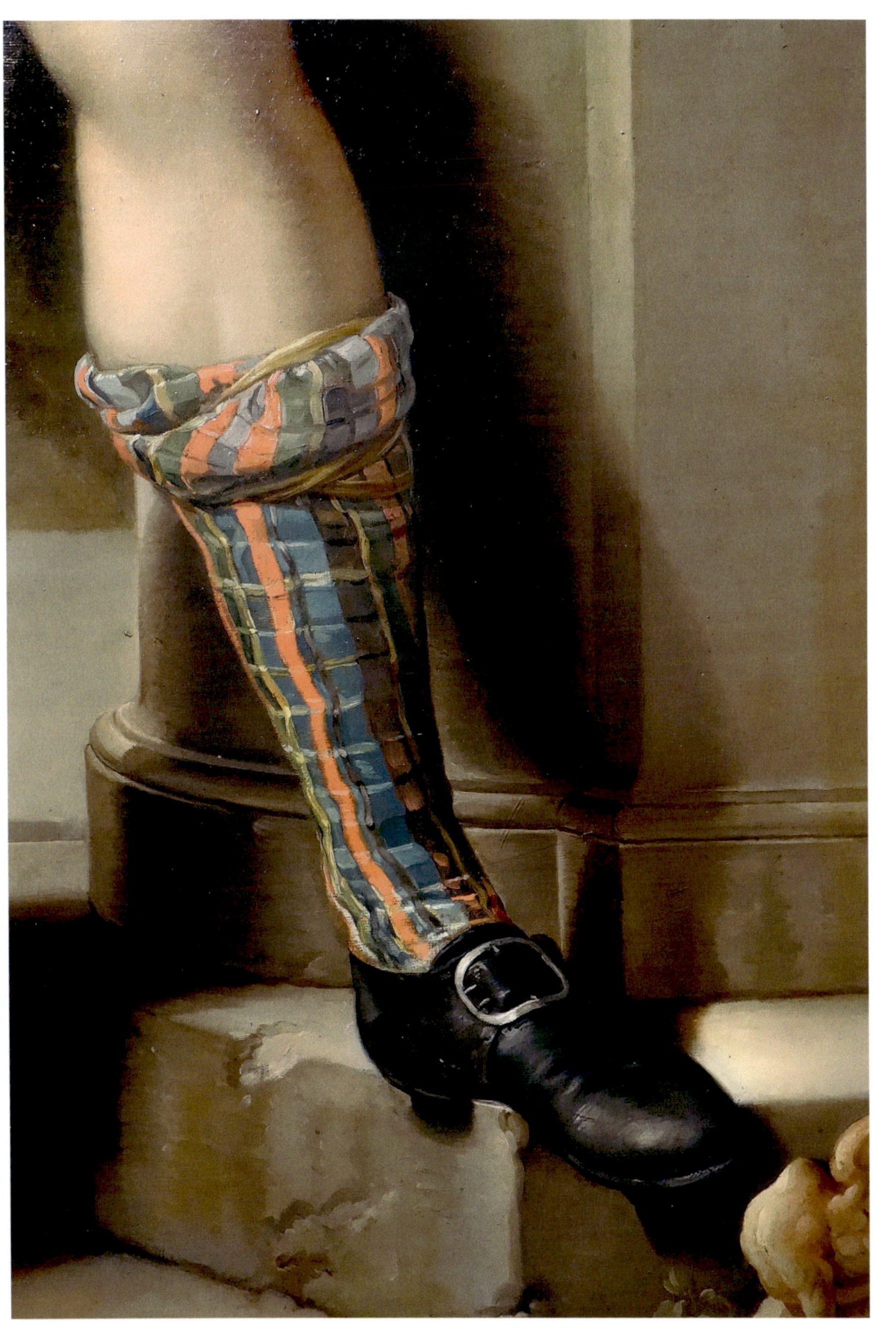

ein Material, das einem in Gemälden selten begegnet, aber wenn man hier in einem zeremoniellen Gewandt so nachdrücklich auf ein um einen Strumpf geschlungenes Band gestoßen wird, wird einem bewusst, dass einmal eine Vor-Gummi Zeit herrschte.

Bevor es Gummibänder gab, wurde der schottische Strumpf oder die schottische *hose* mit einem Band getragen. Komplizierter gestaltete sich das Ganze noch durch den Umstand, dass der Strumpf in jenen frühen Jahrhunderten nicht bis zur praktischen schmalen Stelle unterhalb des Knies reichte, sondern, wie hier zu sehen ist, genau bis zur breitesten Stelle der Wade, was natürlich die größte Abrutschgefahr mit sich brachte.

Ein Mann ohne David-Beckham-Waden war dann schon bald damit beschäftigt, den ganzen Tag seine Strümpfe hochzuziehen, was bestimmt nicht charmant gewirkt hat. Wem einmal die gummifreie Ära bewusst geworden ist, dem werden auch die Bänder um die Spitzenstrümpfe der Regenten in den niederländischen Porträts und Gruppenporträts auffallen.

Manche Schleifen waren auch bedeutungsvoll. Die Schotten hatten zum Beispiel handgeflochtene Bänder, die sie in zu einem – noch so ein schönes keltisches Wort – *sniomh gartain*, ausgesprochen »sneime garschtan«, banden, einen flachen Knoten mit einer Schlinge, wie bei einer Krawatte. Unser Lord Fyvie hier zeigt uns dies an seinem anderen Bein, obwohl das Band ein wenig zu armselig ist, um eine gute flache Form zu haben.

Die schiefe, kreuz und quer geschlungene Bindung diente vermutlich dem maximalen Halt an der Wadenrundung. Ein guter Strumpf mit einer anmutigen Schnürung verlängert das Bein und lenkt die Aufmerksamkeit dezent auf Wade und Knie. Wenn man sich die Porträtkunst vornimmt, ist es eigentlich bedauerlich, dass das Band als Accessoire verschwunden ist.

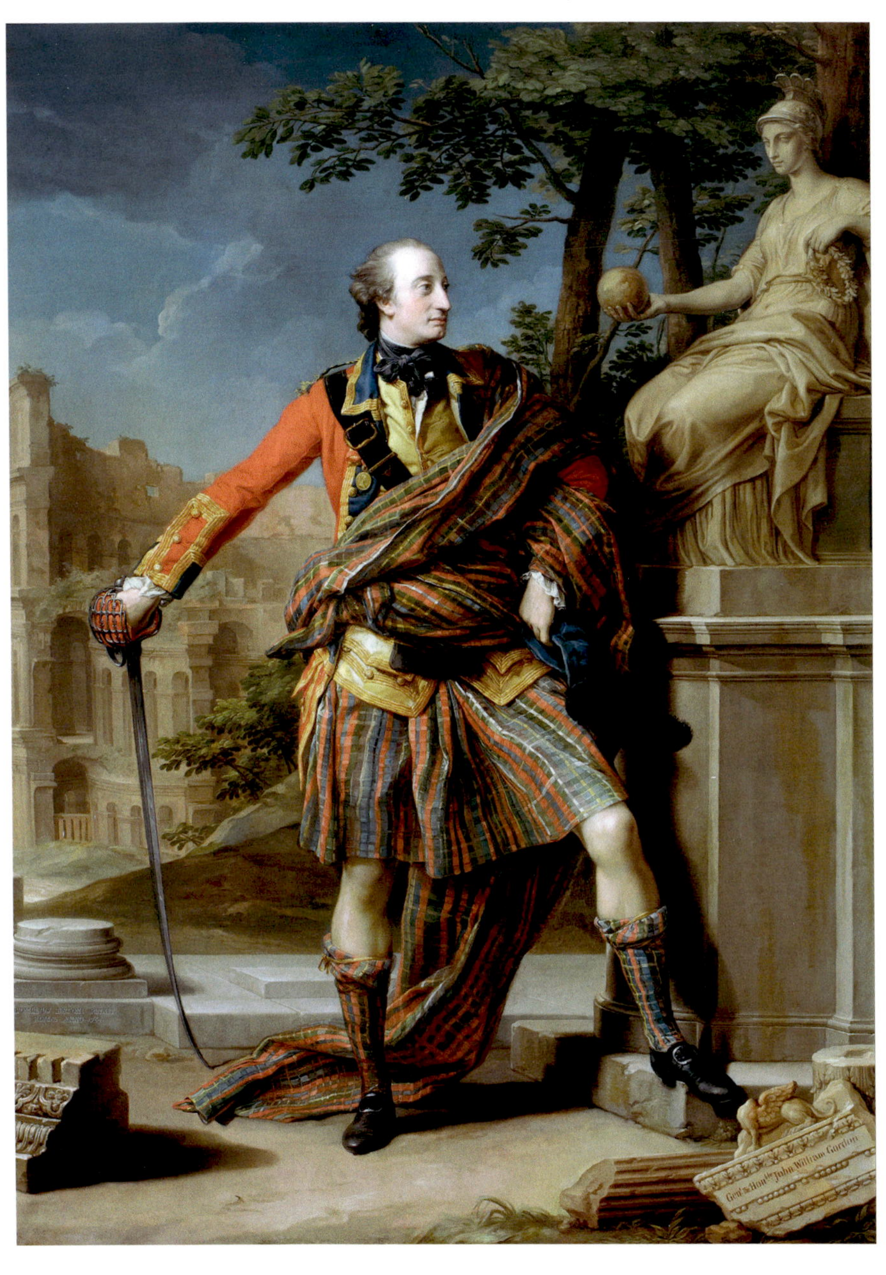

POMPEO BATTONI, OBERST WILLIAM GORDON, 1766, ÖL AUF LEINWAND, 289,5 X 217 CM, FYVIE CASTLE, NATIONAL TRUST FOR SCOTLAND

KÜNSTLERISCHER WETTSTREIT

In der Geschichte der Kunst ist der Wetteifer ein großes Thema. Unzählige Künstler fallen verhaltenstechnisch in die Kategorie Schalke – Dortmund: Hass aufeinander und Liebe für dasselbe Metier. Insgeheim treiben sie sich (und ihr Metier) damit zu Höchstleistungen an. Das ist der Gewinn, den die Allgemeinheit daraus zieht. Raffael und Michelangelo, Rembrandt und van der Helst, Picasso und Matisse, Pollock und Willem de Kooning, Francis Bacon und Lucian Freud. Kunst ist, wie Fußball, eine unsichere und persönliche Tätigkeit – jedenfalls im Vergleich zu so etwas wie Zahnmedizin oder Informatik – und das machte die Rivalität nicht immer gerade angenehm.

Über Tintoretto erzählt man sich eine hinterlistige Geschichte. Zusammen mit Tizian, Veronese und zwei weiteren Künstlern durfte er an einem Wettbewerb für die Scuola Grande di San Rocco – eine der bedeutendsten Bruderschaften Venedigs – teilnehmen. Die anderen reichten Skizzen ein, Tintoretto aber schuf sofort ein Gemälde, ließ es heimlich im Oval an der Decke aufhängen und schenkte das Werk offiziell der Bruderschaft. Damit setzte er seine Konkurrenten schachmatt, denn nach den Statuten durfte eine Schenkung nicht abgelehnt werden. Damit konnte er gleich den restlichen Auftrag einheimsen. Solche Geschichten haben das Bild der Kunst und der Künstler über Jahrhunderte hinweg geprägt.

Ebenfalls in Venedig, in dem schönen Stadtpalast Ca' d'Oro, dachte ich an eine Rivalitätsdiskussion in der Renaissance, die in Form des sogenannten Paragone zwischen Malerei und Bildhauerei Berühmtheit erlangt hat. (Der »Paragone« steht seit der Renaissance für einen künstlerischen Wettstreit.) Welche Kunst war die bessere? Fürsprecher der Bildhauerei wiesen darauf hin, dass die Malerei eine praktische Kunst sei, die zu den *artes mechanica* gehöre, und nicht zu den *artes liberales*. Eine Skulptur konnte die Welt dreidimensional darstellen, und sie erforderte harte körperliche Arbeit.

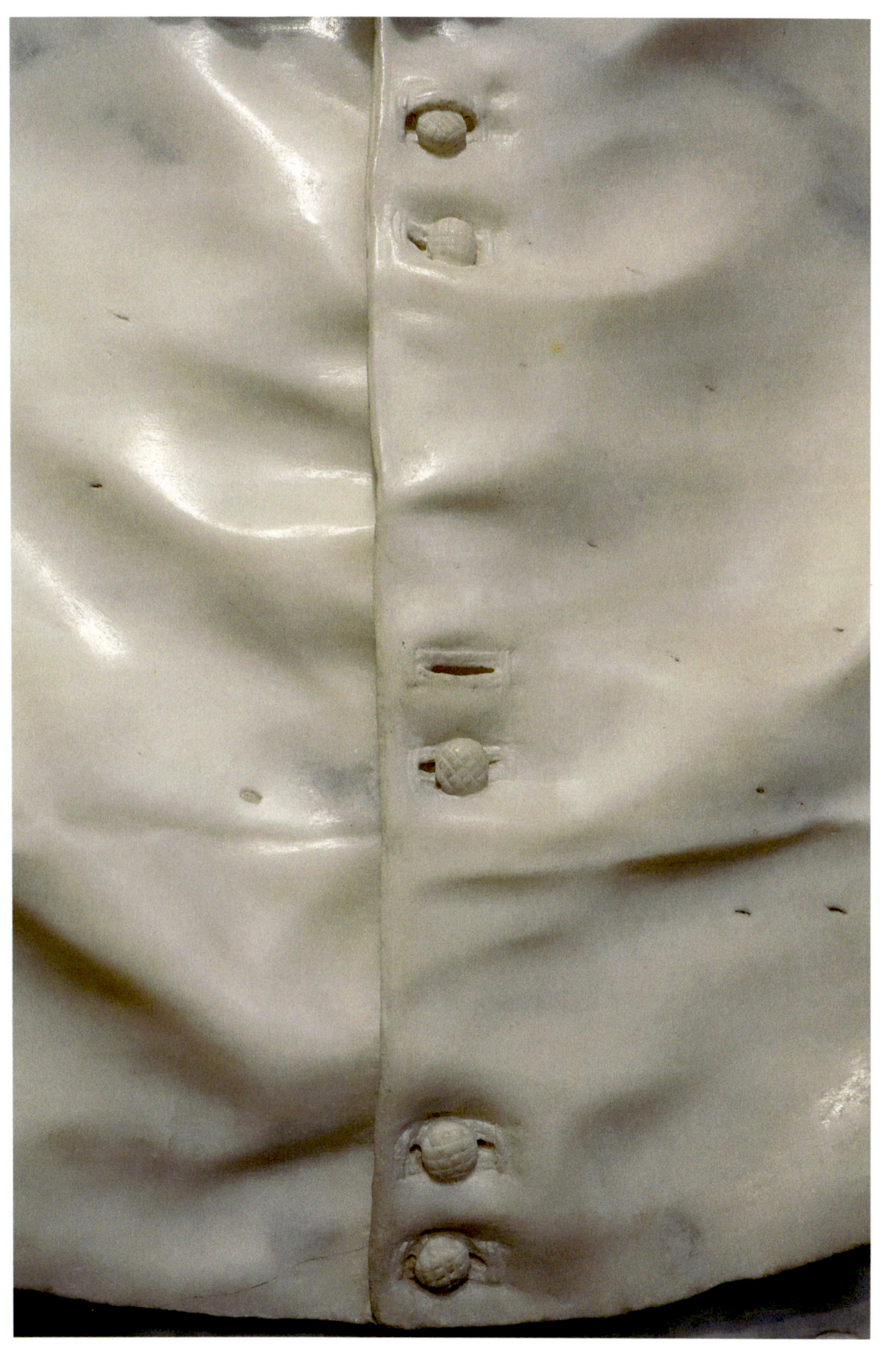

Leonardo da Vinci hingegen erkannte der Malerei den höchsten Rang zu, da sie dem Auge alle Ehre mache, und das Sehen der wichtigste aller Sinne sei. Außerdem könne die Malerei alles in der Wirklichkeit darstellen, auch die Sterne und das Wasser. Ich glaube, ich gehöre zum Team Leonardo, und sei es nur, weil es mir leichter fällt, an Skulpturen vorüberzugehen als an Gemälden. Außer hier am Canal Grande. Fast wäre ich an dieser Büste vorbeigelaufen – bis ich die kleinen Knöpfe sah.

Drei Paare mit einem kleinen Karomuster, wahrscheinlich das des um die Knöpfe gewebten Stoffs. Der Kardinal – Agostino Valier – hat offenbar vergessen, einen dieser Knöpfe zuzuknöpfen. Er liegt unter dem Knopfloch, dessen war ich mir sicher. Bis ich mir klarmachte, dass es sich bei dem, was ich für die locker fallende Mozetta, den Schulterumhang des Kardinals, hielt, unter dem sich verdammt nochmal auch ein Knopf befand, um ein Stück Stein handelte. Der oberste Knopf ist auch nicht richtig geknöpft – man sieht förmlich, wie der Kardinal, der gerade keinen Spiegel zur Hand hat, an diesem etwas zu kleinen Knopfloch mit dem Daumen und zwei Fingern herumfummelt, um das verflixte Knöpfchen durch es hindurchzuquetschen. Das hat offenbar nicht geklappt. Ich habe noch nie ein überzeugenderes Kleidungsstück aus Marmor gesehen. An diesem Nachmittag stand es 1:0 für die Bildhauerei, dank Bernini.

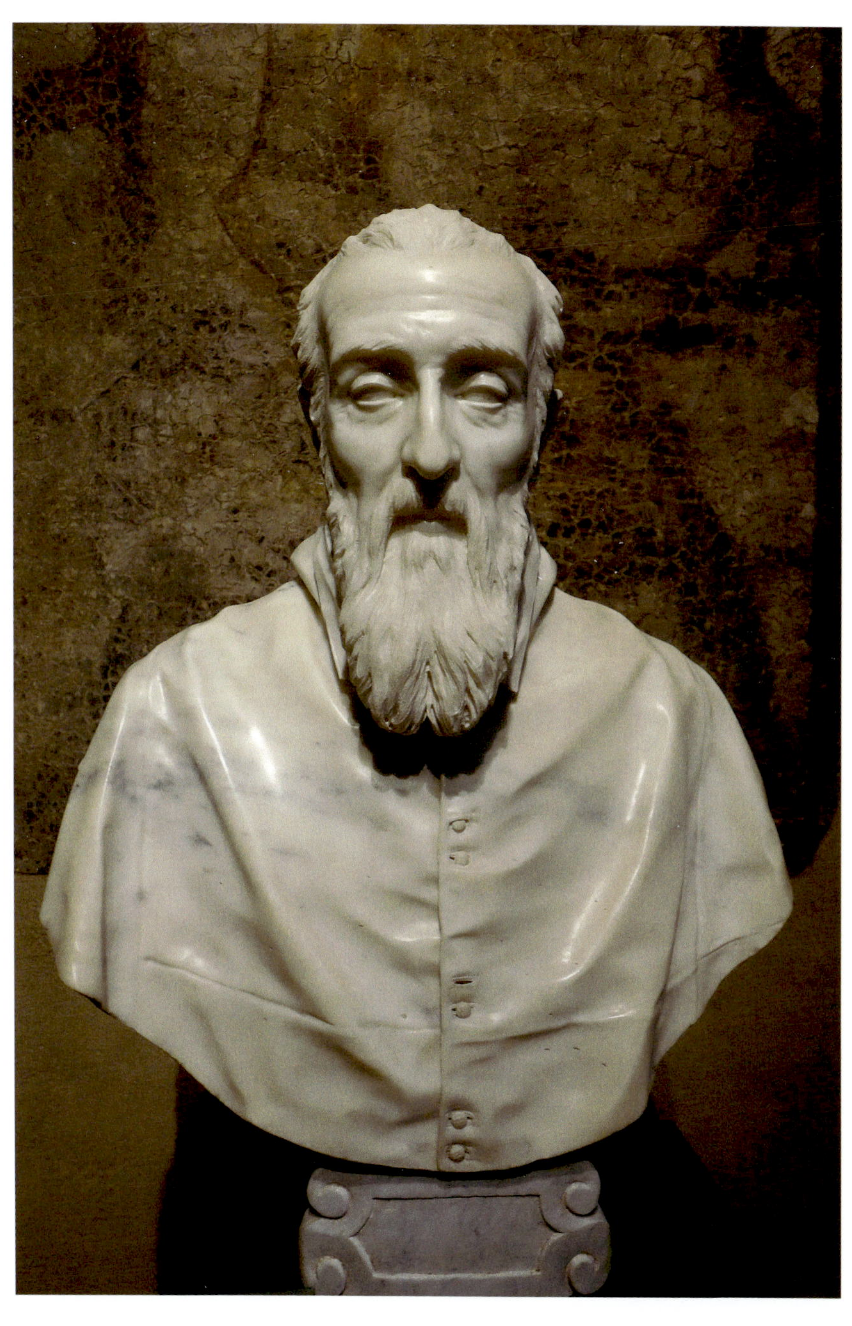

GIAN LORENZO BERNINI, BÜSTE DES KARDINALS AGOSTINO VALIER, 1626–27, MARMOR, 65 X 59 CM, CA' D'ORO, GALLERIA FRANCHETTI, VENEDIG

ESSAY 1

DIE FARBE VON JESUS

Wenn man Hollywood glauben mag, war fast die gesamte Weltgeschichte weiß. Kleopatra hatte das Gesicht von Elizabeth Taylor, Moses das von Christian Bale, Richard Gere ist der biblische König David, Russell Crowe ist Noah, Alec Guinness ist Prinz Faisal von Syrien, und Juliette Binoche ist Maria Magdalena.

Nicht nur in Hollywood übrigens. Wo immer man in irgendeiner europäischen Stadt ein Museum betritt, schweben einem die milchweißen Engel mit den goldenen Locken entgegen. Marias Reinheit wird durch eine weiße Lilie zu ihren Füßen unterstrichen, und Jesus hat – von seiner Darstellung als pummelig dickes Kindchen auf dem Schoß seiner Mutter bei Raffael bis zur Grablegung des leblosen Körpers bei Caravaggio oder Michelangelo – eine Haut wie Porzellan.

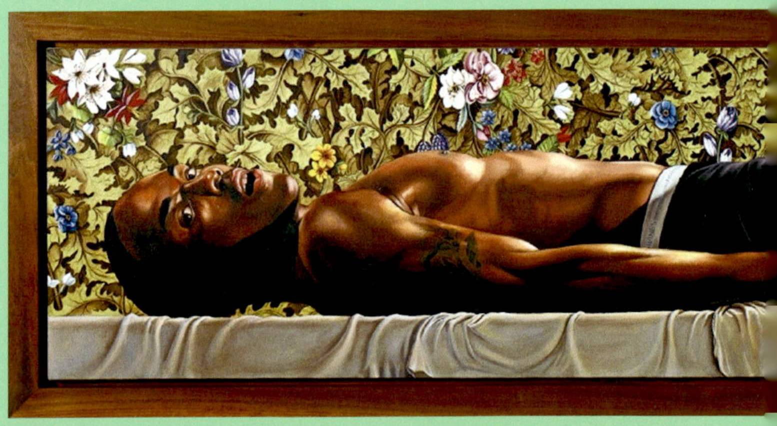

Jesus ist weiß: Das scheint eine neutrale Tatsache zu sein, die fast im gesamten historischen Kanon gilt, den die meisten von uns in der Schule und während ihrer Erziehung mitbekommen haben. Wir bemerken nicht einmal, dass er weiß ist. Schon seit dem Mittelalter beten wir einen kaukasischen Protohippie an. Obwohl – und da wird mir wohl kaum jemand widersprechen – die Wahrscheinlichkeit verschwindend gering ist, dass der historische und im (heutigen) Nahen Osten geborene Jesus blaue Augen und blondes Haar hatte.

Dann aber sahen wir im Jahr 2017 plötzlich einen Schwarzen Jesus im niederländischen Fernsehen, zudem auch noch im groß angelegten Osterspektakel *The Passion*. Im siebten Jahr, in dem der EO (»Evangelischer Sender«) diese Darstellung der Leidensgeschichte Christi ausstrahlte, war der liebenswürdige und gläubige Sänger Dwight Dissels der erste Schwarze, der die Rolle von Jesus einnahm.

Über die Wahl von Dissels als Jesus in einer Sendung, die sich gewöhnlich etwa drei Millionen Zuschauer anschauen, können wir natürlich auf ganz niederländische Art mit den Schultern zucken, und es als gutes Zeichen werten, wie normal wir das doch finden. Aber es spricht einiges dafür, dies nicht unbeachtet zu lassen. Denn ein Schwarzer Jesus ist in einer westlichen Darstellung alles andere als »normal«.

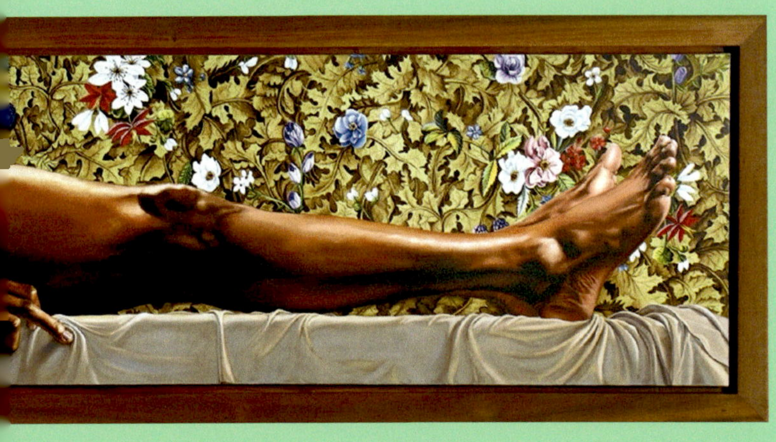

KEHINDE WILEY, DEAD CHRIST IN THE GRAVE, 2007, ÖL UND EMAILLE AUF LEINWAND, 95,3 X 385,1 CM, PRIVATSAMMLUNG

Fast jedes Mal, wenn Jesus in der Kunst und in den Medien eine dunkle Hautfarbe hatte, wirbelte das einigen Staub auf. Als die amerikanische Zeitschrift *Ebony* 1969 einen Schwarzen Christus auf dem Cover platzierte, rief das unter der eigenen Schwarzen Leserschaft so viel Protest hervor, dass das Blatt dies beinahe nicht überlebt hätte. In dem Begleitartikel *The Quest for a Black Christ* vertrat Pastor Albert Cleage die Ansicht, der Messias sei Schwarz gewesen, seine Religion sei eine »black man's religion«, und seine Worte des Mitgefühls seien an die Menschen in der Schwarzen Gemeinschaft gerichtet. Dem Pastor wurde dafür vorgeworfen, dass er die zeitgenössische Problematik auf eine jahrhundertealte Religion projiziere. Jedenfalls kam seine Behauptung, Jesus sei nicht weiß gewesen, eine wie gesagt historisch begründete Ansicht, bei den Leserinnen und Lesern nicht gut an.

Der Diversity-Experte Matthew C. Whitaker weist darauf hin, wie sehr auch heute noch Widerstand dagegen spürbar ist, sich von dem Bild eines europäischen, weißen Christus zu lösen. Christus zu einem Weißen zu machen, sei ein »wesentlicher Bestandteil bei der Wahrung weißer Privilegien und Vorherrschaft« gewesen. Alle Helden der Geschichte seien systematisch zu Europäern gemacht worden, obwohl viele das nicht waren. Dieses Muster habe nach Whitaker dazu geführt, dass sich Schwarze Menschen in historischen und religiösen Darstellungen und Bildern nicht wiederfänden, außer als Diener und Sklaven.

In den letzten Jahren haben sich bildende Künstler und Künstlerinnen in ihren Werken mit Annahmen zur Hautfarbe Jesu auseinandergesetzt. Mit ihren Arbeiten decken sie die unbewussten Erwartungen der Betrachter offen. So schuf der amerikanische Maler Kehinde Wiley 2008 seine eigene Version der weltberühmten Darstellungen des toten Christus von Hans Holbein und Andrea Mantegna, nun allerdings mit einem Schwarzen Christuskörper. Einem Körper, der zudem zeitgenössisch anmutet, als handele es sich um einen modernen 33-jährigen Schwarzen Mann, mit schwarzen Boxershorts und einem Tattoo, oder auch einer Pelzkappe und einer Goldkette, in einer für Wiley typischen, bunten Farbgebung.

Eines der eindringlichsten Beispiele ist eine kleine Skulptur von Ron Mueck, dem Bildhauer und ehemaligen australischen Puppenmacher, der für seine überproportional großen und kleinen, sehr lebensecht wirkenden Skulpturen von Menschen bekannt ist. Im Jahr 2009 schuf er eine Skulptur, die scheinbar nichts mit Jesus zu tun hat: *Youth*. Ein junger Schwarzer Teenager in Baggy Jeans hebt sein weißes T-Shirt an und blickt überrascht auf die offene Wunde in seiner Seite. Wegen der unter jungen Schwarzen Männern herrschenden und gegen sie gerichteten Gewalt ein gesellschaftskritisches Werk, doch für jeden

Betrachter, der schon einmal ein altes Gemälde gesehen hat, eine unmittelbar wiedererkennbare Pose: Christus, der seine Wunde zeigt. Sie wurde unzählige Male gemalt. Der Moment, in dem Jesus, der gerade vom Tode auferstanden ist, sich zu seinen Jüngern begibt und zum Beweis, dass er es ist, dem immer noch zweifelnden Thomas die Wunde in seiner Seite zeigt, in die dieser sogar seinen Finger steckt, um sich selbst zu überzeugen. Muecks *Youth* zeigt ein ikonisches Bild von Skepsis und Bestätigung; auch in diesem Sinne ist es relevant für die aktuelle Situation, nur dass es ebenso einen Schwarzen jungen Christus zeigt.

In Südafrika schuf der Maler Ronald Harrison 1960 ein großformatiges Gemälde der Kreuzigung: *The Black Christ*. Er ging ein großes Risiko ein: Der Schwarze Christus hatte das Gesicht von Albert Luthuli, dem gewaltlosen Anti-Apartheid-Aktivisten, dem Präsidenten des ANC (African National Congress) und der ersten nicht aus dem Westen stammenden Person, der der Friedensnobelpreis verliehen wurde. Die römischen Schergen erhielten die Gesichter von Premierminister Verwoerd und Justizminister Vorster. Das Werk wurde sofort verboten, es wurde aus dem Land geschmuggelt und kehrte 1997 wieder in die Nationalgalerie in Kapstadt zurück.

Wie sehr die Wahl von Dwight Dissels für die Jesusdarstellung eine Ausnahme ist, geht aus den zahlreichen Berichten von Schauspielern hervor, die Schwierigkeiten haben, Rollen zu bekommen, die über die Karikatur ihrer Herkunft hinausgehen. Riz Ahmed, der britische Schauspieler pakistanischer Herkunft, der unter anderem im Film *Rogue One: A Star Wars Story* (2016) mitgespielt hat, verglich sein Wirken als Schauspieler in einem Artikel in *The Guardian* damit, mit einer Halskette umgehen zu lernen, die man von anderen umgehängt bekommt. Ein geliehenes Schmuckstück, das einem jederzeit wieder abgenommen werden kann und dessen Glieder die Labels repräsentieren, die einem angeheftet werden. Diese Halskette sei ebenso einengend wie bezeichnend für die Weise, in der man von der Welt gesehen werde. Bei der Schauspielerei, sagte er, lernt man mit dieser Kette Schritt für Schritt umzugehen.

Phase 1: Man kriegt Rollen, die das eindimensionale Stereotyp der eigenen Herkunft bestätigen, etwa als Terrorist, Taxifahrer oder Krimineller. Sie ziehen die Kette fester um den Hals.

Phase 2: Dann kommen die Rollen, die zu den Erwartungen passen, die die eigene ethnische Zugehörigkeit weckt, aber den Stereotypen zuwiderlaufen oder sie aufbrechen. Sie lockern die Kette um den Hals.

Phase 3: Hier liegt das gelobte Land: Rollen, die nichts mit der eigenen Herkunft zu tun haben. In denen man nur irgendein Typ ist. In dieser Phase gibt es keine Kette mehr, die sich um den Hals legt.

Das ist eine bedeutungsvolle Bildersprache, vor allem wegen der impliziten Assoziation mit der Sklavenkette. Ahmed erreichte Phase 2 und 3 mit Rollen in *The Road to Guantanamo*, *Jason Bourne*, *Star Wars* und den Fernsehserien *The OA* und *Girls*. Doch der Weg dorthin war von Missbilligungen übersät, die zuweilen an klassische Szenen der Verspottung Christi erinnern, wie der Artikel deutlich macht.

Ahmeds Phasen ist noch eine vierte hinzuzufügen, bei der die Rollen jemanden verkörpern, der ganz und gar nicht anonym ist. Diese Rollen sind weltberühmt, und werden nach wie vor von weißen Menschen gespielt. Mit einer solchen Rolle wird die Kette definitiv gesprengt, wie mir scheint. Als 2015 der marokkanische Venloer Abbie Chalgoum die Rolle Christi in den (nicht im Fernsehen übertragenen) Passionsspielen von Tegelen einnahm, gab es noch Proteste von Limburgern, die fanden, dass »ein Katholik« die Rolle spielen sollte – ein Protest, der sich bei den Nichtkatholiken Danny de Munk oder Jim de Groot im Fernsehen nie erhob, zumal der historische Jesus selbst ebenfalls schwerlich ein Katholik gewesen sein kann.

Ein unausgesprochener Punkt in der Diskussion über die Hautfarbe Jesu liegt darin, dass er sie nur von einer Seite bekommen hat: von seiner Mutter. Sein Vater war schließlich Gott, der über alle Farben erhaben ist. Doch auch nach der Bibel lässt sich Jesus in keine Schublade stecken, was ein Grund dafür sein könnte, dass auch seine ethnische Zugehörigkeit oder Hautfarbe keine

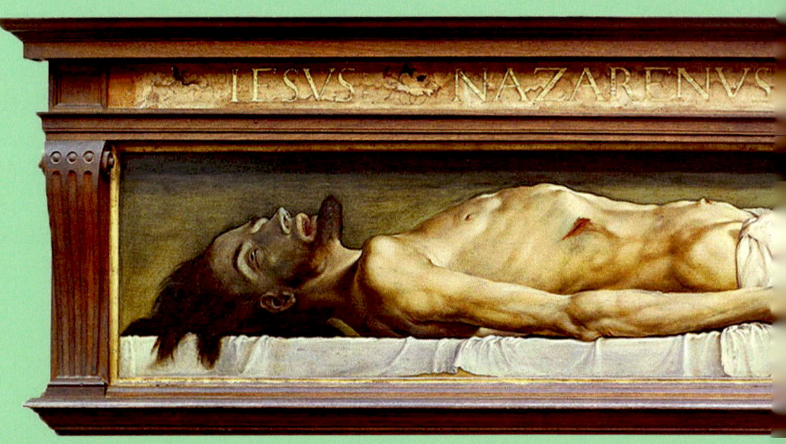

Erwähnung findet (abgesehen von der Prophezeiung Daniels, in der von einem Mann mit einer »Haut wie polierter Bronze« die Rede ist, womit möglicherweise Christus gemeint ist). Das damit verbundene theologische Argument lautet: Das Fehlen einer Beschreibung der körperlichen Merkmale Christi in der Bibel ist wesentlich für den universellen Wert seiner Botschaft.

Dwight Dissels wollte »ein Spiegelbild Jesu sein«, sagte er in einem Interview, und zwar sowohl für ein christliches als auch für ein nicht-christliches Publikum. Seine Hautfarbe und Herkunft wurden in keinem einzigen Bericht über *The Passion* erwähnt, das Osterspektakel wurde von Millionen von Zuschauern verfolgt. In Anbetracht der sensiblen Historie der Rolle, die er spielt, ist dies eine neue und bedeutsame Entwicklung.

Als Pastor Martin Luther King 1957 gefragt wurde, warum Jesus weiß sei, antwortete er in *Ebony*: »Die Hautfarbe Jesu ist von geringer oder gar keiner Bedeutung, denn die Hautfarbe ist ein biologisches Merkmal, das nichts über den inneren Wert der Persönlichkeit eines Menschen aussagt. Was zählt, ist seine Bereitschaft, sich Gottes Wille zu unterwerfen.« Jeder sollte sich also in Jesus wiedererkennen können. Für bildende Künstler ist dies leichter gesagt als getan; sie können nicht umhin, eine Hautfarbe zu wählen, wenn sie Jesus darstellen. Ihre Herausforderung besteht darin, seiner Persönlichkeit viele Gesichter zu geben.

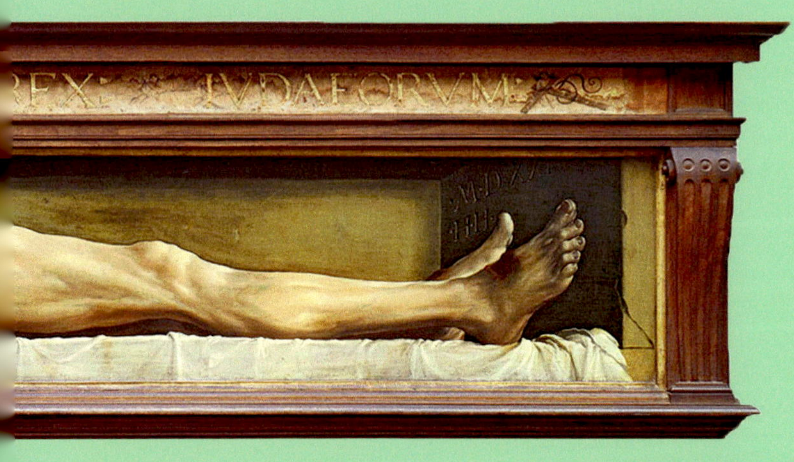

HANS HOLBEIN, DER TOTE CHRISTUS IM GRAB, 1521–22, ÖL UND TEMPERA AUF HOLZ, 30,5 X 200 CM, KUNSTMUSEUM BASEL

RESONANZKÖRPER DER SEELE

Fragen Sie jemanden nach seinem Lieblingsberg und Sie erhalten einen Einblick in seine oder ihre Sicht auf die Welt. Berge sind wie Reflektoren, sie spiegeln unser eigenes Gemüt wider, als ob die Nymphe Echo noch in ihnen festsäße, um jeden Ruf zu erwidern. Schauen Sie sich nur all diese »Auf diesem Berg finde ich mich selbst wieder«-Romane an. In ähnlicher Weise wie in Paolo Cognettis Roman *Acht Berge* (2017) entpuppt sich die Berglandschaft immer wieder als der Freund, der uns unser hektisches Smartphone-Dasein bewusst macht. Wir sind geschäftig und klein, der Berg ist groß, still und geduldig. Ideales Echomaterial.

Ich habe einmal über ein Detail der Berge im Hintergrund der *Mona Lisa* geschrieben, genauer gesagt über ein Detail in einer ihrer Kopien, die zur gleichen Zeit entstanden ist und in der die Berge erst nach der Restaurierung zum Vorschein gekommen waren: in strahlendem Ultramarinblau. Da Berge auf vielen Gemälden eine große Rolle spielen und wir sie oft genug nicht sofort bemerken, habe ich die Leser der *Volkskrant* gebeten, mir ihr Lieblingsbergdetail mitzuteilen. Ich hatte vor allem die Alpen erwartet, aber es kam viel mehr. Felsen, Höhlen, Eisberge und schlafende Hunde in Form eines Berges (ja, von Dalí), japanische Berge (Fuji!), französische (Mont Sainte-Victoire, *bien sûr*), spanische und pakistanische Berge. Man verwies dabei auf Details: eine winzige Begräbnisszene auf einem Berg, eine Pflanze neben dem in die Weite blickenden Mann in Caspar David Friedrichs *Der Wanderer über dem Nebelmeer* (um 1818) und eine Bergspitze, die genau zwischen zwei Haarlocken von Jesu gemalt worden war.

Mindestens acht Hinweise handelten von Künstlerinnen und Künstlern, von denen ich noch nie gehört hatte, sodass ich jetzt mehr von Peder Balke und Ferdinand Hodler sehen möchte. Hodler malt nach Auffassung von Rudy van Amersvoort aus Tiel so variantenreich, dass seine Bergdetails eine

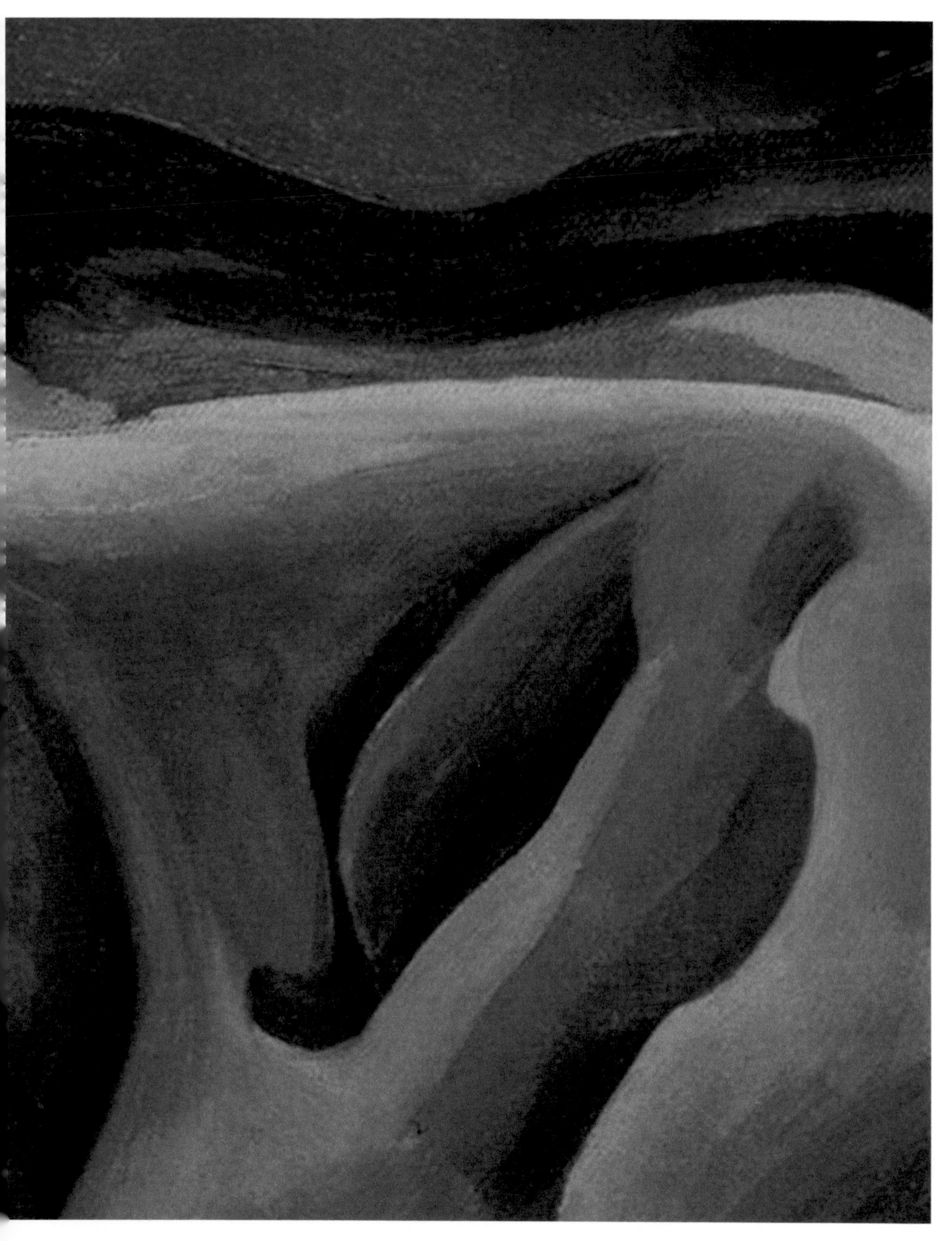

eigene Lektion in Sachen Kunst darstellen. Ein origineller Beitrag kam vom Leser Eric Bais: Er verwies auf ein echtes Stück Stein, die Spitze des Mont Blanc – 1787 abgehackt vom Bergsteiger H.B. de Saussure und heute im Teylers Museum in Haarlem ausgestellt. Ein Objekt, das ebenso viel über die Natur wie über Kultur und Kunst aussagt und direkt aus dem Zeitalter der Aufklärung stammt.

Die Motive verraten viel über den Betrachter selbst. Der Berg ist ein Resonanzkörper der Seele. Für die einen ist es ein Ort der Ruhe, für die anderen eine Warnung vor Unheil oder ein Weg zu Gott.

Es sagt sicherlich etwas über mich aus, dass ich dieses Bild ausgewählt habe: die Berge von Georgia O'Keeffe, der größten amerikanischen Malerin der Moderne. Es wurde vom Leser Rob Swart vorgeschlagen. Ihm ging es nicht so sehr um den Berg selbst, sondern um »den Weg, der zu ihm hinaufführt, der an ihm entlangführt, und um das, was hinter ihm liegt«. Mir geht es um die Farben: Diese Berge umhüllen einen wie Seidentücher. O'Keeffe verließ 1929 New York, und ihren unzuverlässigen Ehemann Alfred Stieglitz, um ein Leben mit diesen Bergen in New Mexico zu führen; sie malte das Pedernal-Gebirge viel farbenfroher, als es in Wirklichkeit ist. Auch sie hatte den Ehrgeiz, sich mit einem Berg zu messen, als ob er nur für sie da wäre. Die Landschaft passe zu ihr, sagte sie: »Gott hat gesagt: Wenn ich sie nur oft genug male, gehört sie mir«.

Vielleicht sehen wir in ihr einen Freund. Vielleicht etwas Weiches und Feminines. Das sei sie nicht, sagt die Künstlerin – genauso wenig wie ihre berühmten großen Blumenbilder erotisch seien und ihre Totenköpfe mit dem Tod zu tun hätten. Das tut unseren Deutungen keinen Abbruch. Sie hat sie uns gegeben und wir werden immer das Unsere darin sehen.

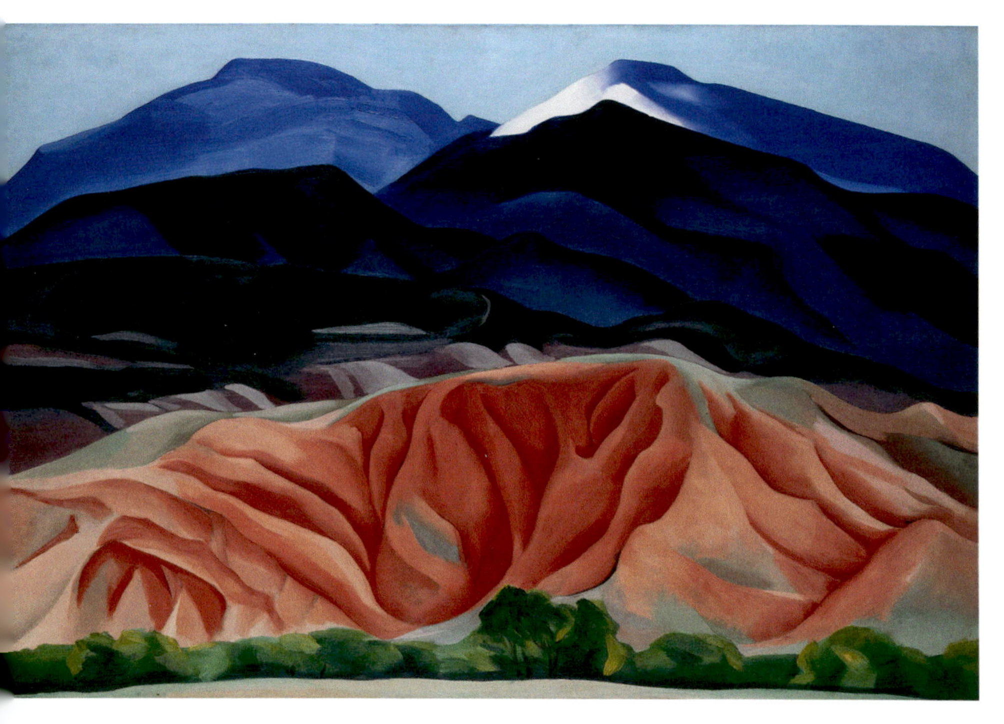

GEORGIA O'KEEFFE, BLACK MESA LANDSCAPE, NEW MEXICO / OUT BACK OF MARIE'S II, 1930, ÖL AUF LEINWAND, 61,6 X 92,1 CM, GEORGIA O'KEEFFE MUSEUM, SANTA FE

DIE ROLLE UNSERES GEHIRNS

In unserem Haus hängt eine Serie von kleinen Kunstwerken. Es sind einfache Entwürfe; wer genau hinschaut, kann darin Helden aus der Comicgeschichte erkennen. Ein Kreis, zwei Nasenlöcher und eine Grundform: Alf. Ein Oval und zwei Streifen: Barbapapa. Zwei Farbflächen: Yoda. Hey, das ist Batman! Sie hingen lange Zeit im Kinderzimmer, und es ist schön, den Moment mitzuerleben, in dem die Kinder einen Helden, der an ihrer Wand hängt, im Fernsehen entdecken.

Aber gleichen sie sich? Nein. Die Serie *Bare Essentials* (2011) des Designers Dennis de Groot besteht aus stilisierten Formen, fast schon Bildlogos, die alle an unseren gemeinsamen Erinnerungen an die größten Zeichentrickfiguren appellieren. Während ich diese Zeilen tippe, blicke ich auf ein rosa Oval mit zwei Dreiecken, ein paar rosa Kreisen und vier schwarzen Streifen: den rosaroten Panther. Es war das Tier, das ich in der Schule am liebsten nachgezeichnet habe; bestimmt einige Hundert Male. De Groot hat das Wesentliche erfasst.

Wann werden Formen und Farben zu einem Bild? Wie viele Linien sind nötig, um den Erkennungsknopf in Ihrem Kopf einzuschalten? Dieses herrliche Detail hier zeigt, wie weit Formen und Farben von einer »lesbaren« Realität entfernt sein können. Es erinnerte mich an wimmelnde Bakterien in einem Präparat unter dem Mikroskop. Chuck Close malte die runden, augenähnlichen Formen in seinen Quadraten so unregelmäßig, dass ein Gefühl von Bewegung entsteht. Ein Gefühl, das sich letztendlich stark auf das Ganze auswirkt. Denn die Porträts von Close sind Porträts, vor denen man sich bewegen soll. Bewegen Sie sich vor und zurück, zoomen Sie rein und raus, tanzen Sie ein bisschen davor, um zu sehen, welches Spiel mit Ihrer Wahrnehmung gespielt wird. Aus der Nähe betrachtet ist kein Gesicht zu erkennen, und mit jedem Schritt, den Sie zurücktreten, taucht etwas

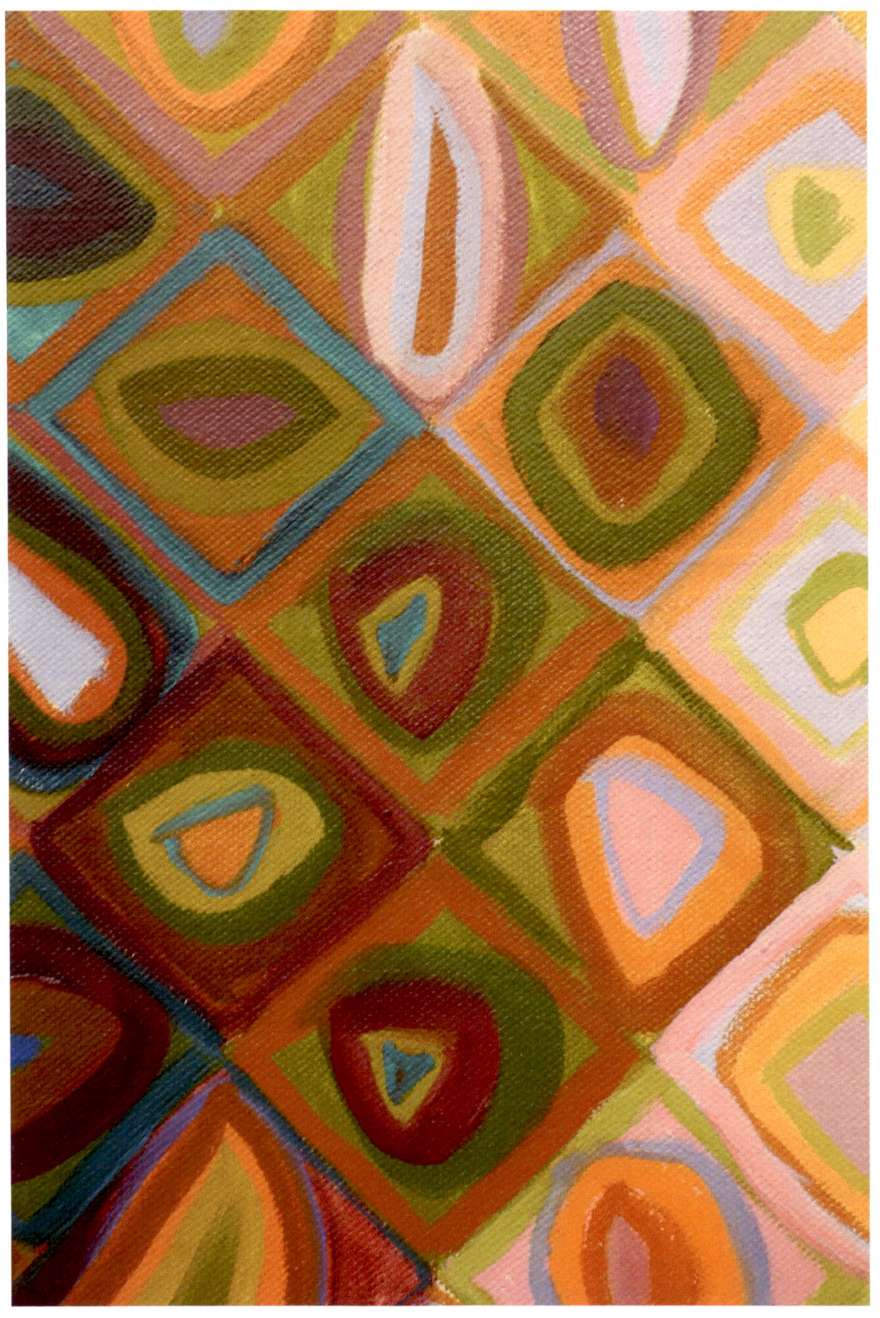

auf. Bis man ab einer gewissen Entfernung wirklich das Gefühl hat, auf ein realistisches, verpixeltes Porträt zu schauen.

Close selbst litt an Prosopagnosie, Gesichtsblindheit. Er hatte große Schwierigkeiten, Gesichter zu erkennen, selbst die seiner Bekannten. Seit den 60er Jahren malte der 2021 verstorbene Künstler riesige Porträts, anfangs fotorealistisch, später immer »verpixelter«. Erst 20 Jahre nachdem er diesen Weg eingeschlagen hatte, dämmerte es ihm, dass ein Zusammenhang zwischen seiner Gesichtsblindheit und den teilweise drei Meter hohen Porträts bestand, die er malte. Es schien, als ob er nach einem Halt suchte, nach Hilfe beim Zusammensetzen von Formen zu einem erkennbaren Bild.

Außerdem war er seit 1988 aufgrund eines nicht rechtzeitig erkannten Gehirnschlags von den Achseln abwärts gelähmt. Er malte ohne Hilfe, seine Arme waren noch stark genug. Dabei verwendete er allerdings eine mechanisch verschiebbare Leinwand, so dass er den Rest seines Körpers nicht bewegen musste; in seinem Atelier gab es eine Installation, mit der sich die Leinwand auf und ab bewegen ließ. (Um die Informationen über ihn zu vervollständigen: 2018 wurde er von zwei Frauen beschuldigt, ihnen gegenüber während des Modellstehens unerwünschte Kommentare von sich gegeben zu haben, ein Fall von #MeToo-light, für den er in der *New York Times* um Entschuldigung bat.)

Wann weiß man, was etwas ist? Wann ist es, was es ist? Mit monumentalen Kunstwerken voller Details, die fast für sich selbst stehen, wies Close auf die enorme Bedeutung hin, die unser Gehirn beim Benennen und Erkennen der Welt, die uns umgibt, hat. Oh ja – Spoiler-Alarm für alle, die selbst auf die Suche gehen möchten: Die Quadrate hier bilden den rechten Augenwinkel von James. Im richtigen Kontext und mit dem richtigen Abstand.

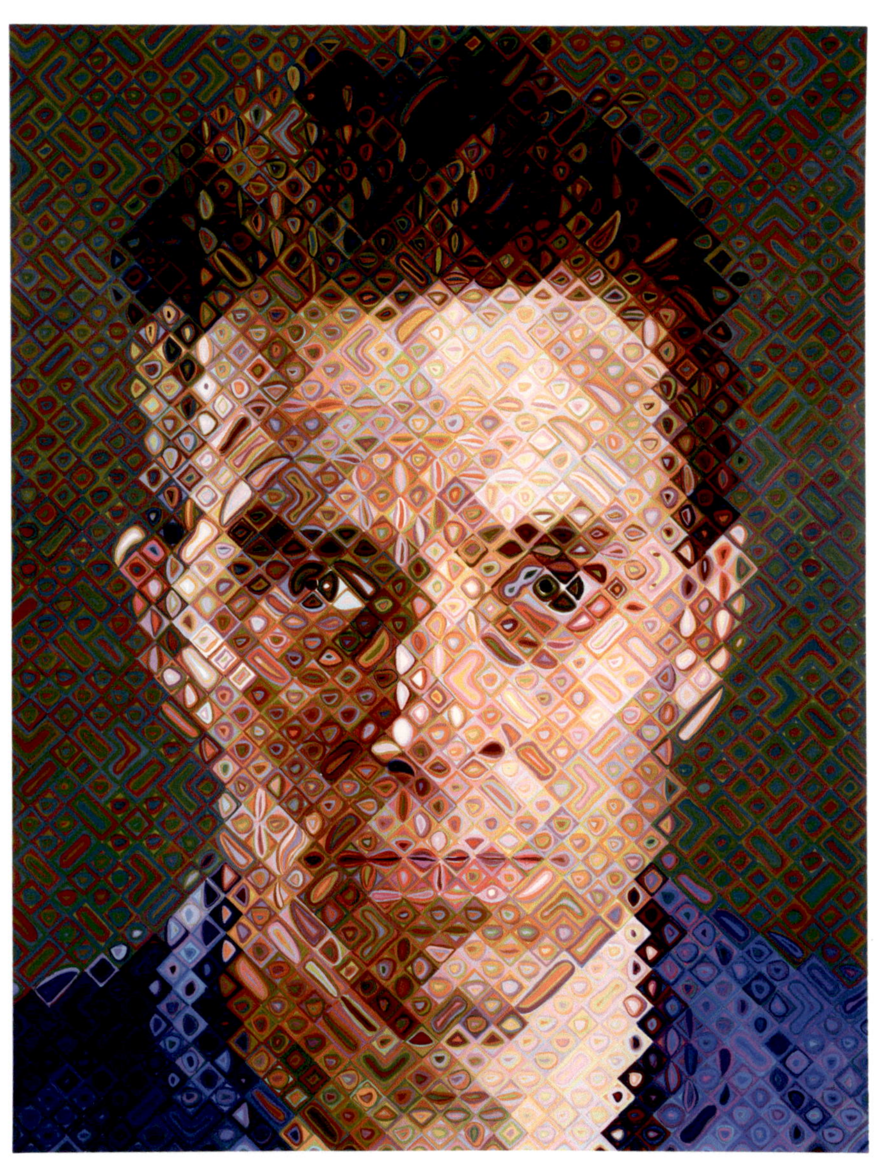

CHUCK CLOSE, JAMES, 2002, ÖL AUF LEINWAND, 276 X 213 CM, SAN FRANCISCO MUSEUM OF MODERN ART

EIN LIEDCHEN WERT

Die blaue Blume ist das blaue M&M der Kunst; das Besondere, das Unnatürliche, die Blume, die aus dem Nichts zu kommen scheint. In nur wenigen Gemälden wird das besser dargestellt als in diesem Blumenstück des unterschätzten niederländischen Stilllebenmalers Jan van Huysum aus dem 18. Jahrhundert. Er brauchte Jahre, um seine Gemälde zu vollenden, denn sie zeigten Blumen aus allen Jahreszeiten, und er malte sie nur dann, wenn sie blühten. Hier können Sie sehen, was ein dunkler Hintergrund bei Blumen bewirkt; nicht nur in einem Stillleben, sondern auch zu Hause. In Weiß treten Farben zurück, aber vor dunklen Tönen kommt sie auf einen zu. Hier wirkt es so, als würden einem die Blumen in die Hand gedrückt. Hier lässt sich das besonders Geheimnisvolle erkennen, das die blaue Blume – das Symbol der Spätromantik – vor allen anderen Blumenarten auszeichnet. Diese kleine Trompete, die kletternde Ackerwinde, im Englischen *morning glory* genannt, an den wuchernden dünnen Stängeln färbt sich im Laufe des Tages violett. Die Stängel und die Farbe lassen das Ganze fast überirdisch erscheinen.

Blaue Blumen sind ein Motiv in der Kunst und im Film, für mich aber vor allem ein Lied. Was ich natürlich sofort zu summen begann, als ich dieses Detail sah. *Blue Flowers* ist ein recht unbekannter Song aus den 90ern, von dem Rapper Kool Keith, der früher zu den Ultramagnetic MC's gehörte. Kool Keith hat unter dem Alter Ego Dr. Octagon eine Soloplatte aufgenommen, eine der merkwürdigsten und schönsten versteckten Juwelen dieser Zeit. Schon damals beklagte man sich darüber, dass Hip-Hop zu einem Einheitsbrei geworden sei – jeder wollte Dr. Dre imitieren, und immer ging es um Drogen und »Schlampen«. Diese Klage ist bis heute nicht verstummt, und die Allgegenwärtigkeit dieser – von gewaltsamen und hedonistischen Texten geprägten – Art von Hip-Hop hat seither noch zugenommen.

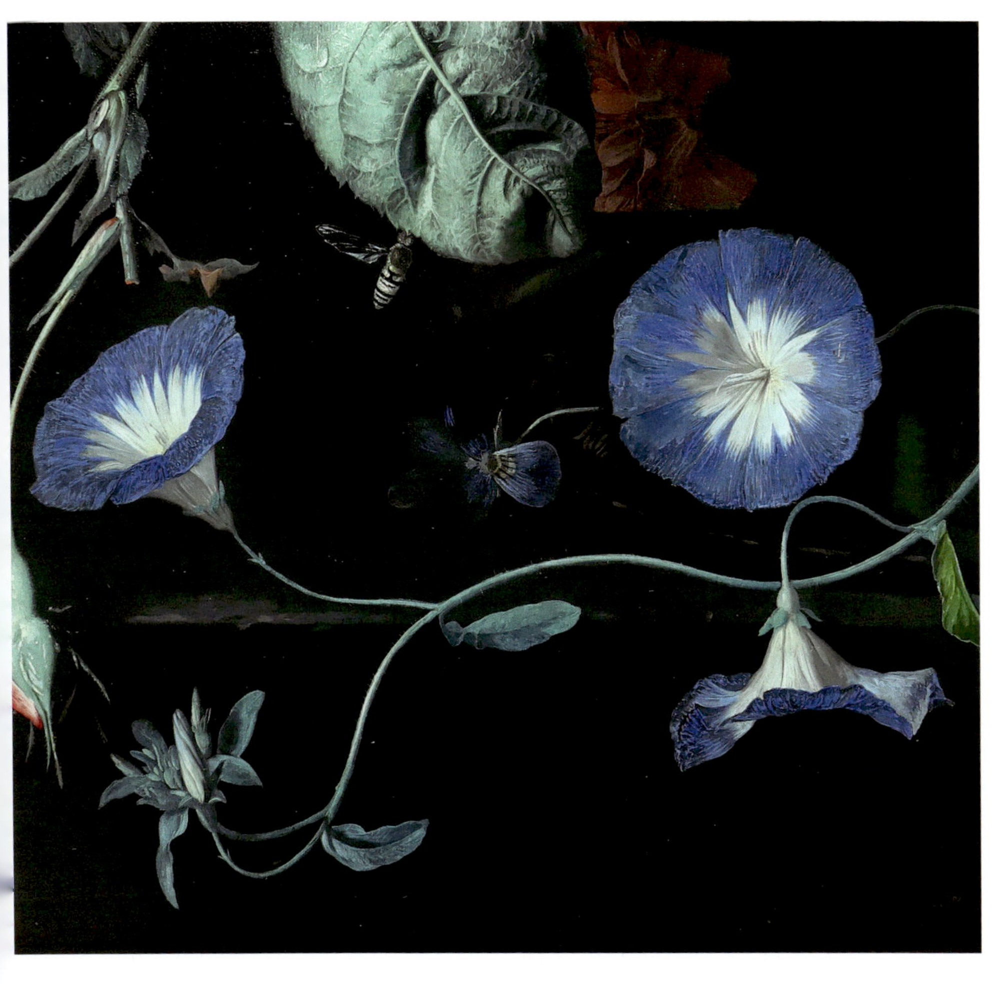

Dennoch gab und gibt es immer Vielfalt, und manchmal auch Musik, die aus einer anderen Welt zu kommen scheint und von ganz anderen Themen handelt. Und für mich gehört *Blue Flowers* zu den Juwelen dieser Musik. Nicht sozial engagiert, nicht klischeehaft, sondern rätselhaft wie ein Zauberkasten, mit einem nicht nachvollziehbaren Text über Überschallwellen, Shakespeare, Voodoo im Operationssaal und grünen Regen, unter dem immer wiederkehrenden Motto: *let me show you something*. Lass mich dir etwas zeigen. Eine Ode an das herrliche Verwirrspiel des Künstlers.

Es ist einer der Songs, die meiner Ansicht nach zeigen, was im Hip-Hop alles möglich ist, einem Genre, von dem viele Leute eine ziemlich festgefügte Vorstellung haben. Die einleitenden Klänge – die Geigen klingen, als würde man von jemandem, der einen unheimlich anschaut, in die Tiefe gezogen – erinnern an das Gefühl, das einen bei diesen Blumen von Jan überkommt: Unbestimmt und verheißungsvoll. Sie schlängeln sich auf einen zu, hier, für dich, man kann sie fast hören. *Blue Flowers*.

Die blaue Blume symbolisiert die Sehnsucht, das Unerreichbare und die Hoffnung. In diesem Werk, das in der feinen Dulwich Gallery in London ausgestellt ist, hat Jan van Huysum viele gute Tricks angewandt, die das Gemälde eigenartiger erscheinen lassen als andere: eine Pfingstrose im Vollschatten in der Mitte, winzige Ameisen und Wespen, abgebrochene Blätter und ganze Blüten im Dunkeln, eine riesige abgeknickte Tulpe und diese schönen fahlgrünen matten Blattrücken. Details, von denen ein jedes ein Liedchen wert wäre.

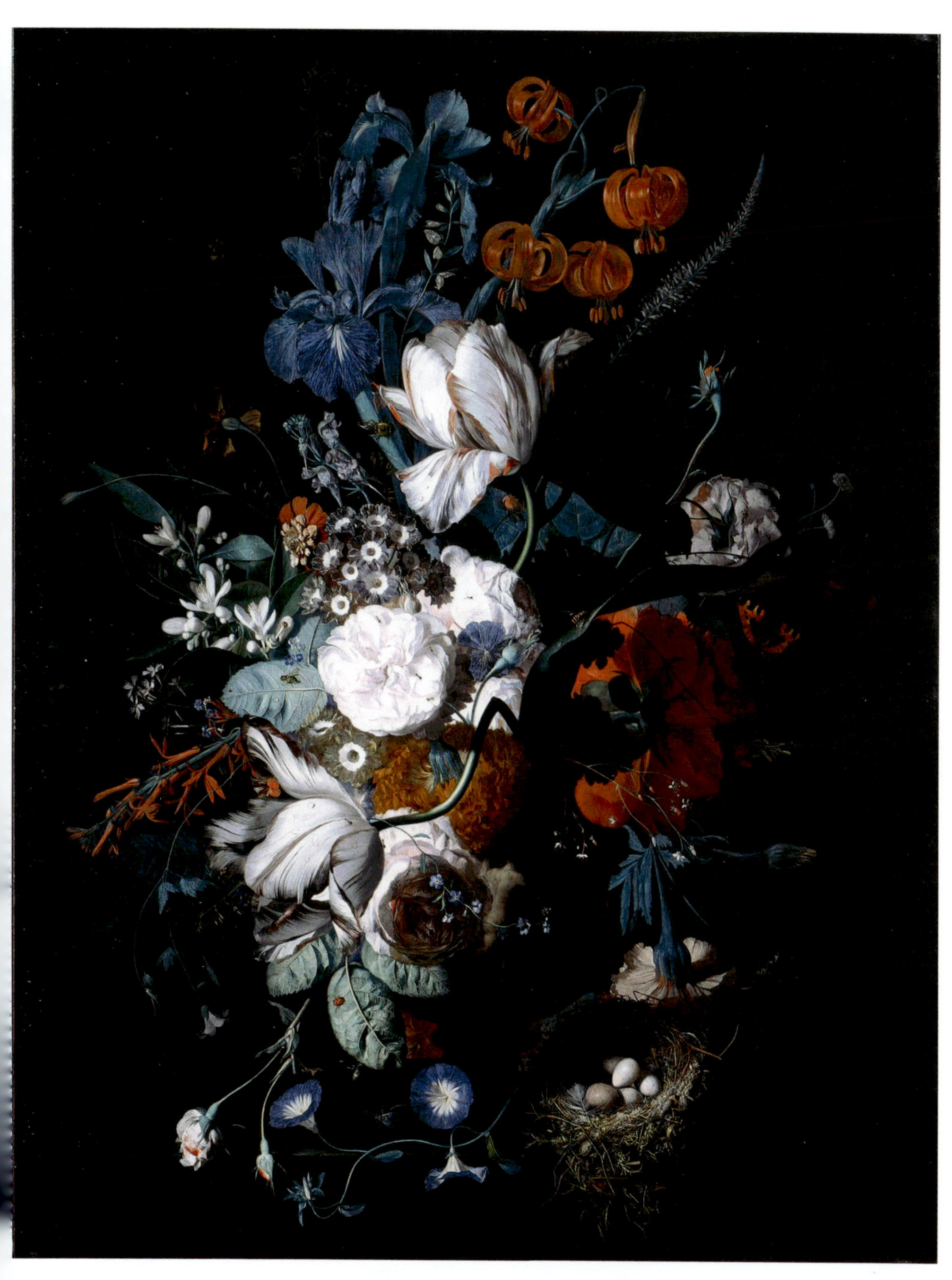

JAN VAN HUYSUM, VASE MIT BLUMEN,
UM 1715, ÖL AUF TAFELHOLZ, 79,1 X 60,6 CM, DULWICH GALLERY, LONDON

ESSAY 2

WERDEN WIR KÜNSTLERINNEN NUN ENDLICH LIEBEN?

Als der französische Philosoph Denis Diderot nach der polnischen Künstlerin Anna Dorothea Therbusch gefragt wurde, sagte er, sie sei zu hässlich, um in Frankreich jemals erfolgreich sein zu können. Nicht ihr Werk, sondern sie. Es lag offensichtlich nicht an mangelndem Talent. Nein, es war ihr Mangel an »Jugend, an Schönheit, an Bescheidenheit, an Koketterie«. Und es wäre auch praktischer gewesen, wenn sie »gute Brüste und einen guten Hintern gehabt hätte und sich ihrem Lehrer hingegeben hätte«.

Als Berthe Morisot Ende des 19. Jahrhunderts ihr Werk im Pariser Salon ausstellte – Gemälde in flüchtigen, aber markanten Strichen, aus denen Menschen hervorgehen, die sich zwischen Farbe und Figur, Flecken und Bewegung in unserem Blick festhaken –, schrieben einige Kritiker, ihr Werk habe einen »typisch weiblichen Stil«, der aus »Unsicherheit und Bescheidenheit« erwachse. Unfertig, skizzenhaft, direkt. Keinem einzigen Impressionisten hat man das je zum Vorwurf gemacht. Nur Morisot.

Im 19. Jahrhundert sah die englische Schriftstellerin Anna Brownell Jameson im Werk der Italienerin Artemisia Gentileschi »eine Abscheulichkeit«. »Wenn es etwas gibt, das zum Horror und zur Blutrünstigkeit des Sujets beiträgt [...], dann ist es die Tatsache, dass es sich bei dem Künstler um eine Frau handelt.«

Der »große« (so werden die Stammväter der Kunstgeschichte in der Regel eingeführt; andere Optionen sind: der »renommierte«, »legendäre« oder »herausragende« – ich werde gleich darauf zurückkommen) Roberto Longhi gilt als »Wiederentdecker« von Artemisia Gentileschi. So wie man auch sagt, Judith Leyster, eine Malerin des 17. Jahrhunderts, sei von Cornelis Hofstede de Groot 1892 »entdeckt« worden. Longhi bezeichnete Artemisia 1916 als »die einzige Frau in Italien, die zu malen verstand«. Nett natürlich, aber auch er konnte seine Abscheu vor dieser »schrecklichen Frau« nicht verhehlen. Zu

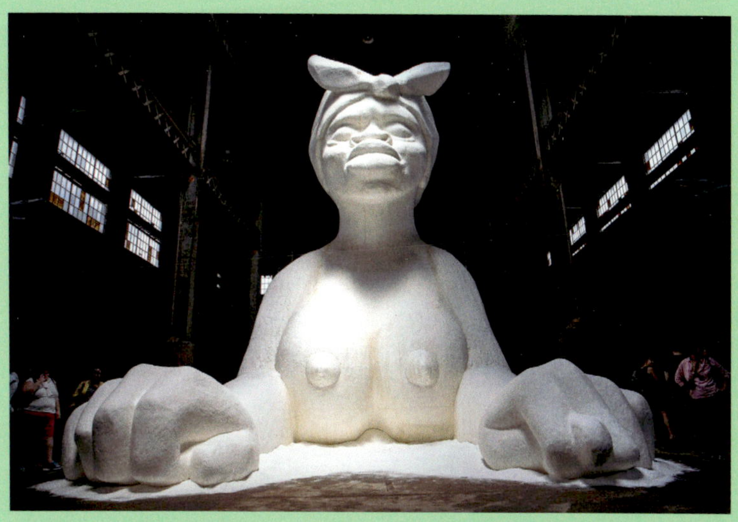

KARA WALKER, A SUBTLETY, OR THE MARVELOUS SUGAR BABY, AN HOMAGE TO THE UNPAID AND OVERWORKED ARTISANS WHO HAVE REFINED OUR SWEET TASTES FROM THE CANE FIELDS TO THE KITCHENS OF THE NEW WORLD ON THE OCCASION OF THE DEMOLITION OF THE DOMINO SUGAR REFINING PLANT, 2014, POLYSTROLSCHAUM UND ZUCKER, CA. 10,8 X 7,9 X 23 M, INSTALLATIONSANSICHT MAI–JULI 2014, DOMINO ZUCKERFABRIK, NEW YORK

ihrem berühmten Gemälde *Die Enthauptung des Holofernes* (um 1620) schrieb er: »Wie kann eine Frau so etwas malen? [...] Erstaunlich, die grausame Gelassenheit der Person, die dies alles gemalt hat.«

Ich könnte mit solchen vaginafixierten Urteilen noch lange fortfahren. Eins möchte ich noch erwähnen: Als Adélaïde Labille-Guiard, eine Malerin des 18. Jahrhunderts, ihre Bilder beim Salon de la Correspondance in Paris einreichte, wurde ihr vorgeworfen, ihre Werke wären eigentlich von ihrem Lehrer und Verlobten François-André Vincent geschaffen worden. So gut könne eine Frau einfach nicht sein. Sie überzeugte die Jury, indem sie einige von ihnen dazu bewegte, selbst für sie Modell zu sitzen. In der Geschichte wimmelt es nur so von Kunstwerken von Frauen, die Männern zugeschrieben wurden, und zwar immer wieder deshalb, weil die Werke für diese Frau als »zu gut« angesehen wurden. Oder weil sie sich anders nicht verkaufen ließen.

Die meisten Künstlerinnen in der Geschichte wurden im 20. Jahrhundert nach allen Regeln der Kunst unter den Teppich gekehrt, und zwar von den oben erwähnten »herausragenden«, »renommierten« und »legendären« Männern – den ersten Kunsthistorikern, die wie düstere Geister mit ihren urteilenden Schwertern über den Häuptern jeder neuen Generation von Kunstschriftstellern schwebten: Longhi, Bode, Bredius, Ruskin, Berenson, Hofstede de Groot, Clark und einige mehr. Herren mit Zylindern und Zigarren, die die Kunst in gut und schlecht unterteilten und mit ihr all die Museen, die um 1900 herum entstanden, bestückten: ihre neuen Spielfelder. Sie legten den westlichen Kanon fest und entfernten entschlossen fast alle Damen aus der kunsthistorischen Literatur.

Ein Jahrhundert lang leistete man ihnen brav Folge. In der ersten Ausgabe von H.W. Jansons *History of Art*, einer 572-seitigen Schwarte aus dem Jahr 1962, findet keine Künstlerin Erwähnung. Dann vielleicht im *Ashgate Research Companion to Dutch Art of the Seventeenth Century*? Nein, nicht eine. Zum Vergleich: Els Kloek stellt in ihrem 1998 erschienenen Buch *Vrouwen en kunst in de Republiek* (»Frauen und Kunst in der Republik«) 178 vor. Bei mir zu Hause liegen zwei dicke Wälzer über italienische Kunst, in denen nicht eine Frau erwähnt wird. Der Künstlerbiograf Giorgio Vasari bejubelte im 16. Jahrhundert zumindest noch fünf. In der Tat hatten nur wenige Frauen die Gelegenheit zu malen, aber das 20. Jahrhundert hat uns glauben gemacht, es hätte keine einzige gegeben. Während meines Studiums in den 90er Jahren wurde Künstlerinnen keinerlei Beachtung geschenkt. Wie über Professorinnen manchmal geredet wurde, möchte ich Ihnen lieber ersparen. 80 Prozent der Studierenden hatten eine Vagina. Zur deprimierendsten Erkenntnis meiner akademischen Ausbildung gehört, dass man uns lehrte, Männer auf Kosten von Frauen zu verehren. Um das zu sehen, habe ich Jahre gebraucht.

Aber das war gestern. Heute ist doch alles anders, nicht wahr? Wer sich die Ausstellungen der großen Museen anschaut, sieht, endlich, sehr viele Frauen. In kleinen Präsentationen *und* in Blockbustern. Eine Reihe von Sternen wurden wieder an den Himmel zurückgesetzt.

Der Prado in Madrid zeigte 2019 eine Doppelausstellung der beiden italienischen Malerinnen Sofonisba Anguissola und Lavinia Fontana. Beide wurden von Vasari gefeiert, aber nur wenige werden jetzt aufhorchen, wenn sie diese Namen lesen. Und das obwohl Sofonisba im 16. Jahrhundert de facto am Hof Philipps II. in Spanien Hofmalerin war. Mit ihr kamen Humor und lachende Mädchen in die Hofmalerei ihrer Zeit, sie malte Könige und Prinzessinnen, und selbst Michelangelo bedachte ihre Werke mit anerkennenden Kommentaren. Als ihr der junge Anthonis van Dyck am Ende ihres Lebens in Sizilien begegnete – er war 25, sie 92 –, war er sehr beeindruckt von ihrer Berühmtheit. Sie porträtierten sich gegenseitig und in seinem Tagebuch notierte er die nützlichen Ratschläge, die er von ihr erhielt. Doch in den zahlreichen Monografien, die über van Dyck publiziert wurden, wird diese prägende Erfahrung nur selten erwähnt. Lavinia Fontana war die erste bekannte weibliche Historienmalerin.

Obwohl sie keine Ausbildung machen durfte, in der nach lebenden Modellen gemalt wurde, schuf sie biblische und mythologische Gemälde mit Körpern, deren Wärme man förmlich spüren kann. Es war die zweite Ausstellung von Künstlerinnen im Prado seit dessen Eröffnung vor 200 Jahren. Eine Werkschau der flämischen Künstlerin Clara Peeters im Jahr 2017 war die erste.

In der National Gallery in London fand Ende 2020 eine Retrospektive des Œuvres einer früheren Künstlerin statt, die seit Kurzem als Superstar gilt: Artemisia Gentileschi. Artemisia, der einzigen Frau, die wie Rembrandt und Leonardo berühmt genug ist, um nur mit ihrem Vornamen genannt zu werden, waren auch früher schon Ausstellungen gewidmet worden, aber eine Präsentation in einem so großen Museum war eine Premiere. In den letzten Jahren waren Clara Peeters im Mauritshuis, Michaelina Woutiers (die ich auch nicht kannte) im Rubenshaus und Judith Leyster im Frans Hals Museum zu sehen. Und die Uffizien in Florenz präsentierten 2016 immerhin die allererste Retrospektive von Plautilla Nelli, einer Nonne, die auch schon Vasari ausführlich gepriesen hatte. Er schrieb über sie: »Sie hätte großartigere Werke schaffen können, wenn sie, wie ihre männlichen Kollegen, die Möglichkeit gehabt hätte, natürliche lebende Objekte zu studieren und zu zeichnen«. Das schrieb er im Jahr 1550. Wir haben sie in der Zwischenzeit nur eine Weile aus den Augen verloren.

Schaut man sich in der modernen Kunst um, wird es richtig nett. In den letzten Jahren gab es erfolgreiche Ausstellungen von Dora Maar (nein, sie war nicht nur Picassos Muse, sondern auch eine eigenständige Künstlerin), Berthe Morisot, Yayoi Kusama, Louise Bourgeois, von Georgia O'Keeffe, Rineke Dijkstra und Marlene Dumas. In London wurde Kara Walker in der Turbinenhalle der Tate Modern ausgestellt, die Royal Academy zeigte Helene Schjerfbeck und die Tate Britain kündigte große Einzelausstellungen von fünf Frauen an: Lynette Yiadom-Boakye, Paula Rego, Magdalena Abakanowicz, Maria Bartuszová und Haegue Yang. Alle bisher eher unbekannt. *If you don't know, then now you know.* Jetzt wissen Sie Bescheid. Für Künstlerinnen hat sich das Blatt gewendet. Die Museen beziehen Stellung: Das Baltimore Museum of Art stellte 2020 nur noch Werke von Frauen aus, und kauft auch nur noch Werke von Frauen an; das Museum of Modern Art in New York hat den Anteil weiblicher Kunst in seinen Sälen von 3,5 Prozent im Jahr 2008 auf 28 Prozent im Jahr 2020 erhöht, und Maria Balshaw, Direktorin der Tate, hat ebenfalls Säle für weibliche Kunst freigemacht. Frauen sind wieder sichtbar, unsere Zeit gehört ihnen.

Die Dinge laufen gut, sollte man meinen. Aber es gibt ein kleines Problem: Wir würdigen die Frauen noch immer nicht. Ungeachtet der Ausstellungen und Monografien sind sie, bis auf wenige Ausnahmen, schnell wieder aus unserem Gedächtnis verschwunden. Die Zahlen der Präsentationen und Ankäufe zeigen, dass sich strukturell wenig geändert hat. Denn was heute postuliert wird, ist nicht neu. Bereits vor 50 Jahren wies Linda Nochlin auf das hin, was heute von vielen als aktuelle Erkenntnis präsentiert wird. 2021 lag die Veröffentlichung von Nochlins Essay *Why Have There Been No Great Women Artists?* (1971) bereits ein halbes Jahrhundert zurück. Damals hat es ohne Frage einen Schock ausgelöst. Das Essay schlug einige Wellen in der Kunstszene und Ausstellungen mit Werken von Frauen wurden aufwendiger präsentiert. Der Text ist Pflichtlektüre für alle, die sich ernsthaft für Kunst interessieren; man kann ihn leicht im Internet finden.

In ihrem Artikel analysierte Nochlin unsere Annahmen über den genialen Künstler. Schon in der Antike, seit Plinius, wird dem »Großen Künstler« eine »magische Aura« zugesprochen, als ob es eine wundersame angeborene Fähigkeit gäbe, die sich unweigerlich offenbarte. Ein Genie-Gen sozusagen. So schaute man in früheren Jahrhunderten auf den Künstler, und so wird er in der öffentlichen Wahrnehmung auch heute noch gesehen. Fehlt Frauen dieses Gen? Warum werden Frauen nie auf diese Weise gepriesen?

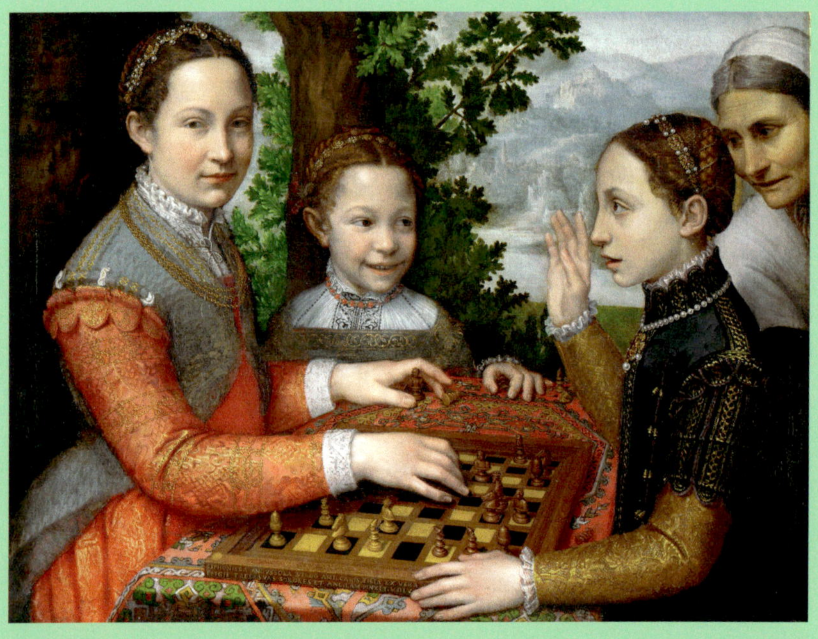

SOFONISBA ANGUISSOLA, DAS SCHACHSPIEL, 1555, ÖL UND TEMPERA AUF LEINWAND, 72 X 97 CM, MUZEUM NARODOWE W POZNANIU, POSEN

Nochlins Text entfaltet auch heute noch seine Sprengkraft im Hinblick auf unseren »selbstverständlichen« Blick, auf das Urteil, das wir als normal erachten, und die »konzeptionelle Arroganz«, mit der wir die weiße, männliche, westliche Perspektive in der Kunstbetrachtung als die einzig richtige ansehen. Wohlgemerkt: Dieser Text stammt aus dem Jahr 1971. Nochlins Ansicht nach neigen wir dazu, das, was wir vorfinden, als die natürliche Ordnung der Dinge zu akzeptieren, und diese Sichtweise als *den* Standpunkt der Kunstgeschichte zu betrachten. Aber genial *ist* man nicht, genial kann man *werden*.

Oder auch nicht. Um genial werden zu können, muss sich ein Künstler seinem Kunstschaffen vollkommen hingeben, über ein Netzwerk und Selbstvertrauen verfügen, wahrgenommen werden und die Chance bekommen, eine Ausbildung zu machen und Käufer zu finden, um nur einiges zu nennen. Erfolg ergibt sich aus Zugang. Und der ist den meisten Frauen verwehrt. Ohne Zugang zu einem bestimmten Milieu, einer Ausbildung, finanziellen Mitteln und einem Netzwerk ist es einfach unmöglich, Karriere zu machen.

Nochlin lehnt es ab, Ausnahmen zu bejubeln, denn Ausnahmen (so soll Artemisia beispielsweise eine Ausnahme sein, weil sie einen Künstler zum Vater hatte) bestätigen nur die Norm. Kurz gesagt, es gibt keine Großen Künstlerinnen (und, so fügt sie hinzu, keine Großen Schwarzen Künstler), weil diese gar nicht Groß werden können. Wir erkennen Frauen in der Kunst nicht an, weil unsere Vorstellung von großer Kunst das nicht zulässt. Zu sagen, dass es nun »endlich zu einer Neubewertung« der Frauen in der Kunst komme, wie heute ständig zu hören ist, ist also Unsinn. Die gab es schon vor 50 Jahren, und oft auch schon lange davor. Wir haben einfach nicht zugehört.

Die Frage ist also nicht: Warum gibt es keine großen Künstlerinnen? Sondern vor allem: Können wir Künstlerinnen überhaupt lieben? Die Antworten liegen in unserem Urteil. Vier Ergänzungen zu Linda Nochlins noch immer bedeutsamer Frage und ihren Antworten:

1. Wer bestimmt unseren Geschmack?

Kunst ist keine Mathematik. Der Geschmack ändert sich mit jeder Generation. Und der Geschmack entscheidet, was in den Museen hängt. Im 18. Jahrhundert schätzte kaum jemand Rembrandt. Heute ist er ein Gott. Die Künstlerin Maria van Oosterwyck konnte sich im 17. Jahrhundert vom Verkauf ihrer Werke ein Grachtenhaus in Amsterdam leisten, sie veräußerte ihre Gemälde an Prinz Cosimo II. de' Medici in Italien, an König Ludwig XIV. in Frankreich, an Kaiser Leopold I. aus dem Hause Habsburg und an Wilhelm III. von England. Doch das Rijksmuseum, das Kunstmuseum mit dem größten Ankaufsbudget der Niederlande, hat kein einziges Werk von ihr in seiner Sammlung. Und Sie kennen sie auch nicht, vermute ich mal. Eine Retrospektive ihrer Werke wurde noch nie präsentiert. Auch über Elisabeth Vigée-Lebrun, Anne Vallayer-Coster, Mary Cassatt, Rachel Ruysch, Mary Beale, Cecilia Beaux und viele andere Frauen lassen sich Geschichten erzählen, die von Erfolg und Anerkennung zeugen, und doch haben wir sie vergessen.

Was erneut den enormen Irrglauben widerlegt, die Geschichte bewege sich immer auf einem Pfad des Fortschritts. Es gab nicht früher weniger Erfolg und Anerkennung und heute mehr. Die Zahl der Künstlerinnen ist zwar gestiegen, nicht aber die Wertschätzung ihrer Arbeit. Im 20. Jahrhundert war unsere Wertschätzung für diese Frauen blockiert, weil sie von Leuten bestimmt war, die an diesen Künstlerinnen kein Interesse hatten. Und das, obwohl sie königliche Aufträge erhielten, sich ein Grachtenhaus leisten konnten, und ihre Kollegen tief beeindruckt waren.

Linda Nochlin betont, dass im fehlenden Zugang zum Markt der Hauptgrund für den historischen Mangel an Künstlerinnen und das Ausbleiben von künstlerischen Genies unter den Frauen lag. Aber in erster Linie ist es doch der Geschmack, der bestimmt, wer sichtbar ist. Und wer mit am Tisch sitzt, entscheidet: über die Aufnahme in Kataloge, über Auktionspreise, über Retrospektiven, über Rezensionen, und über Wertschätzung überhaupt. Die Kunstwelt braucht, wie andere Sektoren auch, führende Köpfe, die ein Auge für die Qualitäten von Frauen haben. Das müssen nicht unbedingt weibliche Führungskräfte sein – Studien zeigen, dass Frauen in Führungspositionen nicht per se ein besseres Auge für Frauen haben –, sondern Menschen, die sich eines Ungleichgewichts bewusst sind und es wagen, die Selbstverständlichkeit des vorherrschenden Geschmacks zu hinterfragen.

Der westliche Kanon ist nicht in Stein gemeißelt. Jede Generation setzt andere Akzente in Bezug darauf, was sie gut oder nicht gut findet. Dieses Urteil fiel für Rembrandt im 18. Jahrhundert ungünstig aus, ebenso wie für Frauen und Schwarze Künstler im Laufe der gesamten Menschheitsgeschichte, vor *allem* aber im letzten Jahrhundert. Daher ist es nun an der Zeit, bewusst und entschlossen das Ruder herumzureißen. Mag Sofonisba Anguissola von Philipp II., Königin Isabella und von Michelangelo auch noch so viel Beifall erhalten und der Prado sie zum ersten Mal seit dem 16. Jahrhundert in den Vordergrund gerückt haben: Nicht eine Zeitung in den Niederlanden hat die Ausstellung rezensiert, und auch *The Guardian*, *Le Monde*, *Die Zeit* und die *Süddeutsche Zeitung* haben ihre Experten und Expertinnen nicht nach Madrid geschickt.

2. Wir beurteilen Frauen anders als Männer

Immer wieder belegen Studien, dass Männer *und* Frauen unbewusst und hartnäckig über die gleichen Eigenschaften und Verhaltensweisen bei Männern völlig anders urteilen als bei Frauen. Das beginnt schon im Kleinkindalter. Ein Mann ist bestimmt, eine Frau ist herrisch. Ein Mann ist fordernd, eine Frau ist quengelig. Ein Mann ist energisch, eine Frau drängt sich in den Vordergrund. Für die Studie *Is Gender in the Eye of the Beholder?* der Oxford-Professorin Renée B. Adams und dreier Kollegen aus dem Jahr 2017 wurden Männer und Frauen gebeten, Gemälde zu bewerten, denen willkürlich Namen von männlichen und weiblichen Künstlern zugeordnet worden waren. Die Bewertungen der Frauen, das heißt derjenigen Kunstwerke, von denen man annahm, sie seien von Frauen geschaffen worden, fielen wesentlich ungünstiger aus. Adams demonstrierte, was die Auktionspreise schon immer belegten. Gerade in der Kunst macht das Frauen angreifbar, da Leistung auf diesem Gebiet schwer messbar ist. Überdies war das Verhalten zu dem Männer ermutigt werden – ambitioniert, unbescheiden und lautstark für ihr Werk einzutreten – für Frauen jahrhundertelang undenkbar (und es wird bis heute verurteilt). Auch deshalb wird ihr Werk anders beurteilt. Joanne Rowling erhielt von ihrem Verleger den gut gemeinten Rat, für das Cover ihrer Bücher ihre Initialen zu verwenden, da das »genderneutrale« J.K. Rowling für den Verkauf vorteilhafter sei. Hunderte Millionen Menschen kennen ihren Namen, nur wenige ihren Vornamen.

Nochlin weist die Vorstellung zurück, es gäbe etwas »Weibliches«, das die Kunst von Frauen miteinander verbinde und von der Kunst von Männern unterscheide. Ist das Werk Vigée-Lebruns femininer als das von Fragonard? Ist Rosa Bonheur zarter und nuancierter als Odilon Redon? Ist Ruysch einfühlsamer als Rembrandt? Künstler und Künstlerinnen sind ihrer Zeit viel stärker verpflichtet als ihrem Geschlecht. Dennoch lassen wir den Leistungen der Frauen viel eher eine individuelle und persönliche Interpretation angedeihen als jenen der Männer. Eine Mutter mit Kind von Pieter de Hooch steht exemplarisch für das holländische Bürgertum, eine Mutter mit Kind von Mary Cassatt oder Berthe Morisot ist ein Spiegelbild ihrer persönlichen Lebensumstände. Nochlin schreibt: »Das Problem liegt nicht in der Vorstellung dessen, was Weiblichkeit ist, sondern in der Vorstellung dessen, was Kunst ist: in der naiven Vorstellung, Kunst sei der unmittelbare, persönliche Ausdruck einer individuellen emotionalen Erfahrung, eine Übersetzung eines persönlichen Lebens in Bildsprache. Kunst ist das selten, Große Kunst ist es nie.« Leider sind wir darauf programmiert, es gleichwohl so zu sehen. Frauen werden zudem schnell nach ihren Fehlern beurteilt, und sie werden ihnen auch länger nachgetragen.

Ganz selten, aber doch in zunehmendem Maße, spricht die weibliche Perspektive auch zugunsten einer Künstlerin. Artemisia Gentileschi war eine der ersten Künstlerinnen, die ihre Weiblichkeit zu ihrem Vorteil wendete, beispielsweise als sie das fast unmöglich ausführbare *Selbstporträt als Allegorie der Malerei* (um 1638) schuf, und sich als *Pictura* darstellte, bei der es sich natürlich um eine Frau handelt. Es war nicht nur technisch ein außergewöhnlich gelungenes Werk (Artemisia zeigt sich selbst teilweise von hinten, sicherlich hat sie mit zwei Spiegeln gearbeitet), sondern auch ein Werk, das kein Mann je hätte malen können. König Karl I. von England war begeistert. Darüber hinaus wirkt sich der Geschmack unserer Zeit zu ihren Gunsten aus – siehe Punkt 1. Denn das »Raue« und »Gewalttätige« einiger ihrer Darstellungen wird heutzutage geschätzt. Im Jahr 2019 wurde für ihr Gemälde *Lucretia* aus der Zeit um 1630 mit 5,5 Millionen Dollar ein Auktionsrekord für ihr Werk erreicht. Kein Picasso-Preis, aber große Kunst.

3. Die Technik entscheidet über die Aufmerksamkeit

Und nun die gute Nachricht: Wir verfügen heute durchaus über eine ganze Reihe großer Künstlerinnen. Marina Abramović, Marlene Dumas, Bridget Riley, Kara Walker, Yayoi Kusama und Louise Bourgeois stehen beispielhaft für Frauen, die es an die absolute Spitze geschafft haben. Künstlerinnen mit Starstatus, für deren Werke bei Auktionen manchmal mehr als eine Million Dollar erzielt werden. Für Georgia O'Keeffes *White Flower No. 1* (1932) wurden 2014 beispielsweise 44,4 Millionen Dollar hingeblättert. Das ist eine beträchtliche Entwicklung seit Nochlins Essay von 1971.

Dabei spielt sicherlich eine Rolle, dass diese Frauen monumentale Werke erschaffen: Kara Walker erlangte Weltruhm, als sie 2014 die Installation *A Subtlety, or the Marvelous Sugar Baby*, mit einer fast 11 Meter hohen Sphinx aus Zucker im Zentrum, präsentierte. Hilfreich war natürlich auch, dass sich Beyoncé und Jay-Z diese Skulptur eines Nachmittags anschauten und das via Instagram verbreiteten. Louise Bourgeois war schon fast 100 Jahre alt, als sie ihre gigantische *Maman* vollendete, eine 10 Meter hohe Stahlspinne, die sie 1999 in der Tate Modern präsentierte. Das katapultierte ihr Renommee auf das Niveau von »Stararchitekten« und »Filmstars«. Doch ein noch wichtigerer Faktor für den neuen Superstar-Status der Frauen ist die Technik. *Maman* ging »viral«, zumindest soweit das in der Vor-Twitter-Ära möglich war. Yayoi Kusama erschafft Kunst, die extrem Instagram-kompatibel ist, und Marina Abramovićs Performance *The Artist is Present* aus dem Jahr 2010 war das erste Kunstwerk, das in den sozialen Medien tatsächlich viral ging – ziemlich ironisch für ein

Werk, bei dem es um die Bedeutung physischer Nähe geht. Auch Artemisia Gentileschi hat es in die Gefilde der großen Kunst geschafft. Was teilweise auch daran liegt, dass seit 1971 neue Fakten über sie aufgetaucht sind: Sie wurde in ihrer Zeit offenbar nicht nur von Cosimo de' Medici und Galileo Galilei mit Lob überschüttet, auch mehrere neapolitanische Dichter bedachten ihr Werk mit Lobgesängen. Eine Ehre, die nur den größten Künstlern zuteilwurde. Artemisia ist als große Künstlerin *die* Ausnahme.

Anders als zu Nochlins Zeiten sorgen heute die sozialen Medien dafür, Dinge ins Rampenlicht zu setzen und sie einem Millionenpublikum nahezubringen. Ihre Wirkung dringt bis in die Museumssäle vor und wirkt sich für Künstlerinnern vorteilhaft aus. Die Kunst ist dank der Technik demokratischer geworden.

4. Kunst muss nicht aus Besessenheit entstehen

Und schließlich der Irrglaube, große Kunst könne nur aus völliger Hingabe hervorgehen. Jan Schoonhoven war Postbeamter und schuf sein Werk abends. Jeff Koons gibt alles in Auftrag. Damien Hirst... Nun, urteilen Sie selbst. Dem Mythos, dass totale Hingabe die Grundlage großer Kunst sei, machte Linda Nochlin nicht den Garaus. Sie bemerkte allerdings, dass totale Hingabe für eine Frau oft unmöglich ist – ganz in der Tradition von Virginia Woolf, die dies zum Thema ihres berühmten Pamphlets *A Room of One's Own* (1929) machte – und sicherlich auch nicht wünschenswert. Wenn eine Frau ihre Familie um der Kunst willen vernachlässigt, nehmen wir ihr das sehr übel. Doch als Paul Gauguin seine Frau und seine fünf Kinder für die Malerei und eine Schar 13-jähriger polynesischer »Freundinnen« verließ, interessierte das niemanden. Lavinia Fontana hatte elf Kinder, Rachel Ruysch hatte zehn und malte bis zu ihrem 84. Lebensjahr. Es ist an der Zeit, sich von der romantisierenden Vorstellung zu verabschieden, gute Kunst könne nur im Kunstrausch entstehen. Ein obsessiver Arbeitsrhythmus ist keine Voraussetzung für ein erfolgreiches Kunstschaffen. Gute Kunst setzt unsere etablierten Vorstellungen in ein neues Licht und hält unsere geistigen Türen offen. Das können sowohl Männer als auch Frauen bewerkstelligen. Zur Not auch in Teilzeit.

2700 JAHRE LANG STERBEN

Ein Tier leiden zu sehen, ist fast unerträglich – es mag zwar Bauern und Jäger geben, die das leichter nehmen, doch für einen einfachen Stadtmenschen ist schon ein verletztes Vögelchen ein Drama. Ich erinnere mich noch an den taffen Freund meiner Schwester, der sich ein Herz fasste und den verletzten Spatzen im Teich ertränkte, um ihn von seinem Leid zu erlösen. Und wie sehr der 17-jährige Junge sein Bestes tat, um sich nichts anmerken zu lassen. Verglichen mit dem massiven unsichtbaren Leiden in der Fleischindustrie ist das eine fast absurd selektive Emotion. »Die Leute sorgen sich viel um Tiere, die sie sehen, aber überhaupt nicht um Tiere, die sich nicht sehen«, sagte kürzlich eine Jägerin zu mir. Sie sorgt sich viel um Tiere und tötet sie, was andere wiederum unverständlich finden. Was sie von der Fleischindustrie hält, kann man sich denken.

Dieser Löwe hier ringt mit dem Tod – er leidet furchtbar. Er steht kurz davor, in sich zusammenzusacken, zwei Beine schleift er schon hinter sich her. Wegen der Speere, die ihn durchbohren, strömt an fünf Stellen Blut aus seinem Körper. Auch aus seinen Augen quillt Blut, und er erbricht sich heftig. Wir können nicht wissen, was er erbricht, aber früher muss es erkennbar gewesen sein, denn der Fries war ursprünglich farbig bemalt. Der Realismus dieses königlichen Tieres – seit 2700 Jahren ist es am Sterben, ich finde es beinahe unfassbar – ist für mich eindringlich genug. Wie es in Farbe aussieht, will ich mir lieber nicht vorstellen.

Als ich im British Museum in London vor diesem Löwen stand, dachte ich: Der lacht die gesamte westliche Kunstgeschichte aus. Wir Westler mit unserer chronologischen Erzählung einer immer realistischer werdenden Kunst, beginnend bei den Griechen und Römern, mit einer Realismusdelle im Mittelalter, und dann, hurra, haben es die Flamen und Italiener geschafft! Den Durchbruch zur lebensechten Kunst nimmt Europa für sich in Anspruch,

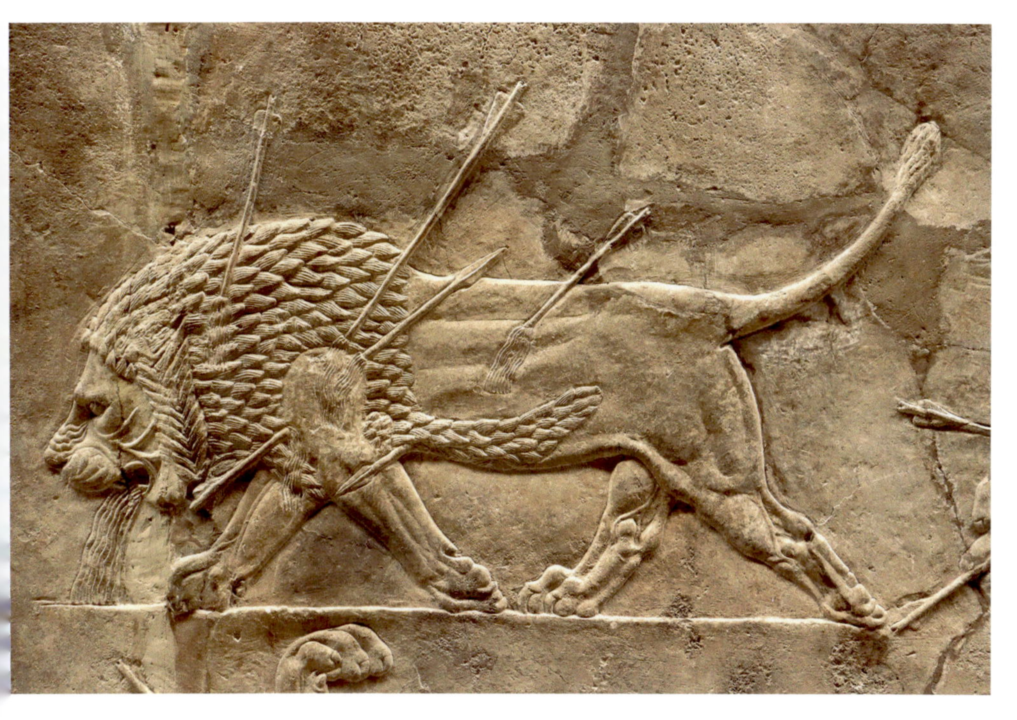

aber das ist ein Witz, wenn man sieht, was hier vor 2700 Jahren in Ninive erschaffen wurde. Versuchen Sie einmal, dieses Tier länger als 30 Sekunden zu betrachten, ohne an Cecil den Löwen und seinen gemeinen Wilderer zu denken. Auf den Tafeln, aus denen dieser Fries besteht, gibt es 18 Löwen. 18 sterbende oder gerade gestorbene Löwen. Ein bejammernswertes Elend.

Wir befinden uns hier in der Eisenzeit, die Griechen haben gerade erst damit begonnen, Vasen mit geometrischen Mustern zu bemalen. In der Bearbeitung von Metall und Stein wurden sie allmählich geschickter – in Darstellungen, die vom Osten beeinflusst waren. Dem Osten, in dem mittlerweile schon dieser zu Tränen rührende Löwe geschaffen wurde.

Die königliche Löwenjagd stammt aus dem Palast des Assurbanipal, des mächtigsten Königs der Assyrer, in Ninive, der Stadt in der Nähe von Mossul, die in den vergangenen Jahren durch den IS zerstört wurde. Im Mittleren Osten hatte im 7. Jahrhundert v. Chr. das assyrische Reich die Fäden in der Hand. Den Palast schmückten Reliefs mit lebendigen Kriegsdarstellungen, Göttern, mondänen Königen, einer Menge Keilschriften – und der Löwenjagd. Und um noch einmal auf das Leiden zurückzukommen: die Assyrer sahen das anders. Es ging nicht um Mitgefühl oder Empathie, hier wird etwas anderes symbolisiert, nämlich die Fähigkeit des Königs, für sein Volk zu sorgen. Nur dem König stand das Privileg zu, Löwen zu jagen. Die Löwenjagd ist eine Zeremonie. Wie man aus an den Zuschauern und den Käfigen auf dem Fries ersehen kann, findet sie in einer Arena statt.

Unser Cecil hier leidet, wie die Feinde des Königreichs leiden sollten. Für eine gewisse Weile zumindest noch: Im Jahr 612 v. Chr. ging das assyrische Reich unter, Ninive wurde fast völlig zerstört.

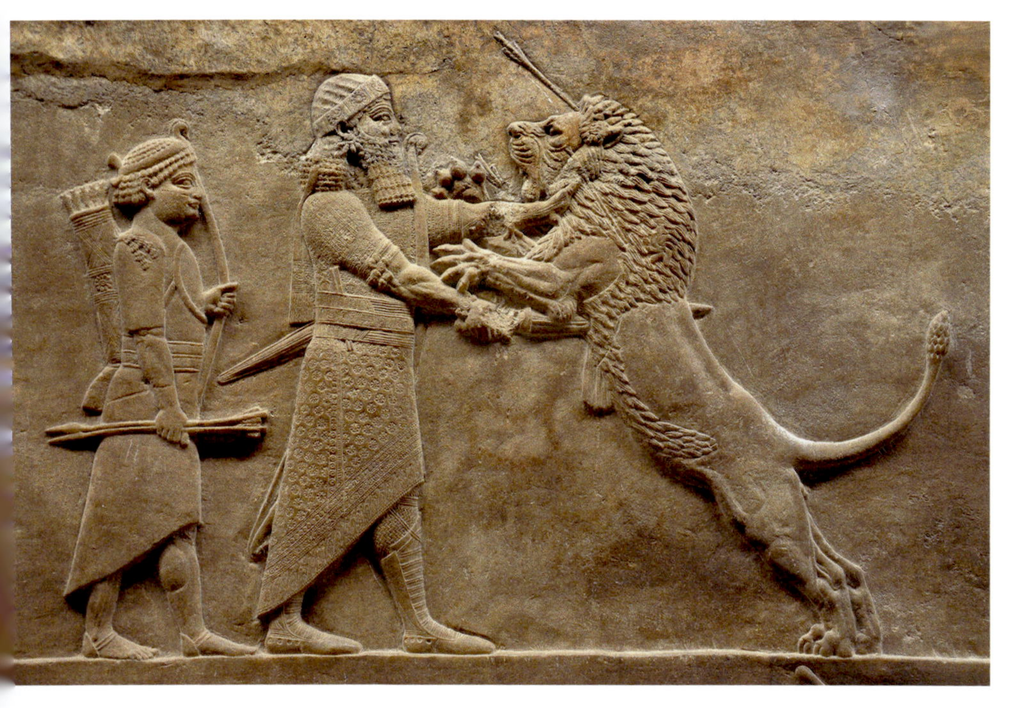

KÖNIGLICHE LÖWENJAGD (DETAIL, KEINE ABBILDUNG DES GESAMTEN RELIEFS VORHANDEN), UM 645–635 V. CHR., GIPSALABASTER, TAFEL 157,5 X 127 CM, BRITISH MUSEUM, LONDON

VORSTELLUNGSKRAFT

2018 schuf Jeff Koons eine Reihe von Kunstwerken, die aus handgemalten Reproduktionen von Meisterwerken der Renaissance bestanden, denen er jeweils etwas hinzufügt hatte: eine halb spiegelnde blaue Kugel. Ein echtes Koons-Gimmick mag manch einer denken, so eine Weihnachtskugel vor einem fast heiliggesprochenen Kunstwerk. Passend zu all dem Geglitzer aus seinem früheren Œuvre. In der Serie gehe es um Schauen, Gegenwärtigsein und das Erweitern des Bewusstseins, sagte Koons in einem Interview in *de Volkskrant*: »Die Kugel bestätigt dich als Betrachter. Du wirst Teil des Bildes, und das Bild wird ein Teil von dir.« Für manche ist das vielleicht kunsthistorische Blasphemie, aber Koons greift ein Motiv auf, das in der Renaissance zur höchstrangigen Symbolik gehörte: Der Spiegel war *die* Metapher für das Höhere und die Vorstellungskraft. Ein solcher Spiegel, insbesondere ein konvexer Spiegel, ob halbrund oder kugelrund, macht etwas mit einem Kunstwerk: Er vergrößert den Raum, den man sieht, bis weit über den Ort hinaus, an dem man selbst steht.

Er macht etwas mit dem Betrachter, weil er zum Teilhaber an der Präsentation wird; in vielen alten Gemälden ist der Künstler selbst in einem solchen konvexen Spiegel zu sehen. Man denke nur an die *Arnolfini-Hochzeit* (1434) von Jan van Eyck, in dem sich der Maler in einem konvexen Spiegel an der Wand im Hintergrund winzig klein spiegelt. Es symbolisiert das Sehen von etwas, das nicht da ist: das Höhere, Immaterielle, Göttliche. Gott zeigt sich nicht, nur in Spiegeln, schrieb der Apostel Paulus im Brief an die Korinther. Mit dem Spiegel als Motiv wird das Schauen selbst zum Thema, das Weltliche und das Höhere verbinden sich miteinander.

Bevor wir auf die sympathische Spiegelkugel in diesem Detail eingehen, gibt es noch einen ungeahnten Effekt des konvexen Spiegels zu erwähnen. Er spiegelt zwar tatsächlich die (imaginäre) Umgebung, aber natürlich

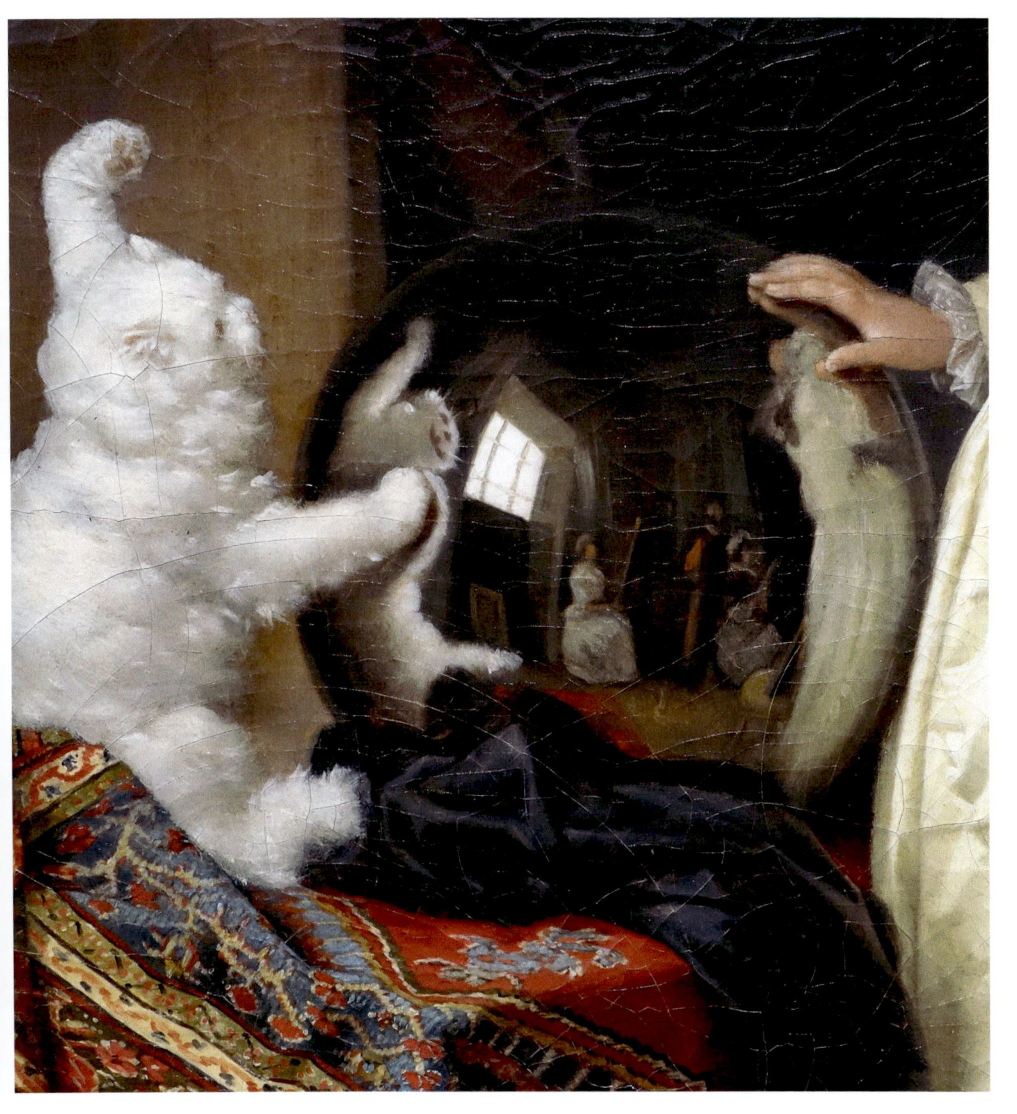

nicht so, wie sie ist. Sphärische Spiegel sind wie Vexierspiegel. Im Alter von 21 Jahren schuf der Italiener Parmigianino für Papst Clemens VII. ein Bravourstück, in dem Koons seinesgleichen wiedererkennen würde: Ein Gemälde, das wie ein konvexer Spiegel wirkte, in dem er selbst zu sehen war – allerdings verformt. Das Interieur verbiegt sich mit seinem Bildnis und Parmigianinos Hand, die vor ihm auf dem Tisch liegt, ist riesig groß. Nichts davon ist real. Ebenso wie beim Schattenspiel in Platons Höhle werden wir *auch hier* auf die Grenzen unserer Wahrnehmung gestoßen.

Nachdem ich kurz zuvor Koons Werk gesehen hatte, stand ich plötzlich vor diesem Bild mit der spiegelnden Kugel in der Mitte, von der mein Blick magisch angezogen wurde. Alles dreht sich um das Enthüllen; ein schwarzes Tuch scheint gerade von der Kugel abgeglitten zu sein, die Angorakatze erschrickt über ihr eigenes Bild, die Frau lugt hinter der Tür hervor, der Hund in der Ecke entdeckt etwas. In der Kugel sind drei weitere Personen zu sehen, zwei Frauen und ein Mann. Eine Frau sitzt hinter einer Staffelei: Marguérite Gérard, die dieses Gemälde zusammen mit dem berühmten Jean-Honoré Fragonard gemalt hat.

Sie war Fragonards Schwägerin und zog im Alter von 14 Jahren zu ihm, um von ihm zu lernen. Später wohnte und arbeitete sie 30 Jahre lang im Louvre – wie toll ist das denn, als Künstlerin! – zwischen all den alten Meistern. Sie schuf Werke für Napoleon und Ludwig XVII. Die Szene hier ist häuslich, fast anheimelnd, und das ist nicht verwunderlich. Das Interieur, die Motive und sogar ihr Kleid sind von den Niederländern des 17. Jahrhunderts inspiriert. Aber diese Kugel als magische Vergrößerung der Welt in ihrer Imagination, als Symbol für die Rolle der Kunst und des Künstlers, etwas zu enthüllen und zu entdecken, die stammt von ihr, mit einem Augenzwinkern in Richtung Renaissance. Hier geht es, wie die verspielte Katze zeigt, um das Vergnügen des Schauens.

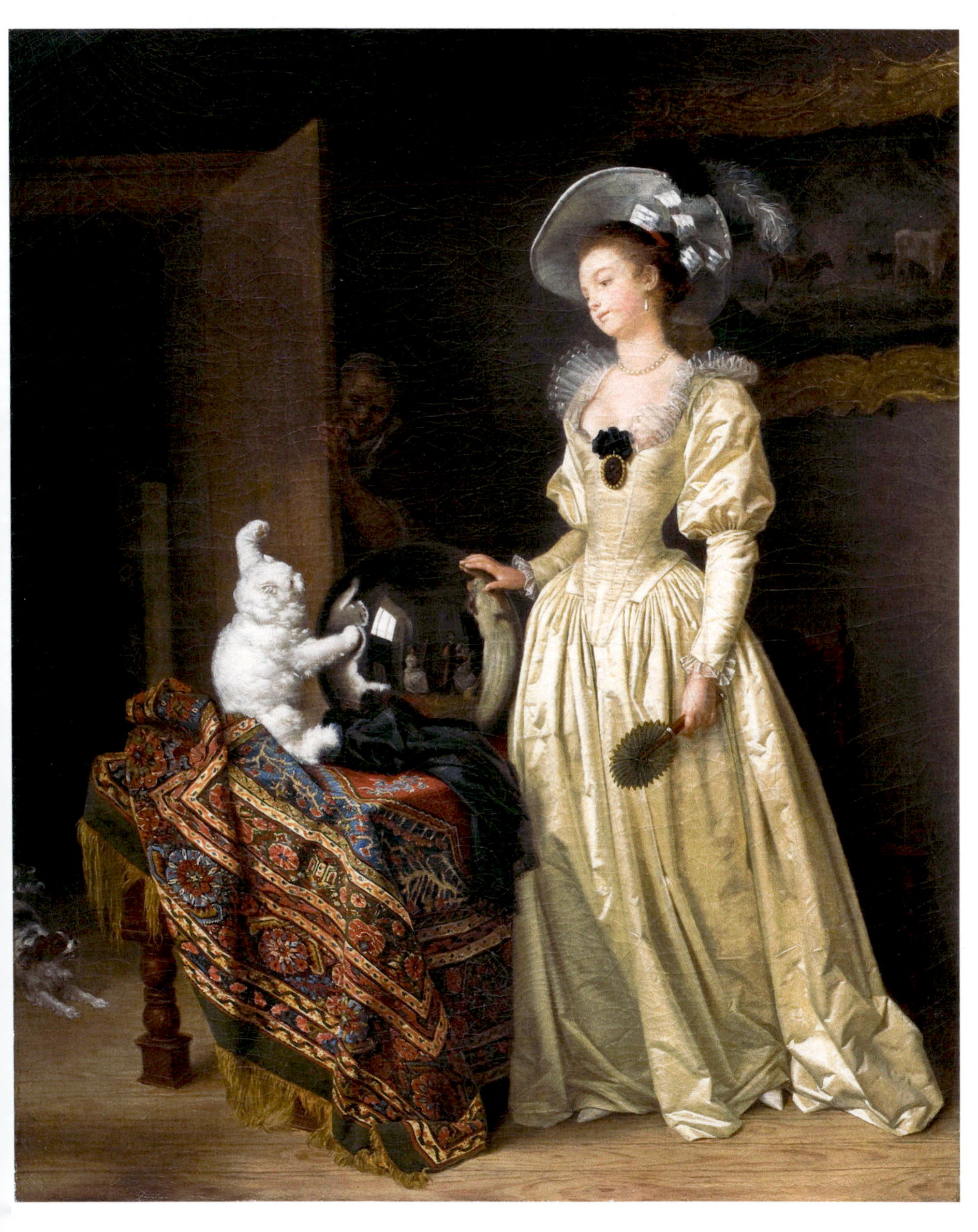

MARGUÉRITE GÉRARD UND JEAN-HONORÉ FRAGONARD, DIE ANGORAKATZE, UM 1783, ÖL AUF LEINWAND, 65 X 53,5 CM, WALLRAF-RICHARTZ-MUSEUM, KÖLN

UNNAHBAR

Manche Erfahrungen von Frauen finden in der Kunst nur selten Beachtung. Vor allem die körperlichen, wie Menstruation, Menopause, Geburt, Schwangerschaftsabbruch. Das liegt natürlich daran, dass es lange Zeit kaum Künstlerinnen gab. Zweifellos aber auch daran, dass diese Erfahrungen nicht nur in der Kunst, sondern im Leben insgesamt eher unsichtbar bleiben. Es ist nicht selbstverständlich, diese Eindrücke mit anderen zu teilen. Eine Ausnahme ist die junge Mutterschaft. In der Kunst ist dieses Thema vom Christentum vereinnahmt worden: Maria und ihr Kind Jesus sind sowohl Symbol einer religiösen Verheißung (der Erlösung im Herrn) als auch ein ganz alltägliches, menschliches Beispiel für Verbundenheit. Erkennbar für jeden.

Während das Thema anfangs noch ziemlich distanziert dargestellt wurde, wurde es nach und nach immer liebevoller gefasst, mit Raum für die überwältigenden Gefühle, die eine frischgebackene Mutter für das Kind haben kann, das aus ihrem Körper hervorgegangen ist und eigenständig zu atmen begann. Raffael hat diese zarte Variante in der Renaissance zu großer Blüte gebracht: Jesus wurde ein Kind, das man liebkosen wollte, Maria wurde menschlich, ihre Verbindung unzertrennlich. Die holländischen Maler des 17. Jahrhunderts gaben ihm einen weltlichen Anstrich, aber auch diese Bilder von Mutter und Kind sind Allegorien auf bürgerliche Werte, Einfachheit und Tugendhaftigkeit.

In Dresden, wo ich dieses Gemälde in einer Ausstellung gesehen habe, wurde ich von diesem Gemälde Gerhard Richters in den Bann gezogen, besonders von diesem Detail. Man kann nicht sofort erkennen, was es ist, es ist nebulös wie das Hirn einer Frau, die gerade entbunden hat, zerknittert wie ein Neugeborenes und befleckt wie die Kleidung der Mutter, ein Tag, nachdem sie entbunden hat. Kurz gesagt, man hat keinen unmittelbaren Zugang zu dem, was man sieht. Es gibt Hindernisse. Aus der Ferne, mit

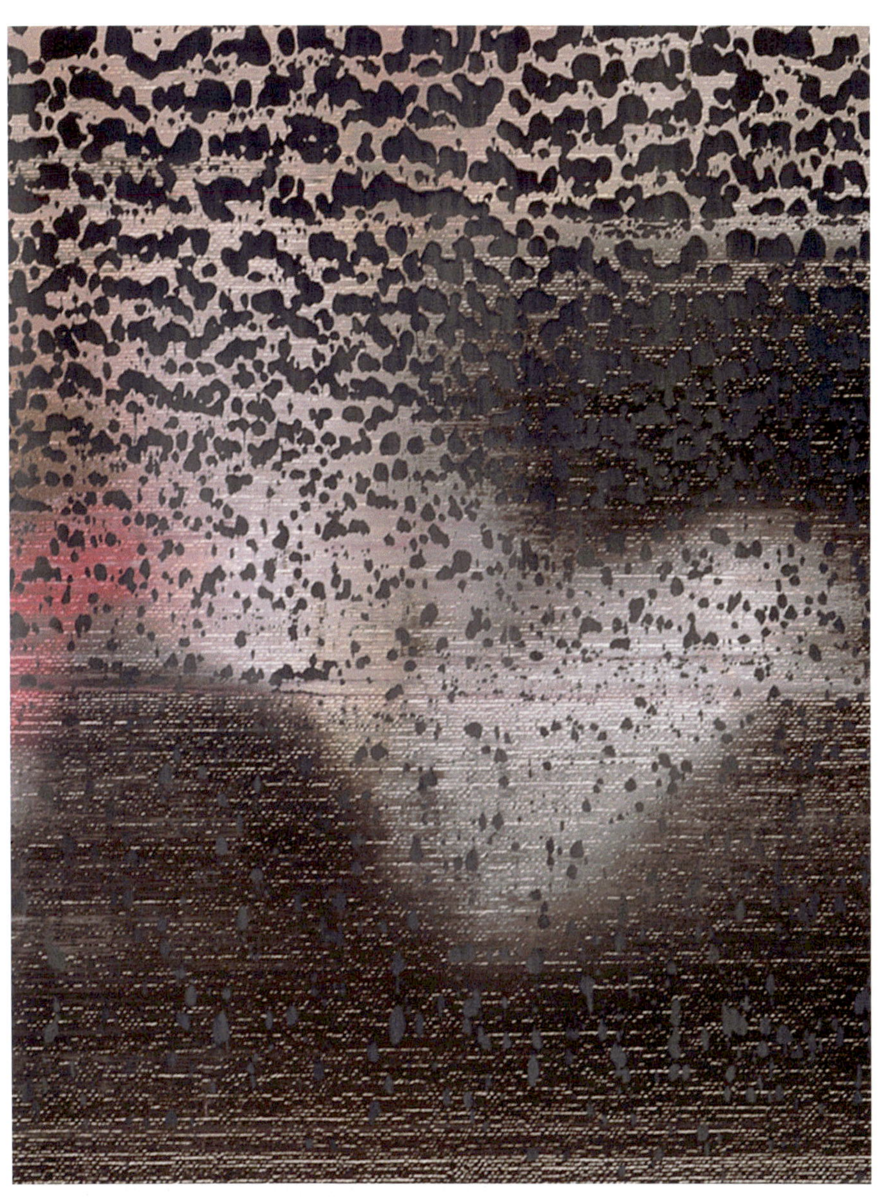

zusammengekniffenen Augen und bei längerem Hinsehen sieht man eine Mutter und ein Kind, das nach dem Trinken auf ein Bäuerchen zu warten scheint. Sie klammern sich aneinander. Sie tut dies, um etwas zu schützen, was eben noch zu ihrem eigenen Körper gehörte; das Kind tut es, weil es einstweilen noch nicht weiß, dass es von seiner Mutter getrennt existiert. In den Augen eines Babys ist es ein Teil von ihr.

Das macht dieses Gemälde zu einem anderen Mutter-Kind-Bild, als wir es in der Kunst gewohnt sind. Wahrscheinlich spielt es eine Rolle, dass es sich um den Sohn des Malers und seine Frau handelt (ich weiß eigentlich nicht, wie viele Künstler Maria und Jesus als Vorbild für ihre eigene Frau und ihr eigenes Kind genommen haben, aber ich würde es gerne eines Tages herausfinden). Wer will, kann also einen »Kommentar zur Kunstgeschichte« darin sehen. Andere Gemälde, die Richter von seiner Frau malte, wurden auch als »zeitgenössische Vermeers« angesehen, wie etwa sein Gemälde *Lesende* (1994). Das ist alles richtig, aber meiner Meinung nach geht es hier doch um etwas anderes – die Distanz ist das Thema.

In der Art und Weise, wie Richter sein Baby und seine Frau malt, zeigt sich auch die Unnahbarkeit, die er selbst ihnen gegenüber empfindet. Sie sind immer noch eins, so wie ein Mann mit seinem Baby nicht eins ist. Die Bindung zwischen seiner Frau und seinem Baby ist etwas, das er nicht ganz erreichen kann. Daher: nebulös, befleckt, zerknittert. Dieses Detail ist ein Versuch, ihnen näher zu kommen. Und die Einsicht, dass Mutter und Kind trotz der physischen Trennung in dieser ersten Zeit eine eigene Welt bilden.

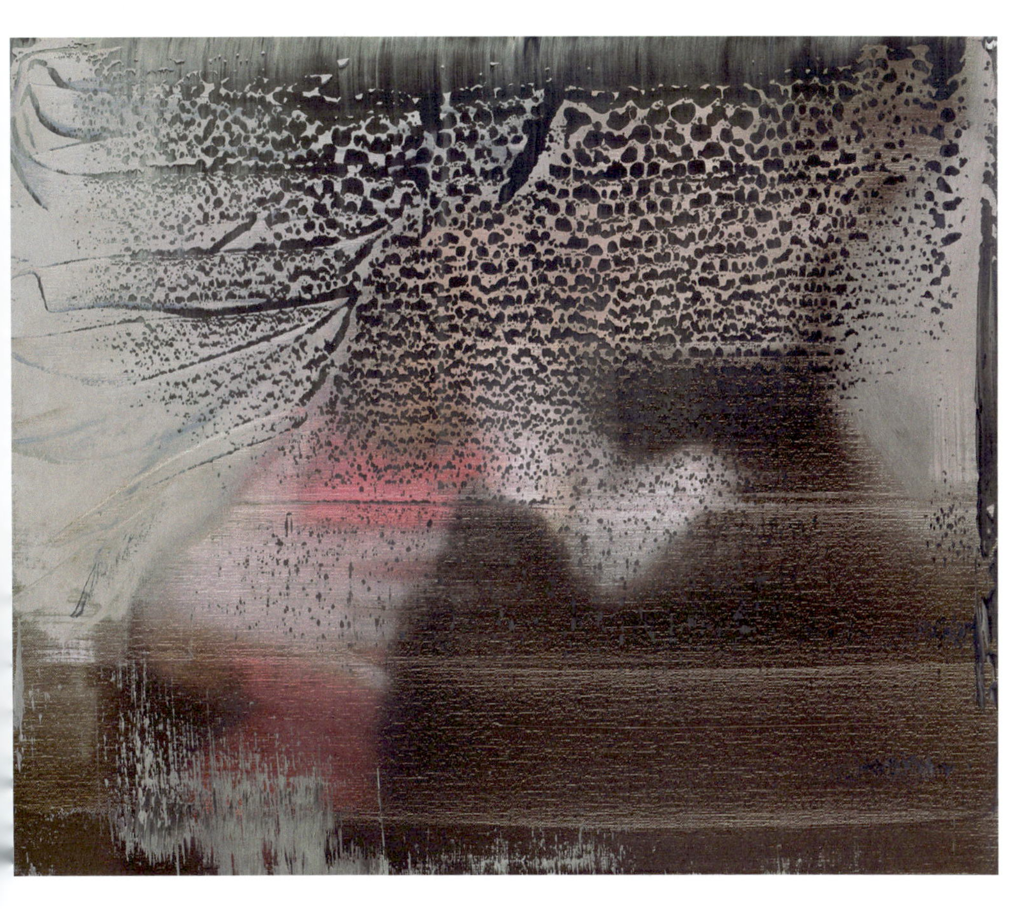

GERHARD RICHER, S. MIT KIND, 1995, WERKVERZEICHNIS-NR. 827-3, ÖL AUF LEINWAND, 52,4 X 62,4 CM, HAMBURGER KUNSTHALLE

HAUT

Ich ging früher mit einer jungen Frau zur Schule, die ihre Kleidung immer auf ihre Haarfarbe abstimmte. Das fiel nicht gleich auf, aber es sorgte durchaus dafür, dass man sie bemerkte. Ihr Haar hatte ein tiefes, natürliches Rot, zwischen Ingwer und Kastanie. Ob sie nun Braun oder Grün, Rosa oder Ockerfarben trug, alles schien auf ihr welliges Haar abgestimmt. Dass alles zueinander passt, ist für die meisten Menschen kein Kriterium, wenn sie vor dem Spiegel stehen. Und das ist auch gut so, man sollte vor allem das tragen, was man will. Aber es fällt schon auf, wenn Farben und Stoffe aufeinander abgestimmt sind. Es verdoppelt die Aufmerksamkeit der Menschen, die einen umgeben. Jacke und Hose genau in der gleichen Farbe, eine Tasche, die genau zum Schal und zur Jacke passt. Damit wird man auf eine verhaltene, schicke Weise sichtbar. Wenn ich Frauen sehe, die das betont oder dezent einsetzen, freue ich mich. Das Gleiche gilt übrigens für Männer, vor allem für eine passende Jacke gibt es Extrapunkte.

Im 16. Jahrhundert stimmte man nicht nur die Farben und Stoffe aufeinander oder auf das Haar ab, sondern auch auf die Haut. Das war die absolute Steigerung davon, »alles stimmig« zu machen. Diese Haut musste möglichst hell sein, was sich rassistisch anhört, und das war die Gesellschaft damals zwar auch, aber darum ging es dabei nicht. Eine weiße Haut war ein Zeichen von Luxus: Man musste nicht arbeiten, geschweige denn draußen in der Sonne schuften. Und in England war weiße Haut ein Statussymbol, weil die Königin eine weiße Haut hatte. Elisabeth I. hatte rotes Haar, einen porzellanweißen Teint und bemalte ihre Lippen mit einem roten, aus Quecksilbersulfid hergestellten Pigment.

Ihr Einfluss auf reiche Frauen war gigantisch. Er nahm sogar überhand; als am Ende ihres Lebens ihre Zähne von Süßigkeiten in Mitleidenschaft gezogen waren, ließen einige Frauen sogar ihre Zähne schwärzen, um ihr

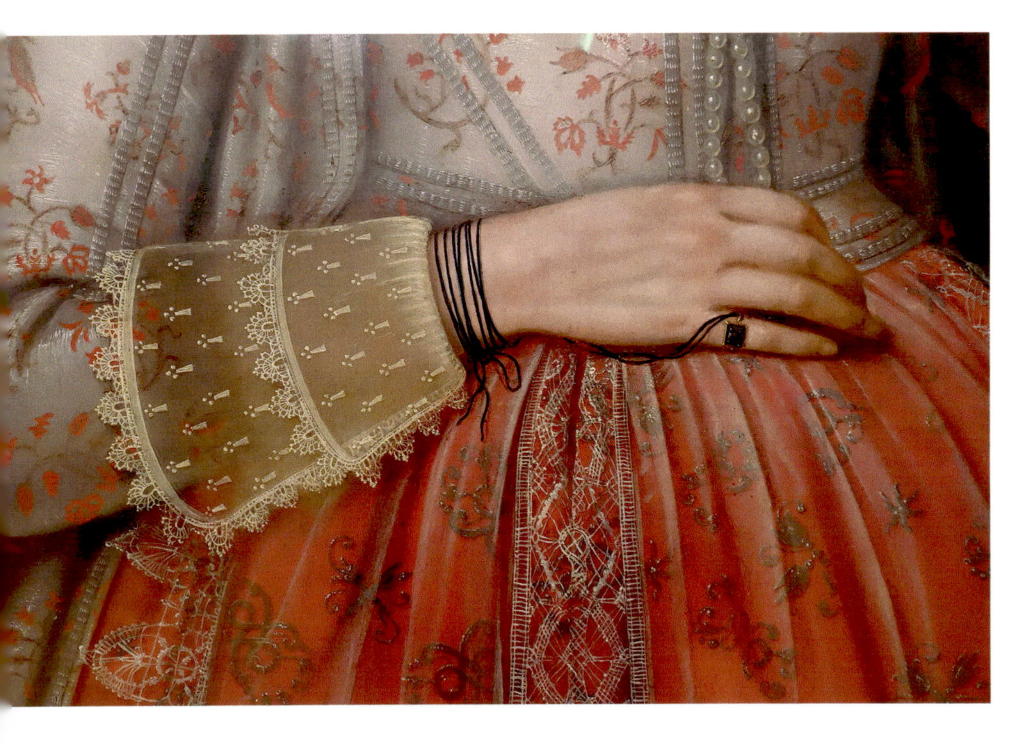

ähnlich zu sehen. Sie bleichte ihre Haut mit venezianischem Ceruse, einem hochgiftigen Bleiweißpuder, der aus Blei und Essig hergestellt wurde.

Die Haut musste nicht nur im Gesicht, sondern auch am Dekolleté und an den Armen weiß sein. Um dies zu betonen, malten sich die Damen falsche Adern auf. Sieh nur, wie zart und transparent meine Haut ist! Man wies mich darauf hin, dass es noch eine andere Möglichkeit gab, die Haut zu betonen: durch schwarze Schnüre, wie hier bei dieser »unbekannten Frau in Rot«. Oder durch schwarze Bänder, wie an ihrem anderen Handgelenk. Sie bilden einen schönen Kontrast zur Porzellanhaut. Wie man im 17. Jahrhundert eine Mouche, einen schwarzen Schönheitsfleck, ins Gesicht setzte, so nutzten sie im England des 16. und 17. Jahrhunderts Schnüre und Bänder.

Ich finde, dieses Detail ist dafür ein sehr schönes Beispiel. Sie legt ihre Hand mit der Schnur auf ihren hochschwangeren Bauch – in dieser Zeit war es Mode, sich hochschwanger verewigen zu lassen. Vielleicht ist der Ring eine Erinnerung an einen geliebten Menschen. Und man sieht sofort, wie sie Schmuck verwendeten; Ringe wurden oft an Schnüren getragen. Von selbst wäre ich nie auf die Idee gekommen, dass die Schnüre den Blick auf die Haut lenken sollten. Aber man registriert es, wenn auch unbewusst. Genauso wie bei der jungen Frau in Rot an meiner Schule.

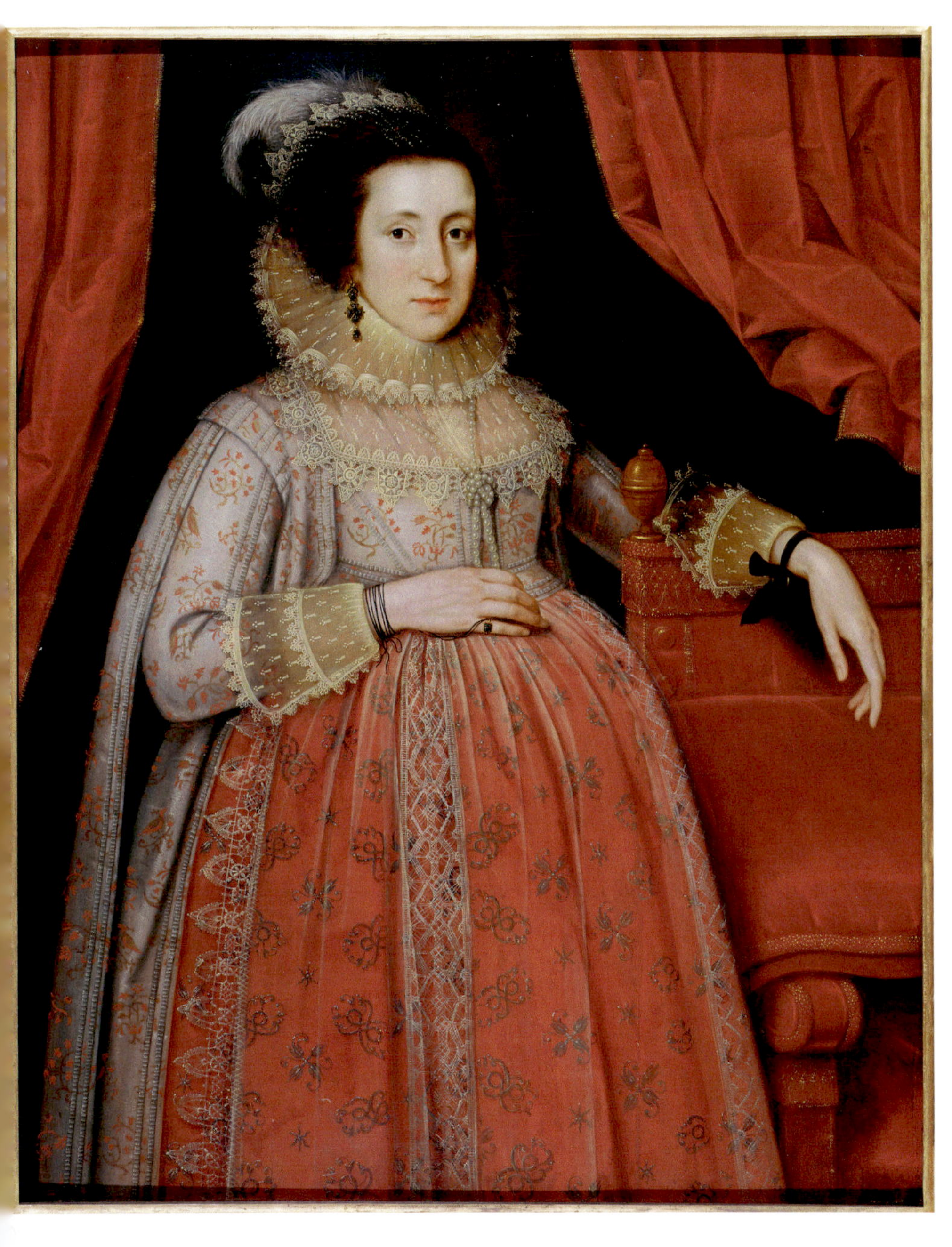

MARCUS GERARDS DER JÜNGERE, PORTRÄT EINER FRAU IN ROT, 1620, ÖL AUF HOLZ, 114 X 90 CM, TATE BRITAIN, LONDON

AUF KURZWELLE

Manche Details existieren nur für einen kurzen Augenblick. Wenn ein Künstler sie dann einfängt, kann man ihm ewig dankbar sein. Als ich auf dem Weg zu einem Museum in Köln war, ging die Sonne auf. Etwa zehn Minuten lang sah ich aus dem Zugfenster auf einen wahnsinnig blauen Himmel, einen orange-rosa Schleier am Horizont und ein wunderbares Licht, das auf allem dazwischen lag. Ein Licht, das alles so erscheinen ließ, als sei es miteinander verbunden und als könnten geheimnisvolle Dinge einfach so geschehen. Auf dem Rückweg ging die Sonne langsam unter, und ich saß auf der gleichen Zugseite, von der aus ich sie am Vortag aufgehen sah. Nach Sonnenuntergang lag wieder dieses Licht auf den Wiesen, wie ein kühles Tauchbad. Die Dinge in der Landschaft schienen magisch, als könnten sie sich im blauen Himmel auflösen. Zwischen diesen beiden Augenblicken sah ich dieses Gemälde.

Die blaue Stunde, stand an der Wand des Museums daneben. Gemalt worden war das Bild vor fast 400 Jahren an einer Stelle, an der der Zug vorbeigerauscht war: in Arnheim, der Stadt meiner Jugend. Im Hintergrund ist die Eusebiuskirche aus dem 15. Jahrhundert zu sehen, deren Turm viel niedriger ist als der heutige, der aus der Zeit nach dem Zweiten Weltkrieg stammt. Die blaue Stunde, zu der Minuten *vor* Sonnenaufgang und *nach* Sonnenuntergang, in denen die Dämmerung noch nicht richtig eingesetzt hat, alles in ein verfremdendes blaues Licht getaucht ist, und ein Schleier aus warmen Farben über dem Horizont hängt, ist hier so schön dargestellt. Salomon van Ruysdael hatte keinerlei Probleme damit, die Pinselführung erkennen zu lassen: dicke Striche in Weiß, das in Rosa übergeht, das sich in Hellblau und Tiefblau verwandelt. Die Spuren der Pinselhaare in einer Landschaft mit Schlittschuhläufern. Das Reale und das Nicht-Reale fallen zusammen, genau wie in diesem Licht selbst. Das Malen hat sicherlich

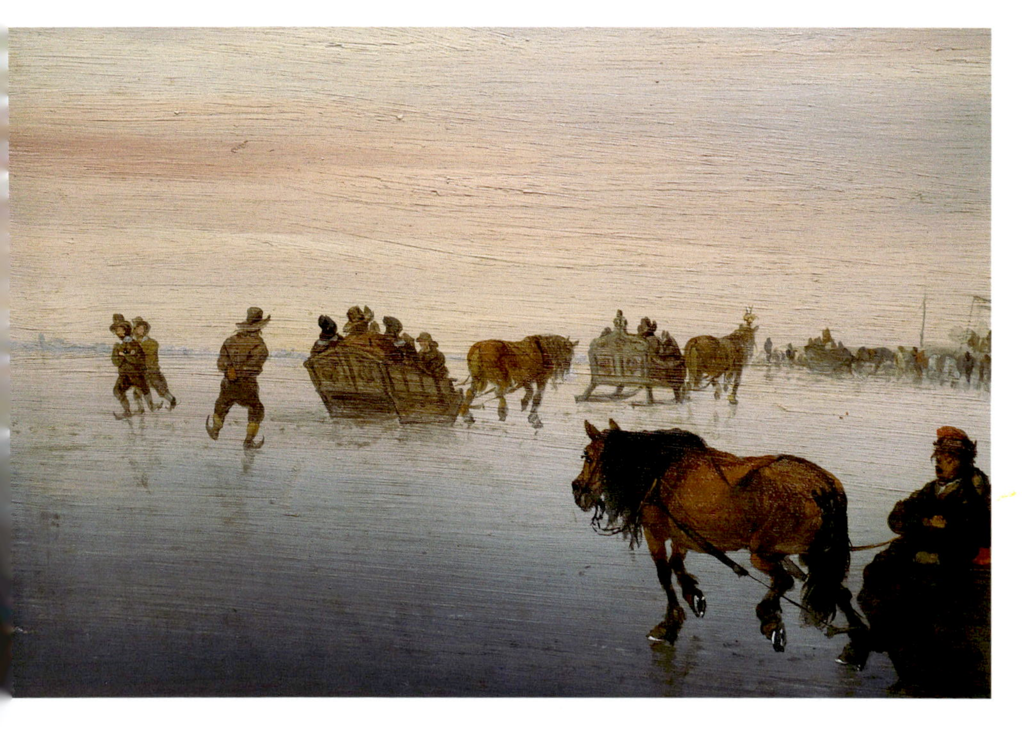

länger gedauert, als das Licht zu sehen war. Dass es Eis gibt, ist hilfreich, es macht aus dem ganzen Gemälde eine farbige Lava: James Turrell im 17. Jahrhundert, auch wenn das besonders für diese Ecke des Bildes gilt. Die rechte Seite ist eher eine gewöhnliche Landschaft, in der es zudem noch ein Fantasieschloss gibt. Also bleiben wir auf der linken Seite.

Die blaue Stunde ist am besten, wenn das Wetter kalt ist, wenn die Schlittschuhläufer sich wieder so herzig um die Taille packen können, wie die beiden in diesem Bildausschnitt, wenn die Atmosphäre und der klare Wolkenhimmel so ähnlich sind wie in dem Moment, den Salomon hier eingefangen hat. Die blaue Stunde hängt mit der Streuung des Lichts durch Staubpartikel und Wasserdampf in der Atmosphäre und mit den langen und kurzen Wellenlängen der Farben zusammen. Rotes, rosafarbenes und orangefarbenes Licht ist langwellig und schießt, wenn die Sonne untergegangen ist, direkt ins All, während blaues Licht kurzwellig ist, und sich in der Atmosphäre verbreitet. Das funktioniert am besten, wenn die Sonne zwischen 4 und 6 Grad unterhalb des Horizonts steht. Das ist auch der Moment, an dem bei klarem Himmel am anderen Horizont, an dem die Sonne nicht auf- oder untergeht, ein dunkelblauer Streifen zu sehen ist: der Schlagschatten der Erde. Jeden Tag ein Wunder, besonders bei klarem Wetter.

Das funktioniert übrigens nicht nur in der Natur wunderbar. In der Zeitschrift *Wired* las ich einen Artikel über die Arbeit des Fotografen Romain Jacquet-Lagrèze, der die magische blaue Stunde in Hongkong fotografierte und daraus das Buch *The Blue Moment* (2015) zusammengestellt hat.
Es ist irre zu sehen, wie sich eine Skyline in diesem Licht verändert, und wie die Fischer, die ihrem Handwerk auf dem Wasser nachgehen, und die gewaltigen Wolkenkratzer sich dann aufeinander zubewegen. Die warmen Farben der Stadtlichter und der Wohnungen wirken wie kleine Laternen in einem blauen Märchen. Zwei Städte, in denen ich zufällig gelebt habe, Arnheim und Hongkong, in zwei Jahrhunderten, so fern voneinander, beide eingefangen in diesem flüchtigen Detail, das uns die Natur geschenkt hat.

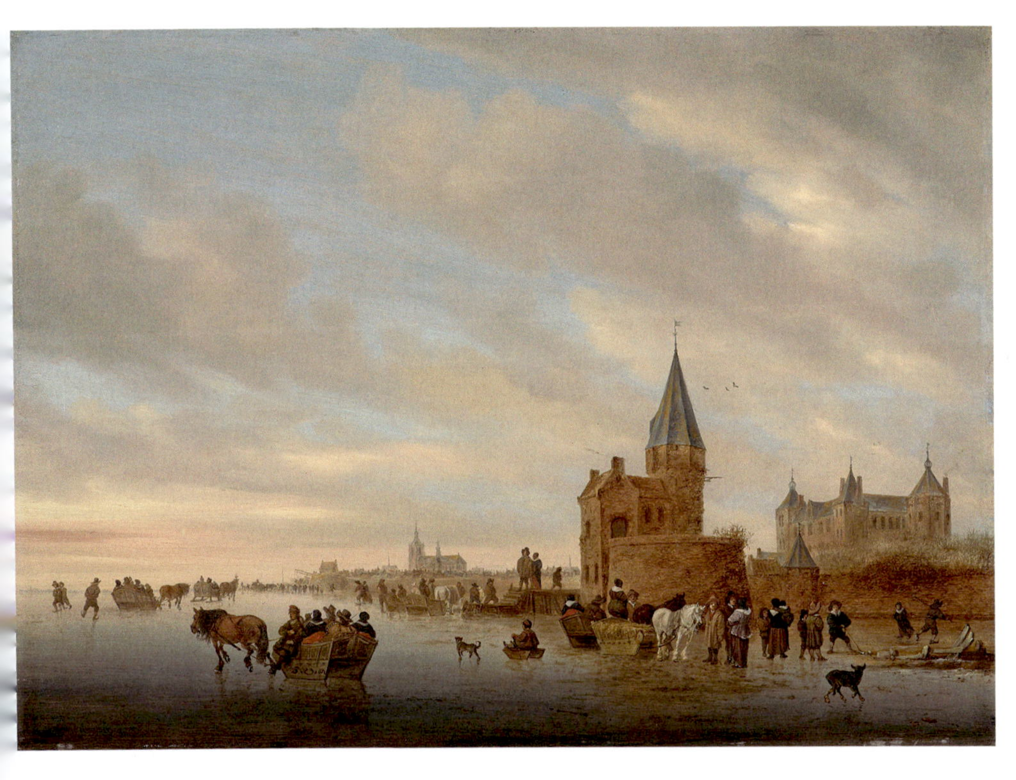

SALOMON VAN RUYSDAEL, WINTERLANDSCHAFT MIT EISVERGNÜGEN, 1652, ÖL AUF TAFEL, 49 X 68,5 CM, WALLRAF-RICHARTZ-MUSEUM, KÖLN

EIN SCHWEBENDES VERSPRECHEN

Was ist ideal und was ist es nicht? Das Thema der Moral scheint aktuell wieder neu aufzuleben. Man diskutiert darüber, was erlaubt ist und was nicht, auch in der Liebe und beim Sex, und das zu Recht, auch wenn die schnelle öffentliche Verurteilung eine eigene Diskussion wert wäre. Heleen Mees hat es in einer Kolumne so formuliert: »Paradoxerweise nutzen wir so die Moral als Vorwand, um andere herabzuwürdigen.« Das hat mich eine Zeit lang beschäftigt. Was gehört sich und können wir uns in einer Welt voller Kameras und öffentlicher Verurteilungen noch (sexuelle) Streifzüge und Eskapaden erlauben? Können Menschen, die aus der Norm fallen, noch ihren Weg im Leben finden?

Die Debatte dehnt sich auch auf die Geschichte aus. All diese von Männern gemalten Akte, entstanden die freiwillig, fällt das nicht unter #MeToo? Sollten wir uns darüber Gedanken machen, darauf reagieren?

Dieses Gemälde zeigt ein Liebesideal, drei Paare in freier Natur, die ganz in sich und, ganz im Stile van Goghs, in der Farbe aufgehen. Wahnsinnige Flecken, jede Farbe, jede Dicke und jeder Pinselstrich dem jeweils Dargestellten angepasst. Dachte van Gogh wirklich so über die Liebe? Für ein Gemälde aus dem 19. Jahrhundert ist das doch sehr brav. Die Museen hängen voll mit Aktdarstellungen aus dieser Zeit. Mit attraktiven, schönen, erotischen und manchmal etwas anrüchigen Akten. Nicht von Frauen aus dem Bürgertum, mit über die Stirn gezogenen Hütchen und Korsetts, sondern von Frauen am Rande der Gesellschaft aus dem Umfeld der Künstler. Schließlich trieben diese sich selbst auch an Orten herum, an denen sich die Menschen nicht von ihrer besten Seite zeigten. Dort, wo sich ein fadenscheiniges Leben außerhalb der sozialen Regeln abspielt, wo die Dinge aussichtslos und die Erwartungen gering sind. Über dieses Leben schrieb van Gogh an seine Schwester, als er mit einer Prostituierten zusammen

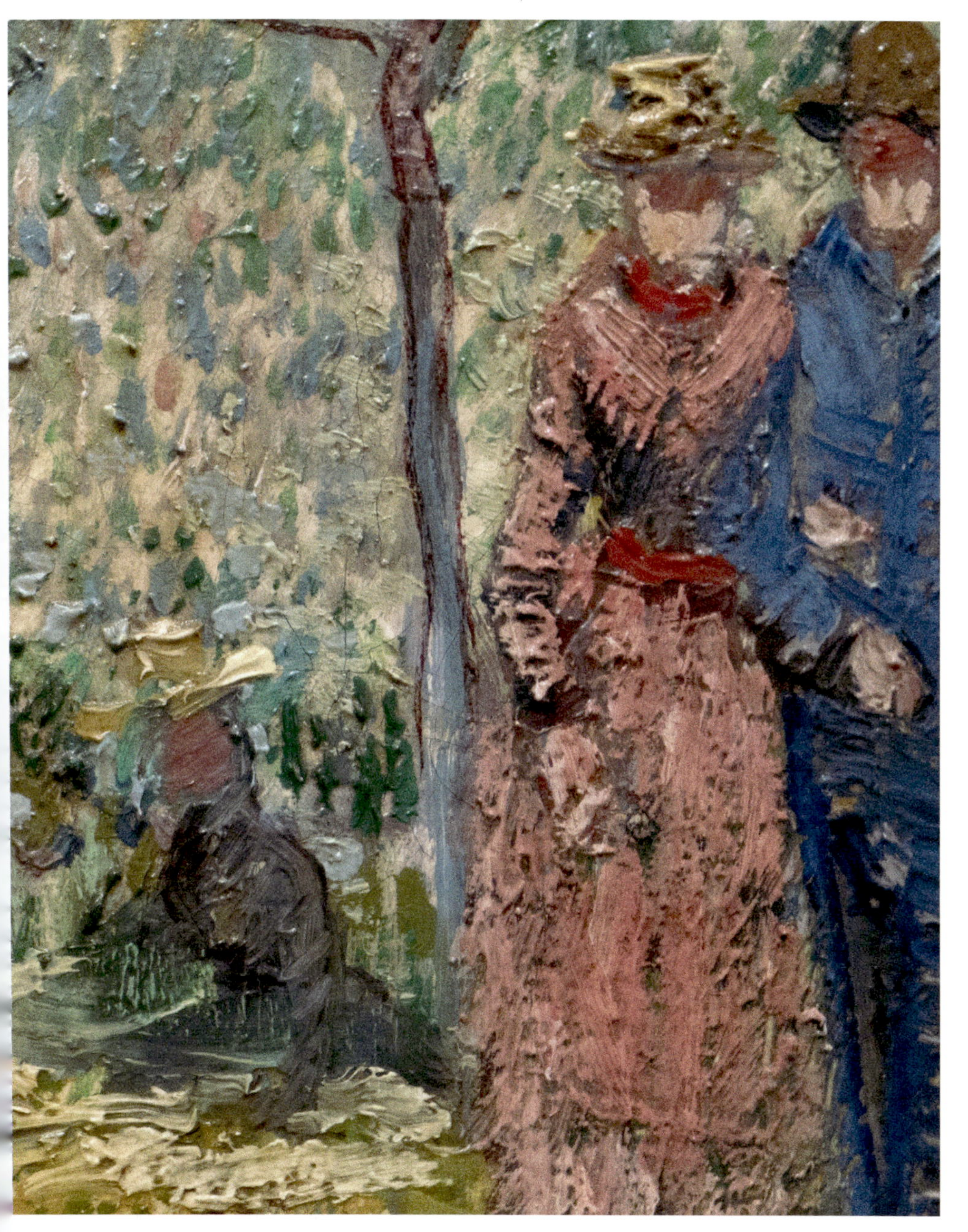

war: »Sie und ich sind zwei Unglückliche, die einander Gesellschaft leisten und ihre Lasten gemeinsam tragen.« Also hat dieser Vincent das auch gemalt. War es das, was er wollte?

Er hatte weder die ruhige Gewissheit der Liebe noch die Euphorie. In einem Brief, den mir die Kuratorin Nienke Bakker zusandte, schrieb Vincent, dass er ständig unmögliche Lieben habe. Das Gemälde gibt bestenfalls einer Sehnsucht Ausdruck. Aber dieses Detail weist auf einen subtilen Riss im Ideal hin. Die Frau auf der rechten Seite hält den Arm ihres Mannes fest, wie es sich für eine Spaziergängerin ihres Standes gehört. Die Frau im Gras ist extrem skizzenhaft, und doch sieht man sie sofort.

Sieht man sich die Frauen länger an, wird einem bewusst, dass sie aus der Rolle fallen. Man weiß nicht mehr, in welche Richtung ihr Blick geht. Schaut die Frau rechts zu der Frau auf der linken Seite? Und wendet die Frau im Gras ihren Kopf dem Paar zu? Das wird immer Andeutung bleiben, ein schwebendes Versprechen, dass dies *mehr* ist als ein Bild idealer Liebe. Mit einem Mal kann das Paar so sein wie die »zwei Unglücklichen«, über die van Gogh schrieb.

Ich habe daran gedacht, dass wir uns selbst nur noch als glückliche Wesen präsentieren. Und an die dänische Serie *Rita*, die ich mir gerade auf Netflix ansehe. Bei ihr, einer Lehrerin und dreifachen Mutter, klappt es mit der Liebe nicht so recht. Sie ist eine Femme fatale, eine Stümperin, Jägerin und Gejagte zugleich; und wenn sie mal versucht, eine Beziehung einzugehen und mit jemandem zusammenzuleben und all das, sieht man, wie sie damit ringt. Als ihr Freund den Garten betritt, den er geharkt und mit Rosen bepflanzt hat (wie symbolisch), drückt sie ihre Zigarette aus und sagt laut zu sich selbst: »Okay, eins, zwei, drei, erwachsen«, als ob sie sich in das Korsett der Paare in van Goghs Liebesgarten zwängen würde. Natürlich scheitert sie dabei so gründlich, dass man sich mit ihr schämt. Aber eine so komplexe, eigenständige Frau kriegt man im Fernsehen selten zu sehen. Eine Frau, die nackt auf einem Gemälde im Paris des 19. Jahrhunderts hätte landen können. Hätte der Künstler dafür nur Verachtung übrig? Van Gogh jedenfalls nicht. In einem Brief ermutigte er sogar seine Schwester, nicht zu brav zu sein: »Mein liebes Schwesterchen, lerne tanzen oder verliebe Dich in einen oder mehrere Notariatsgehilfen, Offiziere oder was eben in Deinem Bereich liegt, mache viel, viel lieber ein paar Dummheiten, als dass Du die holländische Sprache studierst. Das ist zu gar nichts nütze, als dazu, den Menschen dumm und stumpf zu machen.«

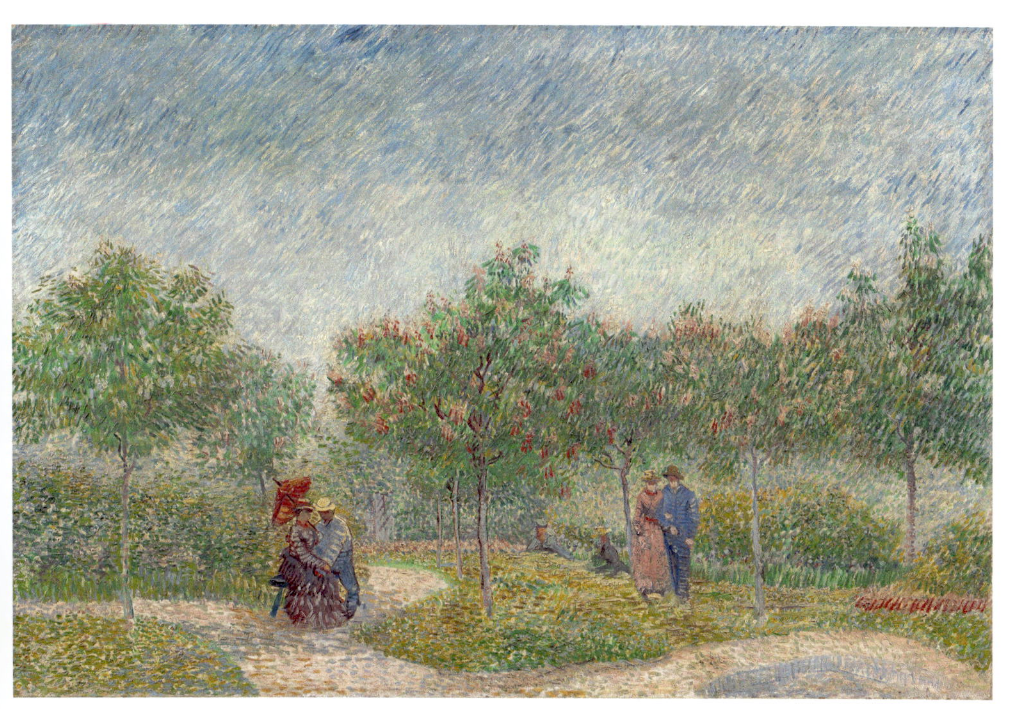

VINCENT VAN GOGH, GARTEN MIT LIEBESPAAREN: PLATZ SAINT-PIERRE, 1887, ÖL AUF LEINWAND, 75 X 113 CM, VAN GOGH MUSEUM, AMSTERDAM (VINCENT VAN GOGH FOUNDATION)

BEISSERCHEN

Manchmal wünsche ich mir so sehr, dass sich alle zivilisiert verhielten, dass ich nicht umhinkann, lauthals zu fluchen. Das vergebliche »Verhaltet euch doch einfach mal normal!«, das ich dem Fernseher oder, Gott bewahre, den Buchstaben in der Zeitung entgegenschreie, wird von Worten und einer Lautstärke begleitet, die das Ganze mit Verve ins Gegenteil verkehren. Verrücktes Verhalten bringt einen dazu, selbst Verrücktes zu tun.

Was eine Gebärde, die in einer anderen Zeit und einer anderen Kultur entstanden ist, genau bedeuten soll, kann man natürlich nie mit Sicherheit wissen. Aber diese Kombination aus Augen und den Zähnen, die sich seit über 800 Jahren in einem Waffenschild festgebissen haben, löst bei mir dennoch etwas aus. Handelt es sich um Wut, Wahnsinn, eine bevorstehende Explosion? Eine Bedrohung oder eine clowneske Ablenkung? Wird hier ein Schrei unterdrückt?

Dieser Mann ist Teil eines Teams, in dem jeder seinen Platz hat. In ihm gibt es auch eine Königin, die hier leider nicht zu sehen ist. Faszinierend, wie diese auf ihrem Thron sitzt; ihre Hand liegt auf ihrer Wange, was mag das bedeuten, Verzweiflung oder Nachdenklichkeit? Ich kann mir eine gewisse Parallele zur derzeitigen britischen Königin ausmalen. Sie sitzt in ihrem Schloss, das schon lange stand, bevor diese Figuren erschaffen wurden, und überblickt das Schlachtfeld des Brexits. Die Figuren in diesem Schachspiel aus dem 12. Jahrhundert, das auf der schottischen Insel Lewis gefunden wurde, tragen Gesichtsausdrücke, die sich gerade erst eingestellt zu haben scheinen. Wachsam und angespannt, bis hin zum Wahnsinn. Abgesehen von der Königin gibt es wenig Ruhe im Spiel. Zusammen ergibt sich ein fantastisches Bild einer strategischen Gruppe – und wie in jeder Gemeinschaft stehen die Verrückten am Rande.

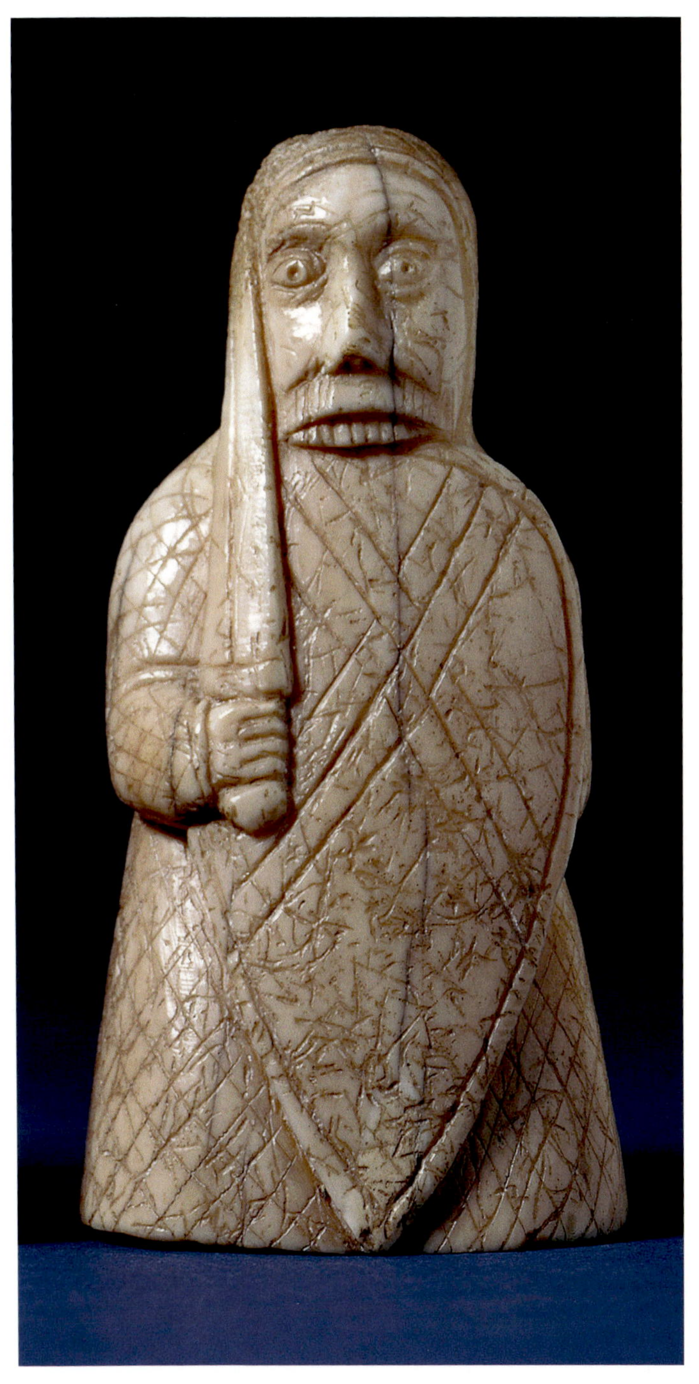

Dieser Krieger ist wahrscheinlich das, was später im Spiel der Turm wurde – er steht auf dem äußersten Feld. Er ist ein echter wilder Normanne mit einer Miene, die zu den Kriegern in den nordischen Sagen passt. Im Englischen heißt er *berserker* – ein Wort aus dem Altisländischen, das so viel bedeutet wie »Krieger, der ein Bärenfell trägt«. Die Engländer haben den entzückenden Ausdruck *to go berserk* entlehnt, der ziemlich genau beschreibt, wie ich in letzter Zeit des Öfteren die Nachrichten erlebe – mich ohnmächtig fühlend, »verhaltet euch doch einfach mal normal« rufend. Irre geworden, wahnsinnig von dem allgegenwärtigen Schikanieren und Verunglimpfen unter Erwachsenen.

Sich wie ein Berserker zu benehmen ist das neue Normal – man kann damit sogar Politiker des Jahres werden. Oder Präsident, Brexit-Befürworter oder britischer Premierminister. Wenn es darum geht, Aufmerksamkeit zu erringen, verschieben sich die Grenzen Zug um Zug. Bis der Berserker auf dem Platz des Königs sitzt, aufgrund seiner größeren Verdienste darin, nach Belieben Krawall zu schlagen.

Die Figuren wurden vor 1831 in den Dünen von Lewis gefunden, das im 12. Jahrhundert von den Normannen beherrscht wurde, und sie reichen für vier Schachpartien. Man hat 8 Damen gefunden; sie gehören zu den frühesten Damen in der Geschichte des Schachspiels. Das British Museum besitzt 76 Schachfiguren, das National Museum of Scotland in Edinburgh 11 weitere. Die Bauern sind so abstrakt wie Salzstreuer oder Grabsteine; Fußsoldaten brauchten keine Identität. Ganz anders verhält es sich bei den restlichen Figuren – in das steinharte Walross-Elfenbein sind wunderschöne Details und Gesichtsausdrücke gemeißelt.

Das Spiel ist die beste Übung für das wirkliche Leben und sagt daher viel über die Kultur aus, aus der es stammt. Das beweist allein schon die Dame, die in den indischen Versionen, aus denen das Schach stammt, gar nicht vorkommt. Was die Königin denkt oder warum dieser Krieger in sein Schild beißt, werden wir vielleicht nie erfahren. Aber ihr Aussehen ist immer wieder eine Überlegung wert. Ein solcher Krieger aus dem 12. Jahrhundert, der uns sagt: Was auch immer kommen mag, Zähne reinhauen und los.

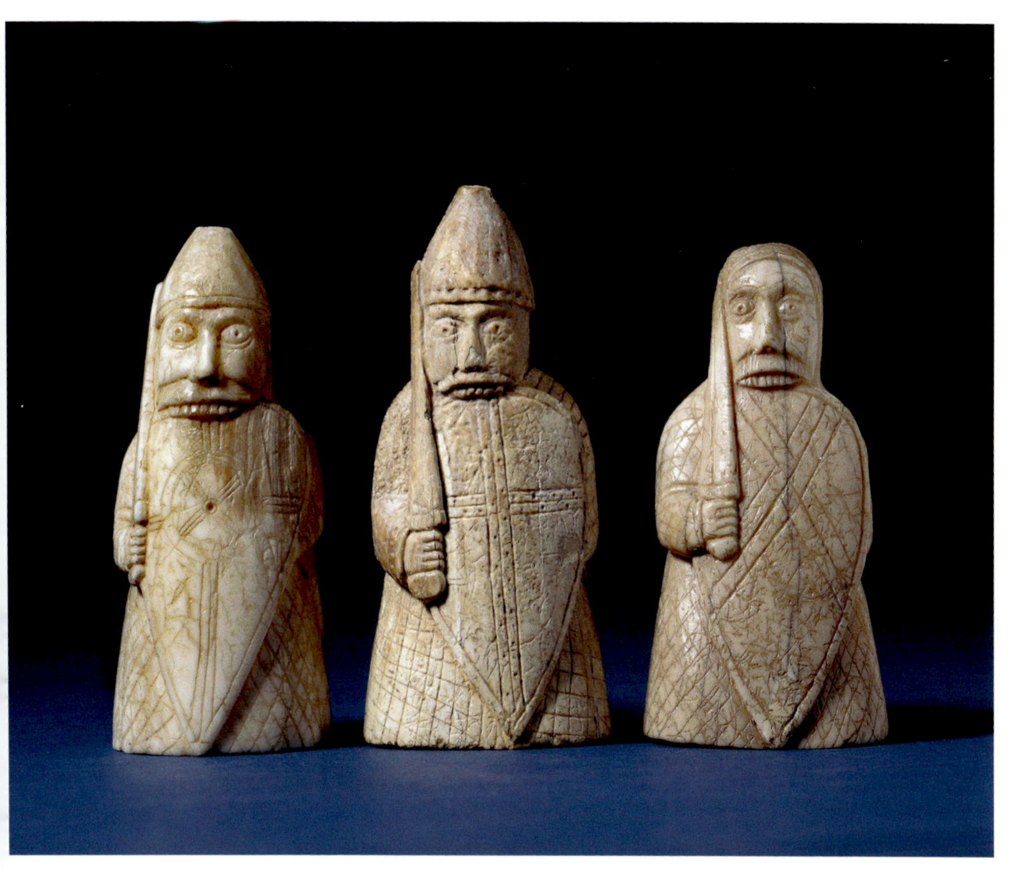

LEWIS-SCHACHFIGUREN, DREI BERSERKER, UM 1150–1200, WALROSS-ELFENBEIN, HÖHE CA. 8 CM, BRITISH MUSEUM, LONDON

AN DANTE DENKEN

Wer Anfang 2018 die Berichte über die Gehaltserhöhung des Topmanagers der niederländischen ING-Bank, Ralph Hamers, von rund zwei auf drei Millionen jährlich gelesen und auch die Reaktion des Vorstandsmitglieds Jeroen van der Veer mitbekommen hat, der nach der Rücknahme die entstandene Unruhe, nicht aber die Entscheidung bedauert hatte – und wer dann dachte: Hey, wurde diese Bank nicht gerade mit zehn Milliarden vom niederländischen Staat gerettet, und sind dieser Staat nicht eigentlich wir alle, und haben die seit der letzten Finanzkrise nichts über soziale Verantwortung gelernt? Der kann kaum eine bessere Rechtfertigung dafür finden, ein Buch aus dem Jahr 1320 in die Hand zu nehmen, um darin in glasklaren Worten zu lesen, was man angesichts des Erscheinungsdatums bereits vermuten konnte: Nein, es hat sich ü-ber-haupt nichts geändert.

In der 700 Jahre alten *Göttlichen Komödie* sitzt Dante am Rande des vierten Kreises der Hölle und blickt auf die stöhnenden Menschen, die zu geizig oder verschwenderisch mit dem Geld umgingen: »Sie stießen aufeinander, und dann wandte / Sich jeder um, sie schrien sich entgegen: / ›Was hältst du fest?‹, ›Was streust du in die Winde?‹ / So drehten sie sich in dem finstern Kreise.« Das Los derer, die im Umgang mit Geld nie Maß hielten, erhält hier die schöne Form einer ewigen Bewegung. Dante vergleicht sie mit den Wogen, die zwischen Skylla und Charybdis einander entgegenschlagen, den Felsen der Meerenge vor Messina, die schon in der Antike als Ungeheuer beschrieben wurde. Immer wieder laufen die Verdammten einen Halbkreis, stoßen zusammen und sagen wieder und wieder: »Was hältst du fest? Was streust du in die Winde?« Die gegenteilige Schuld entzweit sie voneinander, sagt Dantes Führer Vergil.

Dante entwarf das Bild einer in neun Kreise der Qual abgestuften Hölle. Die Schwefeldämpfe, das wallende Blut und die Marterungen machen

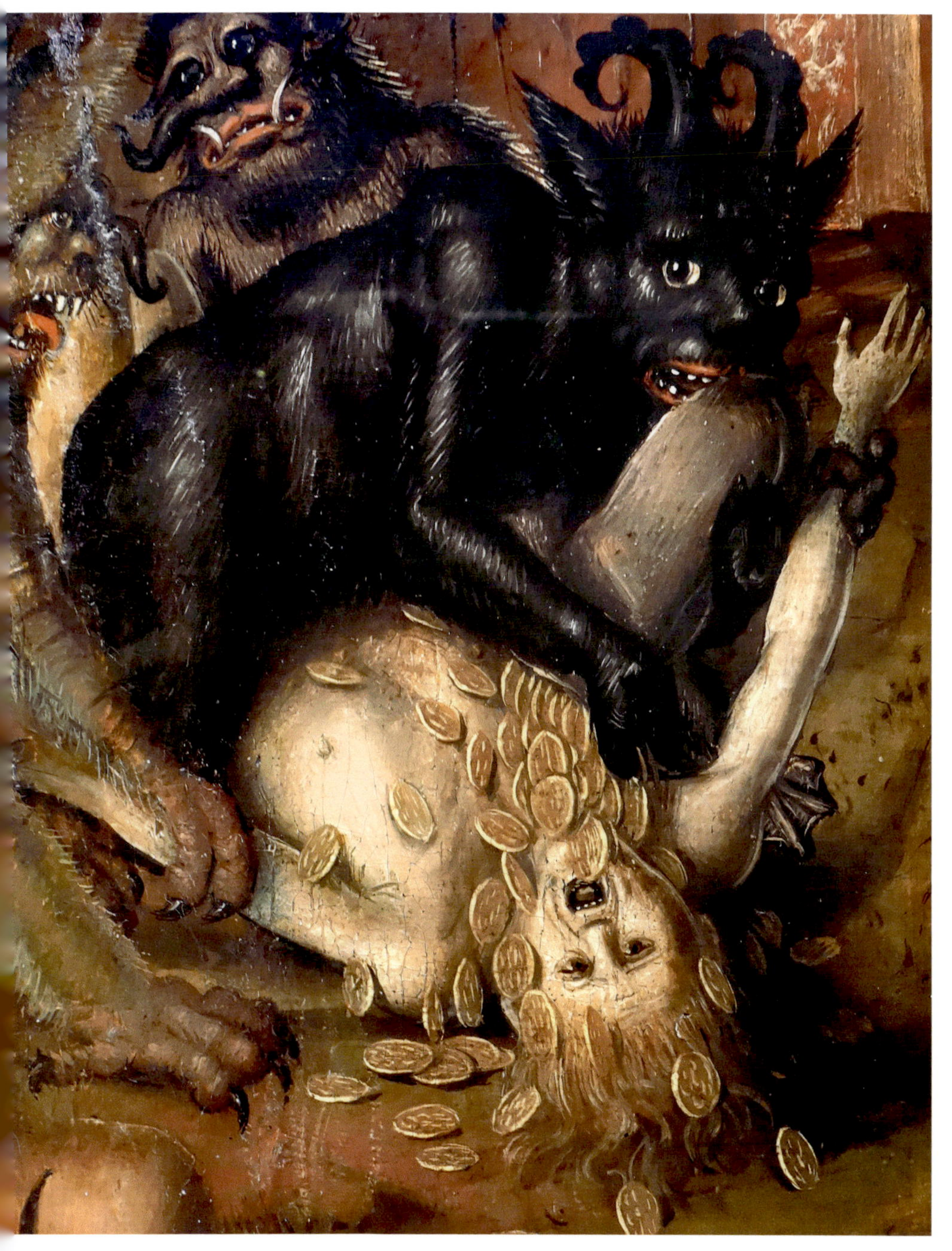

einen ganz schwindelig. Von dieser Hölle sollten Künstler noch jahrhundertelang zehren. Hundert Jahre nach Dante schuf Stefan Lochner aus Köln ein gewaltiges Jüngstes Gericht, in dem die Seelen noch ein letztes Mal gewogen werden. Seine Teufel sind unheimlich und komisch, sie alle haben mehrere Gesichter, und niemand wird verschont: Frauen, Juden, vornehme Familien, Geistliche, sogar der Papst wird in den Höllenschlund gezogen. Dieser Geizhals hier, vielleicht ein Banker, wird erst noch leergeschüttelt, als solle gezeigt werden: Ins Grab kannst du das großzügige Salär, das du dir selbst zugeteilt hast, nicht mitnehmen. Er wird von drei Ungeheuern festgehalten.

Nun, natürlich hat sich doch etwas geändert. Damals kannten auch die Geizigen und Wucherer eine Moral. Nicht ohne Grund wurden so viele Kunstwerke von Bankleuten in den Wirtschaftszentren in Auftrag gegeben. Die Medici, Scrovegni, Strozzi und Chigi in Italien waren allesamt Bankiers und stifteten Gemälde als Ablass, um solche Wendungen wie in Dantes *Inferno* zu verhüten. Manchmal knieten sie darin neben Christus, um Vergebung für ihre Sünden bittend. Köln war im 15. Jahrhundert eine Universitäts- und Bischofsstadt und genoss große Handelsfreiheit. Wer der Bankier hier ist, weiß ich nicht, aber irgendjemand wird sich darin bestimmt wiedererkannt haben.

Dante lässt es übrigens mit den Geldgierigen im vierten Kreis nicht bewenden. Nach und nach steigt er weiter hinab, bis zum tiefsten Kreis. Jenseits der Mörder und Gewalttäter gibt es eine noch tieferliegende Kategorie: die Wucherer. Und jenen, die Staatsgelder zu ihrem eigenen Vorteil missbrauchen, begegnet er im siebten Kreis: Agnello Brunelleschi, Buoso degli Abati und Puccio Sciancato de' Galigai, ehrenwerte Mitbürger, die sich am Staat bereicherten. Vor Dantes Augen wird Agnello von einer Schlange umschlungen und verschmilzt langsam mit ihr zu einem abscheulichen Ungeheuer. »Nie hat an einem Baume sich der Efeu / So festgeschlungen wie das Ungeheuer / Umklammert hatte diese fremden Glieder.« Seine Freunde sehen entsetzt zu: »Wehe, Agnel«. Ich erinnerte mich an den christlichen Politiker Jan Peter Balkenende und seine einst hart erkämpfte Norm, nach der die Gehälter im niederländischen Öffentlichen Dienst 130 Prozent eines Ministergehalts nicht übersteigen dürfen. Und daran, dass auch er jetzt Aufsichtsratsmitglied ist und irgendwann die Gehaltserhöhung von Hamers abgesegnet haben muss. Und ich frage mich, ob er dabei wohl an Dante dachte.

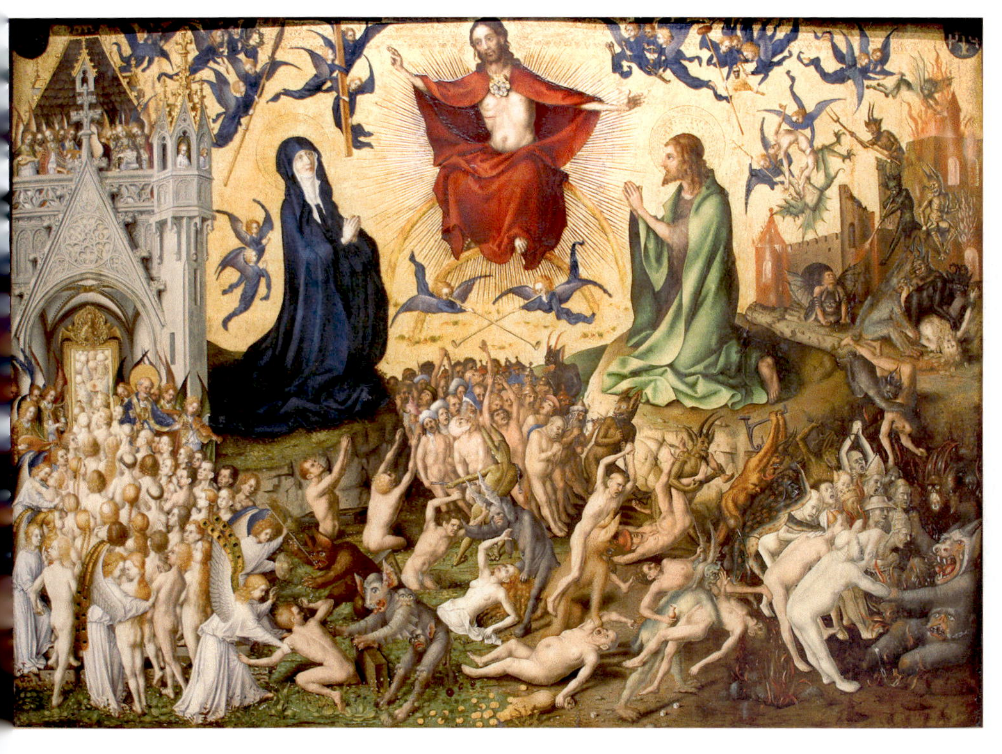

STEFAN LOCHNER, DAS JÜNGSTE GERICHT (MITTLERE TAFEL), UM 1435,
ÖL UND GOLD AUF EICHENHOLZ, 124,5 X 174 CM, WALLRAF-RICHARTZ-MUSEUM, KÖLN

THORA/BIBEL/KORAN

In Zeiten, in denen das Polarisierende stärker betont wird als das Verbindende, in denen Ängste und Zweifel gegenüber dem allgemein vorherrschenden Entrüstungsmodus in den Hintergrund treten, ist es manchmal gut, einen Blick auf die Geschichten zu werfen, aus der die Überzeugungen hervorgegangen sind. Hier sehen wir eine dieser Geschichten, die zu den Anfängen des Islam zurückführt: Ismael. Ein Kind, das seinen Kummer nicht verbergen kann, wendet sein Gesicht ab und reibt sich die Augen. Der Genesis zufolge ist er hier 13 Jahre alt – Guercino hat ihn etwas jünger dargestellt.

Ismael trauert, weil sein Vater Abraham ihn und seine Mutter Hagar im Stich lässt und sie in die Wüste schickt. Wenngleich mit einem Versprechen, aber das weiß Ismael hier noch nicht: Ismael werde zwölf Söhne bekommen, von denen jeder einen Stamm gründen werde. Einer dieser Söhne, Kedar, ist ein Vorfahre des Propheten Mohammed. Ismaels Halbbruder Isaak ist ein Vorfahre von König David und von Jesus. Ismael kommt in der Thora, in der Bibel und im Koran vor. Die drei großen Religionen Judentum, Christentum und Islam führen ihre Wurzeln alle auf den Erzvater Abraham zurück.

Natürlich gibt es verschiedene Versionen von Ismaels Lebensgeschichte. Für den Islam ist es bedeutsam, dass er zusammen mit seinem Vater die Kaaba in Mekka gestiftet hat. An diesem Ort in der Wüste waren Hagar und Ismael ausgesetzt worden, sie drohten zu verdursten. Als der kleine Ismael seine Füße in den Sand steckte, erschien eine Wasserquelle: die Zamzam-Quelle.

Hagars Mutter war, so wird gelegentlich behauptet, eine von Abrahams Sklavinnen, wodurch auch das Wegschicken auf zwei unterschiedliche Weisen gedeutet werden kann: Wurde sie ausgesetzt oder befreit? Auch in der Genesis wird berichtet, dass Gott, ungeachtet des Bundes mit Isaak, Ismael mit zwölf Söhnen segnet, die Stammesfürsten werden und Völker

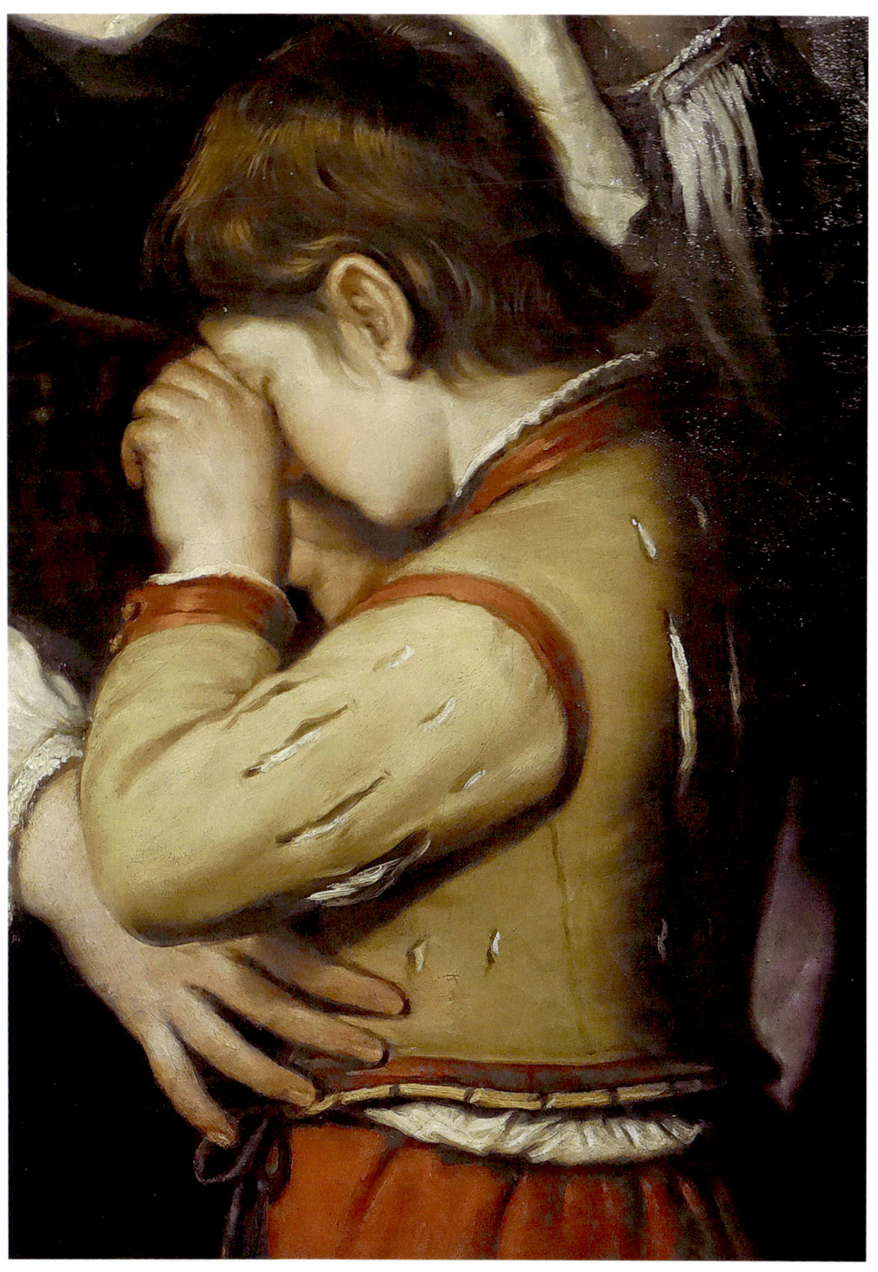

gründen. Diese Stammesfürsten sind interessant. Es fragt sich nämlich, wie der Sohn einer früheren Sklavin fürstliche Kinder bekommen kann? Einigen jüdischen Kommentatoren zufolge war Hagar die Tochter des Pharao, und Ismael somit sein Enkel. Der Koran sagt, dass Abraham regelmäßig zu Ismael zurückkehrte.

All diese Versionen werfen ein jeweils anderes Licht auf diese Darstellung, die die drei Religionen so nahe zusammenbringt. Wir blicken auf die Geburt der arabischen Völker und des Islams – aus Kummer, aber auch mit einem großen Versprechen. Zwölf Stammesfürsten, zwölf Völker. Und ein Erzvater, der seine beiden Söhne liebte.

In den jüngsten Debatten werden nicht nur die Identitäten fein säuberlich voneinander getrennt, manchmal wird auch die Ansicht vertreten, dass sich die eine nicht über die andere äußern könne oder dürfe. Kulturelle Aneignung ist ein ernsthafter Diskussionsgegenstand, auch in der Kunst. Der Schriftsteller Jonathan Franzen sagte zum Beispiel, er würde nicht so ohne Weiteres eine Schwarze Frauenfigur in sein Buch aufnehmen, weil er selbst zu wenige Schwarze Frauen kennt (und noch nie in eine verliebt war).

Hier handelt es sich um ein Gemälde eines weißen christlichen Künstlers, in dem ein jüdisch-ägyptischer Junge dargestellt ist, der zum Erzvater des Islam auserkoren ist. Ist dies eine Aneignung? In der Malerei gibt es zahlreiche Beispiele für Schwarze und jüdische Menschen, die nach als rassistisch und antisemitisch zu bezeichnenden Stereotypen dargestellt werden. Das ist hier nicht der Fall. Dies hier ist in erster Linie gute Kunst, und was tut ein gutes Kunstwerk anderes, als Betrachter und Betrachterinnen in eine Erlebniswelt mitzunehmen, die nicht ihre eigene ist? In mögliche Welten?

Fiktion wäre unmöglich, wenn ihre Schöpfer nur das darstellen dürften, was sie selbst an Eigenschaften »besitzen«, antwortete der britische Schriftsteller Hari Kunzru in *The Guardian* in seiner Reaktion auf Franzen. Ein guter Künstler betrachtet sein eigenes Weltbild als eines von möglichen Weltbildern, schreibt Kunzru, und er hat die Aufgabe, die gegenseitigen Beziehungen zwischen den Menschen zu erforschen. Guercino tut genau das: Er ermöglicht es dem Betrachter, sich für einen Moment in die Welt dieses Jungen einzufühlen.

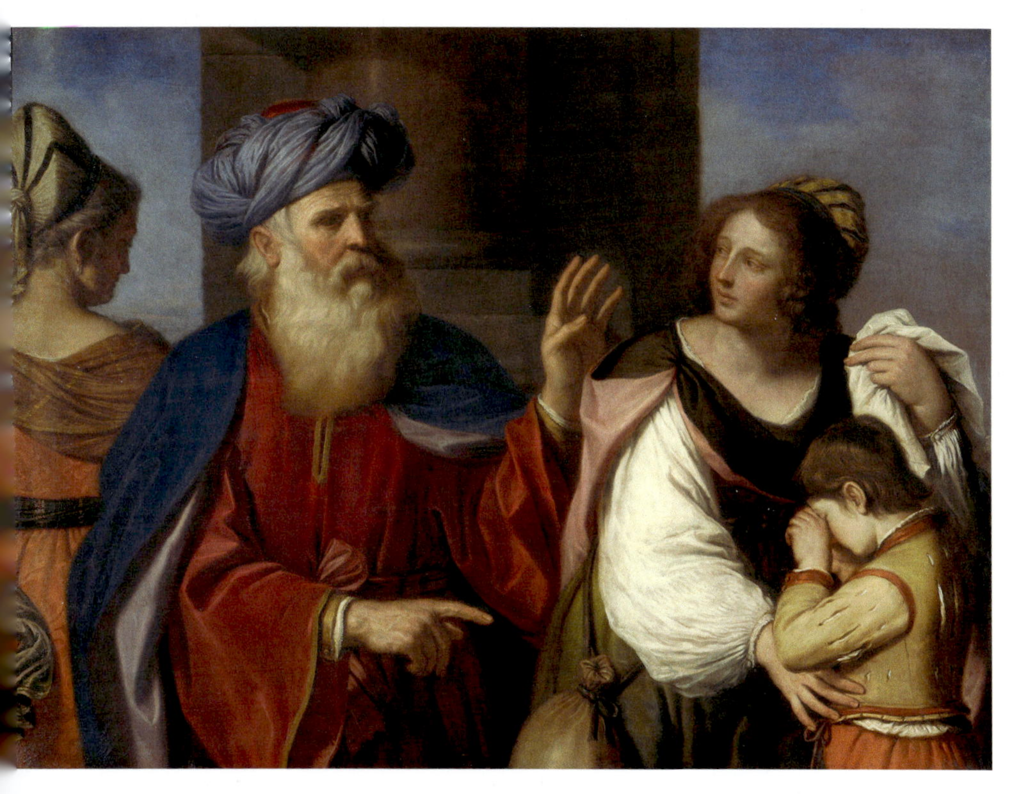

GUERCINO (GIOVANNI FRANCESCO BARBIERI), DIE VERBANNUNG VON HAGAR UND ISMAEL, 1657, ÖL AUF LEINWAND, 115 X 152 CM, PINACOTECA DI BRERA, MAILAND

ESSAY 3

SPREZZATURA, ODER DIE KUNST DER MÜHELOSIGKEIT

Die Erkenntnis entstand bei mir durch Fernsehkrimis. Früher habe ich zusammen mit meinem Vater und meiner Schwester *Derrick* geschaut, eine feste Gewohnheit bei uns. Und *Baantjer*, eine sehr bekannte niederländische Krimiserie um den Detektiv De Cock. Dann gab es eine scheinbar endlose Phase mit *Law & Order Special Victims Unit*. Danach brach die Ära der Qualitätskrimis an: *Luther*, *Die Brücke*, *The Killing*. Der Groschen fiel langsam, aber nachdem ich es einmal bemerkt hatte, war es nicht mehr zu übersehen: Die Detektive von heute stehen immer unter Druck. So sehr, dass ihre Familie sie kaum mehr zu sehen bekommen, ihre Ehen logischerweise auf dem Spiel stehen, und sie im Büro auf dem Schreibtisch schlafen. Oder der Drehbuchautor vergisst, überhaupt Schlafenszeit einzuplanen, sodass die Lösung eines Mordfalls gelegentlich gut und gerne 78 Stunden am Stück zu dauern scheint. Und wenn sie Single sind, greifen sich die Ermittler nach einem One-Night-Stand sofort den Laptop, um ihre Recherchen auf dem Bett fortzusetzen.

Olivia Benson, John Luther, die halbautistische Saga Norén: Sie alle haben furchtbar viel um die Ohren. Und das nicht, um Mitleid zu erregen, sondern um die Zuschauer zu beeindrucken: Unglaublich, dieser Ermittler oder diese Ermittlerin ist so besessen, dass sie nicht einmal Schlaf braucht!

Wenn Fernsehserien den Zeitgeist widerspiegeln, in dem sie entstanden sind, dann ist eines auffällig: Vielbeschäftigt zu sein ist zur Norm geworden. Wo sind die Zeiten geblieben, in denen Derrick mit seinen hochgezogenen Schultern und seinem Eulenblick einen Raum betrat, sich in Ruhe umsah, meiner Erinnerung nach auch einen Zahnstocher aus dem Mund nahm, um mit zwei interessierten Fragen den richtigen – unvorhergesehenen – Verdächtigen zu einem Geständnis zu bewegen?

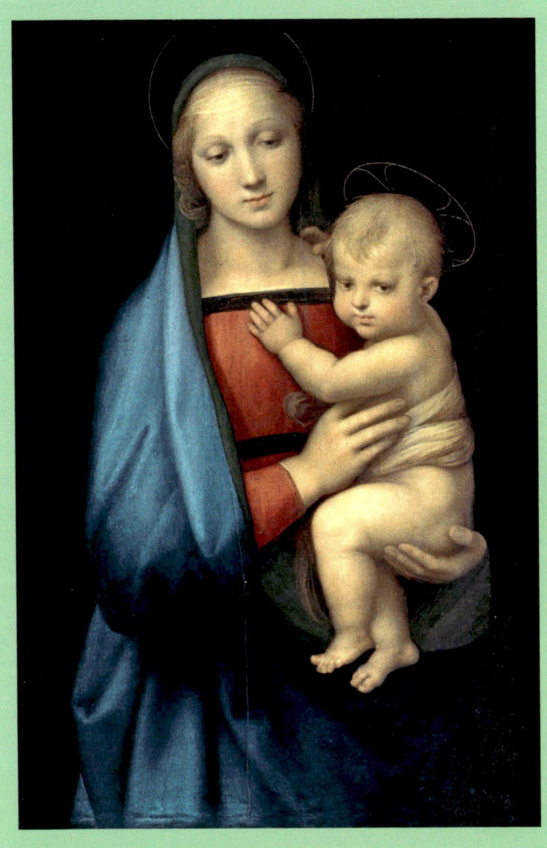

RAFFAEL, MADONNA DEL GRANDUCA, UM 1506, ÖL AUF HOLZ, 84,4 × 55,9 CM, PALAZZO PITTI, FLORENZ

Wir denken heute ganz anders über Arbeitsbelastung. Unmerklich hat sich unser Arbeitspensum allmählich an unsere Identität angeheftet. Prestigeträchtig ist heute nicht die Leichtigkeit, mit der man seine Dinge erledigt, sondern die Arbeitsbelastung, unter der man steht. Kommt man mit einem gut ausgebildeten Menschen in den 20ern, 30ern oder 40ern ins Gespräch, so ist die Chance groß, dass der Ausdruck »vielbeschäftigt« schon in den ersten Sätzen fällt, wenn nicht sogar das bedauernswerte »hektisch«. Dies gilt für Frauen wie für Männer. Meiner Erfahrung nach sagen es Frauen nur etwas direkter (»Wie geht es dir?« »Gut, ich habe wahnsinnig viel zu tun, du kennst das ja.«), während Männer die Frage häufiger als Neugier auf ihre aktuellen Aktivitäten interpretieren

(»Ich stecke mitten in Projekt A, Projekt B läuft traumhaft, enorme Gewinne, und Projekt C ist in Arbeit«). Viel zu tun = gut. Nichts zu tun = scheitern oder bestenfalls »in Ruhe auftanken«, um danach wieder loslegen zu können. Ständig beschäftigt zu sein ist, wie es scheint, zu einem Qualitätsmerkmal geworden. Wir beurteilen unser Leben nach einem neuen Kriterium: danach, wie ausgefüllt es ist. Wie in der Horror-Vacui-Architektur alter Moscheen, die von oben bis unten mit Formen, Farben und Kacheln dekoriert sind, darf kein einziges Fleckchen leer bleiben.

Für viele Kopfarbeiter ist Überarbeitung normal. Es hat eine Art »Kehrtwende« der Geschichte stattgefunden, schrieb Jonathan Witteman 2016 in der *Volkskrant:* Gut bezahlte, hochgebildete Banker und Anwälte des Amsterdamer Bankenviertels haben oft 80-Stunden-Wochen – das entspricht den Fabrikstunden, die Arbeiter im 19. Jahrhundert ableisten mussten. In einigen kreativen und akademischen Sektoren gelten in etwa ähnliche Arbeitszeiten (allerdings in der Regel mit anderen Gehältern). Im Durchschnitt machen Männer 3,7 und Frauen 2,4 Überstunden pro Woche, errechnete das niederländische Statistische Bundesamt (CBS) im Jahr 2013 (neuere Zahlen liegen nicht vor). Dabei machen etwa die Hälfte der Männer mit höherem Bildungsniveau Überstunden, bei den Männern mit niedrigerem Bildungsniveau sind es nur ein Viertel. Wer Kopfarbeit leistet, lässt seinen Bildschirm abends einfach angeschaltet, wohingegen Schweißen oder Polstern am Abend weniger selbstverständlich sind. Überstunden zu entgelten ist bei Kopfarbeitern nicht üblich, was auch darauf hindeutet, dass Prestige hier eine Rolle spielt. Die Technik trägt ihr Übriges dazu bei: Smartphones haben die Grenzen zwischen Arbeit und Privatleben perforiert. Twitter und Instagram werden von vielen Menschen für berufliche und private Zwecke genutzt, gleichzeitig oder nacheinander.

Ganz anders hört sich Folgendes an: »Ich habe ... eine Regel gefunden, die mir allgemein gültig zu sein scheint, bei allen menschlichen Taten und Reden: man muss jede Ziererei gleich einer spritzigen und gefährlichen Klippe vermeiden und, um eine neue Wendung zu gebrauchen, eine gewisse Nachlässigkeit zur Schau tragen, die die angewandte Mühe verbirgt und alles, was man tut und spricht, als ohne die geringste Kunst und gleichsam absichtslos hervorgebracht erscheinen lässt.«

Diese Aussage hat Baldassare Castiglione, ein Diplomat am Hof von Guidobaldo da Montefeltro, in seinem berühmten Buch *Der Hofmann (Il Cortegiano)* von 1528 der Figur des Grafen Lodovico da Canossa in den Mund gelegt; den es übrigens wirklich gab, genau wie die anderen Hofmänner in diesem Buch. Unter Leitung der schlagfertigen Herzogin Elisabetta Gonzaga führen sie kluge und schöne Debatten, wie in einem Spiel, über die Frage, welche Eigenschaften ein nobles Leben auszeichnen, über Liebe, Führungsqualitäten, das Schickliche und Angemessene, kurzum: über das gute Leben. Das Buch war gewissermaßen die Blaupause für den späteren englischen »Gentleman«. Castiglione führt hier zum ersten Mal den Begriff der *sprezzatura* ein. Er legt es Graf Lodovico in den Mund, der anschließend etwas formuliert, was man als einen ziemlich gnadenlosen Kommentar auf unsere derzeitige krampfhafte Betriebsamkeit lesen könnte, weshalb ich einfach den ganzen Absatz zitiere:

»Davon leitet sich, glaube ich, am meisten die Anmut ab; denn jedermann kennt genau die Schwierigkeiten, die oft bei seltenen und wohl durchgeführten Handlungen zu besiegen gewesen ist, und so wird diese Leichtigkeit die allergrößte Bewunderung erzeugen, während deren Gegenteil, das Herbeiziehn bei den Haaren, wie man sich auszudrücken pflegt, jedes Ding minderwertig erscheinen lässt, wie wichtig es auch sei. Daher kann man sagen, dort sei die wahre Kunst, wo man die Kunst nicht sieht, so dass es die Hauptsorge sein muss, sie zu verbergen; kommt sie zu Tage, ist alles Vertrauen verloren, und der Mann verachtet.«

Na bitte, Olivia Benson. Echte Arbeit sieht nicht nach harter Arbeit aus. Mit *sprezzatura* erweckt man den Eindruck von Leichtigkeit, was nach Castiglione am erstrebenswertesten ist, weil es jede Leistung angenehmer und überzeugender machen kann. Kurz gesagt bedeutet es: Belaste den anderen nicht damit, wie schwierig etwas ist, denn das ruiniert den guten Eindruck, den du erweckst.

Castiglione sprach von noblem Verhalten im weitesten Sinne, aber in der bildenden Kunst (und auch in der Musik) wurde *sprezzatura* schnell zu einem geflügelten Wort, um die gelehrte Spontaneität des Künstlers als höchste Qualität hervorzuheben. Castiglione war mit Raffael befreundet, der auch sein berühmtes Porträt gemalt hat; nicht von ungefähr war Raffael der bedeutendste Künstler, dessen Werke ihrer *sprezzatura* wegen gerühmt wurden. Der Biograf Giorgio Vasari, der kurz nach Castigliones *Hofmann* seine Bücher über die Leben der Künstler schrieb, verwendet den Begriff *sprezzatura* nirgends. Doch auch er hielt es für eine wesentliche Voraussetzung des Kunstgenusses, dass der Künstler die Mühe und Arbeit, die in seine schöpferische Tätigkeit eingegangen sind, verberge. Vasari zufolge verstand es Michelangelo am besten, den Schwierigkeitsgrad seiner Arbeit zu verschleiern. Bei ihm scheine es, als sei sein Werk mühelos entstanden. Spätere Autoren haben auf die Neigung Michelangelos und Berninis (dem bedeutendsten Künstler des Barock) hingewiesen, die Zeichnungen und Skizzen, die ihren Skulpturen vorangingen, zu vernichten, und haben dies als *sprezzatura in optima forma* interpretiert;

denn schließlich hätten die Skizzen die Plackerei verraten, die unsichtbar bleiben sollte. *Sprezzatura* ist also eine natürliche *gratie* (Vasaris Lieblingswort), die auf unnatürliche Weise entstanden ist. Das ist es, was Künstler tun: Sie erwecken eine Illusion natürlicher, manchmal sogar göttlicher Schönheit.

Plötzlich dachte ich an Kellner. Welcher Kellner fällt auf? Derjenige, der einem in einem rappelvollen Restaurant das Gefühl vermittelt, der einzige Gast zu sein. Das zu können, während man für 30 Tische verantwortlich ist: das ist *sprezzatura*. Die Balletttänzerin, die schwerelos zu sein scheint, oder auch die dreifache Pirouette von Sanne Wevers auf dem Schwebebalken. Oder der Servicemitarbeiter am Telefon, der sich Zeit nimmt. Der Lehrer, der 30 anspruchsvolle Kinder in seiner Klasse hat, mit noch anspruchsvolleren Eltern, und einem Gehalt, das kaum für einen Urlaub reicht, und der dennoch jedes Kind so sieht, wie es ist.

Es gibt Büros, in denen als ungeschriebenes Gesetz gilt, dass man bis weit nach der Essens- und möglichen Schlafenszeit der Kinder bleibt. Ich kenne aber auch jemanden, der in der Medienbranche, in der es auf Schnelligkeit ankommt, arbeitet und für dessen ganzes Büro gilt: Wenn du um fünf Uhr deine Arbeit noch nicht erledigt hast, machst du etwas falsch. Dann mangelt es dir an Konzentrationsvermögen.

Scheinbar mühelose Leistungen zu erbringen, erfordert Konzentration und Disziplin. Aber genau darin liegt das Problem. »Die meisten Kopfarbeiter kommunizieren den ganzen Tag wie verrückt«, sagte der amerikanische Mathematiker und Konzentrationsexperte Cal Newport 2016 in einem Interview. »Wir lassen uns unseren Rhythmus von unserer Mailbox, unserem Telefon und unseren Terminen diktieren. Wir schieben Informationen hin und her und nennen das Arbeit.«

Viele Kopfarbeiter arbeiten abends einfach weiter. Denn Dinge, die wirklich Aufmerksamkeit erfordern, Texte, die geschrieben werden müssen, Konzepte, die entworfen werden müssen, erfordern Konzentration. Und Ablenkung ist der große Feind der Konzentration.

Die *New York Times* veröffentlichte 2016 einen Artikel über die Einbuße an geistiger Leistungsfähigkeit durch Ablenkung. Die Zeitung hatte zwei Forscher der Carnegie Mellon University in Pennsylvania gebeten, dies experimentell zu messen. 136 Personen nahmen an einem standardisierten kognitiven Leistungstest teil. Die Aufgabe bestand darin, einen Text durchzulesen und Fragen darüber zu beantworten. Die Teilnehmer wurden in drei Gruppen aufgeteilt; die erste Gruppe machte den Test ohne Ablenkung, die zweite und die dritte Gruppe wurden zweimal gestört. Dann wurde der Test noch einmal wiederholt.

Die erste Gruppe führte ihn erneut ohne Ablenkung durch, aber nun wurde nur die zweite Gruppe abgelenkt. Die dritte Gruppe erwartete eine Ablenkung, die aber nicht eintrat.

Das Ergebnis des ersten Tests: Die abgelenkten Gruppen schnitten 20 Prozent schlechter als die nicht abgelenkten ab. Der durch die Ablenkung hervorgerufene *braindrain* hat sie also um 20 Prozent »dümmer« gemacht, als sie hätten sein können. Das Ergebnis des zweiten Tests war überraschender: Gruppe zwei schnitt weniger schlecht ab als beim ersten Mal: 14 statt 20 Prozent, was gewissermaßen darauf hindeuten könnte, dass man sich an Ablenkung gewöhnen kann. Gruppe drei, die Gruppe, die Ablenkung erwartete, aber nicht abgelenkt wurde, schnitt im zweiten Test plötzlich überraschend gut ab: Sie verbesserte sich um 43 Prozent.

Nach Auffassung der Wissenschaftler lässt dies den Schluss zu, dass sich das Gehirn schnell anpasst. Es kann also bis zu einem gewissen Maße lernen, mit Ablenkung umzugehen. Dennoch schnitt die konzentrierte Gruppe (die erste Gruppe) immer noch am besten ab; das Gehirn ist nicht dafür gemacht, ständig zwischen Themen hin und her zu springen.

Robbert Dijkgraaf, Direktor des Institute for Advanced Study in Princeton, an dem tiefe Konzentration gefördert wird, beschrieb im *NRC Handelsblad* die Bedeutung von Ruhe für seine Mitarbeiter wie folgt: »Betrachten Sie es als etwas, das auf dem Grund eines Schwimmbeckens liegt: Nur wenn das Wasser völlig ruhig ist, können Sie es sehen. Diese Stille ist notwendig.«

Die Beschleunigung, die Technologie und die völlige Selbstverständlichkeit, online zu sein, setzen der Konzentration heute gehörig zu. Wir sind ständig mit irgendetwas beschäftigt, unsere Zeit füllt sich. Wir leben in einer Zeit des – um noch einen echten Kunstbegriff zu verwenden – *horror vacui*: der Angst vor der Leere. Ein Begriff aus der antiken Kunst, der einen Stil beschreibt, bei dem Vasen und andere Oberflächen vollflächig bemalt wurden. So fühlt es sich heute für viele von uns an: immer erreichbar, immer beschäftigt, immer verbunden. Bei der niederländischen Podcast-Reihe *VPRO Tegenlicht* gab es eine Folge und eine App *(White Spots App)* über »weiße Flecken«, also über die wenigen Orte auf der Erde, an denen es überhaupt keinen Empfang gibt. Schon bald wird es auf der Welt eine 100-prozentige digitale Abdeckung geben, und dann werden wir überall auffindbar sein. Das wirft Dilemmata auf, denn neben der Bedrohung der Privatsphäre und dem Strahlungsrisiko birgt das auch Gefahren für unsere Ruhe und Konzentration in sich.

Castiglione hat für den Hofmann einen Verhaltenskodex formuliert, doch Verhaltensregeln hinken der Technik immer hinterher. Wie sollen wir mit neuen Geräten umgehen, die heute jeder hat? Und die – so viel ist deutlich – das Gehirn seiner Fähigkeit zu tiefer Konzentration berauben? Wie kann der

Mensch angesichts der heutigen Herausforderungen sein Handeln noch mit *sprezzatura* anreichern?

In erster Linie durch Disziplin, nicht anders als zu Castigliones Zeiten. *Sprezzatura* ist bewusst geschaffene Ruhe, um sich und andere zu beruhigen. Denn es gibt einen guten Grund, die eigenen Mühen ein wenig zu kaschieren: Wenig ist so ansteckend wie Stress. Messen Sie also der Frage »Wie geht es dir?« nicht zu viel Gewicht bei. Jemand, der darauf schnurstracks antwortet »Ich habe furchtbar viel zu tun«, zieht in Wirklichkeit ein Schwert. *En garde, und jetzt du, wie beschäftigt bist du? Waaaahnsinnig beschäftigt! Wirklich? Was soll ich da erst sagen!* Das Resultat ist ein Gespräch, das an ein Wortgefecht zweier schlapper Kampfhähne erinnert. Oder, was noch schlimmer ist, Mitleid erweckt (»Ach, du Arme, wie bitter für dich«). Führt das zu einem Gespräch, mit dem Sie Ihre doch so äußerst knappe Zeit verbringen möchten?

Was dem Ganzen die Krone aufsetzt, ist ein Vorgesetzter, der zu viel Arbeitsbelastung ausstrahlt. Arbeitsplätze mit gestressten Chefs werden leicht zu einer Art Rattenkäfige ohne Futter – jederzeit kann hier einer anfangen, den anderen aufzufressen. Disziplin also! *Work smarter, not harder* – die 20 Prozent Intelligenzeinbuße wegen zweier Ablenkungen im Test der New York Times fand ich ziemlich ernüchternd. Wenn wir uns Zeit für tiefe Konzentration nehmen, steigert das unsere Leistung. Stimmt doch, oder etwa nicht?

Die Sache hat offenbar einen Haken. Und das könnte der Schlüssel zu einem Leben als wahrer moderner *cortegiano* sein, mit einem kreativen, produktiven Dasein voll spontaner *sprezzatura*:

Denn Konzentration wird, wie sich erweist, auch überschätzt. Zumindest, wenn wir einem wunderbaren Artikel von Richard Fisher in der Zeitschrift *The New Scientist* aus dem Jahr 2012 Glauben schenken dürfen. Ja, Zeit ist wichtig, wenn es um Konzentration geht, und Zeit scheint sich sogar auszudehnen, wenn man in einen Zustand tiefer Konzentration gelangt, in dem sich die Wahrnehmungsfähigkeit auf ein neues Niveau erhöht. Aber für Lösungen, die Kreativität erfordern, ist Konzentration nicht das Mittel der Wahl, argumentiert Fisher. Jonathan Schooler von der University of California hat herausgefunden, dass gerade das abgelenkte Gehirn bei Problemen, die keine analytische, sondern eine unkonventionelle Herangehensweise erfordern, schneller zu Lösungen gelangt.

Lange Zeit galt die Ablenkbarkeit als Fehler. Und tatsächlich schneiden Menschen mit höherer Konzentrationsfähigkeit bei der Lösung analytischer Probleme am besten ab. Legt man Probanden jedoch ein Problem vor, das eine kreative Lösung erfordert, fallen die Ergebnisse völlig anders aus. *Eine* Studie hat sogar gezeigt, dass Menschen mit der Aufmerksamkeitsstörung ADHS viel besser punkten als Menschen mit einer hohen analytischen Fähigkeit, wenn es darum geht, sich Anwendungen für ein bestimmtes Objekt auszudenken.

Um nachzuweisen, dass Kreativität tatsächlich durch Ablenkung verstärkt wird, forderte Schooler zwei Gruppen dazu auf, sich Anwendungsmöglichkeiten für einen Ziegelstein auszudenken. Danach wurde der ersten Gruppe eine einfache Aufgabe gestellt. Die andere Gruppe bekam eine Aufgabe, die hohe Konzentration erforderte. Zuletzt wurden beide Gruppen gebeten, *erneut* über den Ziegelstein nachzudenken. Die »Tagträumer« der ersten Gruppe fanden dabei im Durchschnitt 40 Prozent mehr Lösungen als in der ersten Runde. Bei der anderen Gruppe war kaum eine Steigerung zu verbuchen. Aufschlussreich ist, dass die »Träumer« angaben, bei der Bearbeitung der einfachen Aufgabe nicht an den Stein gedacht zu haben. Während ihre Gedanken abschweiften, arbeitete ihr Gehirn also weiter. »Ihrem Kopf wurde eine Art unbewusster Prozess zugestanden«, sagt Schooler.

Lösungen für die Verwendung eines Steins zu finden, ist nicht das Gleiche wie Kunst zu schaffen oder ein bahnbrechendes Konzept für ein Unternehmen zu entwickeln. Und Ablenkungen durch anspruchsvolle Apps und E-Mails sind etwas anderes als das bloße Abschweifen von Gedanken. Aber der Artikel zeigt doch, wie auch eine Handvoll anderer Studien, dass auch tiefe Konzentration kein Allheilmittel ist. Wenn man die Zügel locker und den Gedanken freien Lauf lässt, entsteht Raum für neue Erkenntnisse. Das erklärt zum Teil, warum gute Ideen oft unerreichbar scheinen, wenn man sich zu stark darauf konzentriert.

Sogar Witze zu hören, kann hilfreich sein: Nachdem sich Studierende einen Auftritt des Komikers Robin Williams angesehen hatten, kamen sie zu besseren Lösungen für ein kompliziertes Sprachrätsel. Fast 500 Jahre nach Castigliones *Hofmann* erscheint das fast wie ein Plädoyer dafür, zwischen tiefer Konzentration und der notwendigen Entspannung und Leichtigkeit, die sich im Begriff der *sprezzatura* vereinen, abzuwechseln. Denn in diesem Zustand kommt das Beste in uns zum Vorschein.

Genau das erkennen wir, wenn wir uns von einem Kunstwerk überzeugt fühlen, und zwar so überzeugt, dass es lebendig zu sein scheint, oder wir zumindest so sehr in seiner Illusion aufgehen, dass es uns aus dem Konzept zu bringen und mitzureißen vermag. Es verhält sich ein bisschen wie beim Detektiv De Cock, dem nach einem langen Ermittlungstag immer bei einem Drink in seiner Stammkneipe die entscheidende Eingebung für die Lösung des Mordfalls kommt. Als würde sie ihm mühelos zufallen.

MARIAS TRÄNEN

1974 musste Marina Abramović von Umstehenden gerettet werden, als sie für die Performance *Rhythm 5* nackt innerhalb eines großen Sterns aus Kerzen lag. Der Sauerstoff war aufgebraucht und sie verlor das Bewusstsein. Die Zuschauer bemerkten es erst, als ihre Beine Feuer fingen und sie nicht reagierte. Das waren die Jahre ihrer extremsten Performances. Sie lag nackt auf Eis, während ein glühendes Gitter einige Zentimeter über ihrem Körper hing. Sie tanzte nackt in einer Galerie, bis sie bewusstlos umfiel, sie bürstete ihr Haar und ihr Gesicht blutig, während sie das Mantra *art must be beautiful, artist must be beautiful* rhythmisch wiederholte. Der Körper stand in Marina Abramovićs Kunst schon immer im Mittelpunkt. Die Grenzen der Belastbarkeit bildeten den Rahmen.

Das waren die 70er Jahre. Im ersten Jahrzehnt dieses Jahrhunderts setzte sie ihre Arbeit fort, manchmal mit Wiederaufführungen, oft mit neuen Werken. Marina Abramović war *die* Künstlerin des Körpers: des Kampfes zwischen Körper und Umgebung, Körper und Erwartung, Körper und Geist. Und alles kommt dank der Dynamik mit dem Publikum zustande. Ihm überträgt sie fast genauso viel Verantwortung wie sich selbst, manchmal sogar mehr.

Und dann, um 2010, begann eine neue Ära, in der der Körper das Nachsehen hatte. Die Technik forderte ihren Platz im physischen Leben. Wir schauen auf einen Bildschirm, statt uns gegenseitig anzuschauen. Wir vertrauen der Stimme eines Roboters statt dem körperlichen Gedächtnis. Im Internet verabreden wir uns, ohne zu wissen, wie wir riechen, wir *liken* Menschen, die wir noch nie gesehen haben, wir machen Menschen nieder, die uns nichts getan haben, als ob wir auf einen Knopf drücken würden wie bei dem berüchtigten Milgram-Experiment aus dem Jahr 1963, in dem Menschen andere auf Befehl aus der Distanz heraus gefoltert haben. Wir

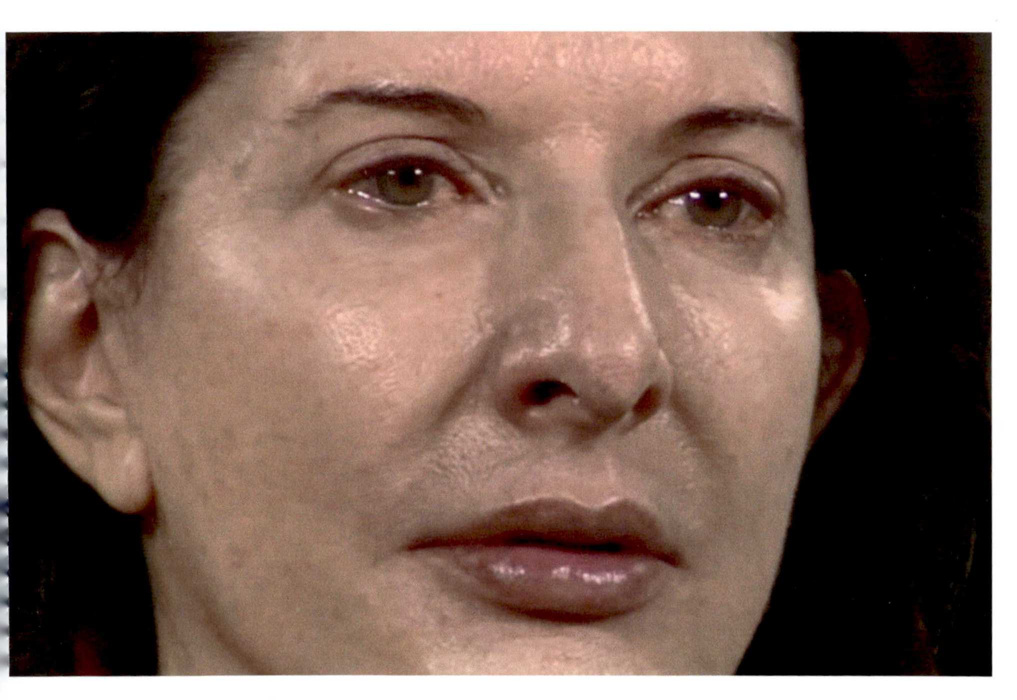

bestrafen einen Unbekannten, ohne auch nur eine Sekunde an die Folgen im Körper zu denken. Die Albträume, der Stress, die Migräneanfälle, die Scham, die zum Suizid führen kann: Was man in den sozialen Medien postet, scheint flüchtig zu sein, doch es setzt sich im Körper fest.

Als im März 2010 Abramovićs *The Artist Is Present* im MoMA der Presse vorgestellt wurde, war es nicht selbstverständlich, ob das Publikum davon angezogen werden würde. Der Kritiker Holland Cotter von der *New York Times* fragte sich laut, ob das funktionieren könne. »In gewisser Weise ist das Ganze ein Akt der Selbstbeweihräucherung in der Ego-Olympiade der Kunstwelt, und das ist nicht besonders interessant.« Hin und wieder, so hoffte sie, würde wohl ein Besucher auf dem Stuhl ihr gegenüber Platz nehmen. Das taten dann 1400. Die Schlangen vor dem MoMA waren endlos, die Leute campierten nachts vor der Tür. Im Nachhinein bezeichnete Cotter die Aufführung als »eine 700-stündige Oper«. Mit Abramović als Primadonna und dem Publikum als Chor, Statisten und zweite Stimme.

Das Kunstwerk wurde beispielhaft für das folgende Jahrzehnt: Es war das erste Kunstwerk, das viral ging und damit ein digitales Millionenpublikum erreichte. Wie ironisch für ein Werk, in dem es um körperliche Präsenz geht. Darum, sich gegenseitig anzuschauen, sich Zeit zu nehmen, um Kontakt in der physischen Wirklichkeit. Nur wenn man jemandem gegenübersitzt, kann man spüren, wie intensiv, generös, überwältigend oder beängstigend ein direkter Blick ist. Diese Selbstverständlichkeit ist uns in den letzten zehn Jahren völlig abhandengekommen. Die Kunst reagiert auf dieses Verschwinden des Körpers – umarmend, abweisend, schreiend und flüsternd.

Die körperliche Präsenz und der Blick von Marina Abramović wurden als emotional, ja sogar devotional erlebt. Sie wurde zu einem modernen Altar, der, wie Mutter Maria, wirklich in das Auge des Betrachters zurückblickte. Sie selbst wirkte manchmal stoisch. Bis auch hier die Grenze gefunden wurde. Als ihr Ex-Partner Ulay, mit dem sie ihr wichtigstes Werk in den 70er Jahren geschaffen hatte, ihr gegenüber Platz nahm, zerbarst eine lautlose Bombe. Die stumme Oper gelangte zu ihrem Höhepunkt. Mutter Maria trat aus ihrem Rahmen, beugte sich vor und ergriff weinend die Hände ihrer großen Liebe. Das ging viral, abgesehen von dem Herzklopfen. Das war nur im Raum selbst zu spüren.

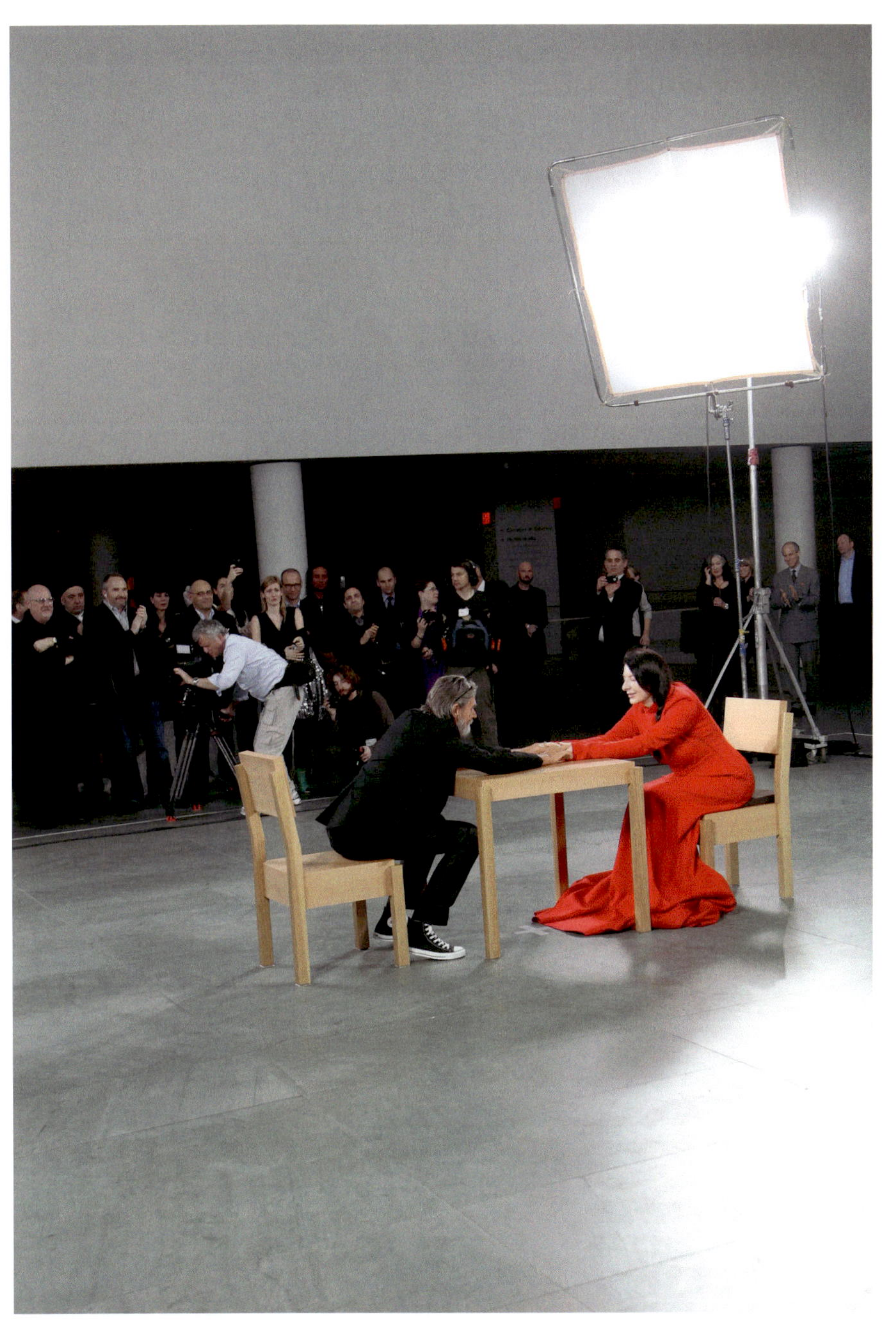

MARINA ABRAMOVIĆ, THE ARTIST IS PRESENT, PERFORMANCE, 700 STUNDEN, 14. MÄRZ 2010 – 31. MAI 2010, MUSEUM OF MODERN ART, NEW YORK

MÉNAGER – MIT DER ZEIT HAUSHALTEN

Es gibt Traditionen, die sich nicht wie Vereinbarungen anfühlen, sondern eher wie Gegebenheiten. So, als hätte sie sich nie jemand ausgedacht. Die Winterzeit zum Beispiel. Die Uhr wird wieder eine Stunde zurückgestellt. Man kann eine Stunde länger schlafen, es wird eine Stunde früher dunkel. Kaum jemand muss die Zeit noch umstellen – das erledigen die Digitaluhren für uns. Ich war überrascht, als ich las, dass es die Umstellung auf Sommer- und Winterzeit erst seit 1980 gibt. Als Grund dafür wurde die Möglichkeit gesehen, auf diese Weise Energie einzusparen. Im Sommer eine Stunde länger das Sonnenlicht nutzen zu können, bedeutet, eine Stunde weniger elektrisches Licht zu verwenden. Das sah man während der Ölkrise in den 70er Jahren als entscheidend an.

Unser Umgang mit der Zeit hängt von den Maschinen ab, die wir zur Zeiterfassung erfinden. Der Begriff Zeitmanagement, eine moderne Form, den Schein der Kontrolle über unser Leben zu wahren, ist im 17. Jahrhundert ersonnen worden, las ich in einer Studie von Linda Eversteijn über Taschenuhren in Gemälden. Das französische Wort *ménager* bedeutet hauszuhalten, sparsam mit etwas umzugehen. Und als es für reiche Leute Mode wurde, eine Taschenuhr zu tragen, begannen sie, das Wort zu verwenden, wenn sie über die Zeit sprachen. Der Umgang mit der Zeit änderte sich im Laufe dieses Jahrhunderts. Wir haben einen Rhythmus erschaffen, eine beruhigend tickende Uhr, die mit uns lebte und uns eine Routine gab. Während die Menschen jahrhundertelang nur Kirchenglocken kannten oder sich an der Sonne orientieren mussten, wurde mit dem Aufkommen der Uhren das Zeitbewusstsein für immer mehr Menschen konkret.

Sie waren darauf auch ziemlich stolz. Entsprechend vielen Uhren begegne ich auf Porträts und Stillleben. Wie diesem goldenen Ding hier, superdetailliert, ein Prunkstück des Erfindungsgeistes. Linda Eversteijn zufolge liegt

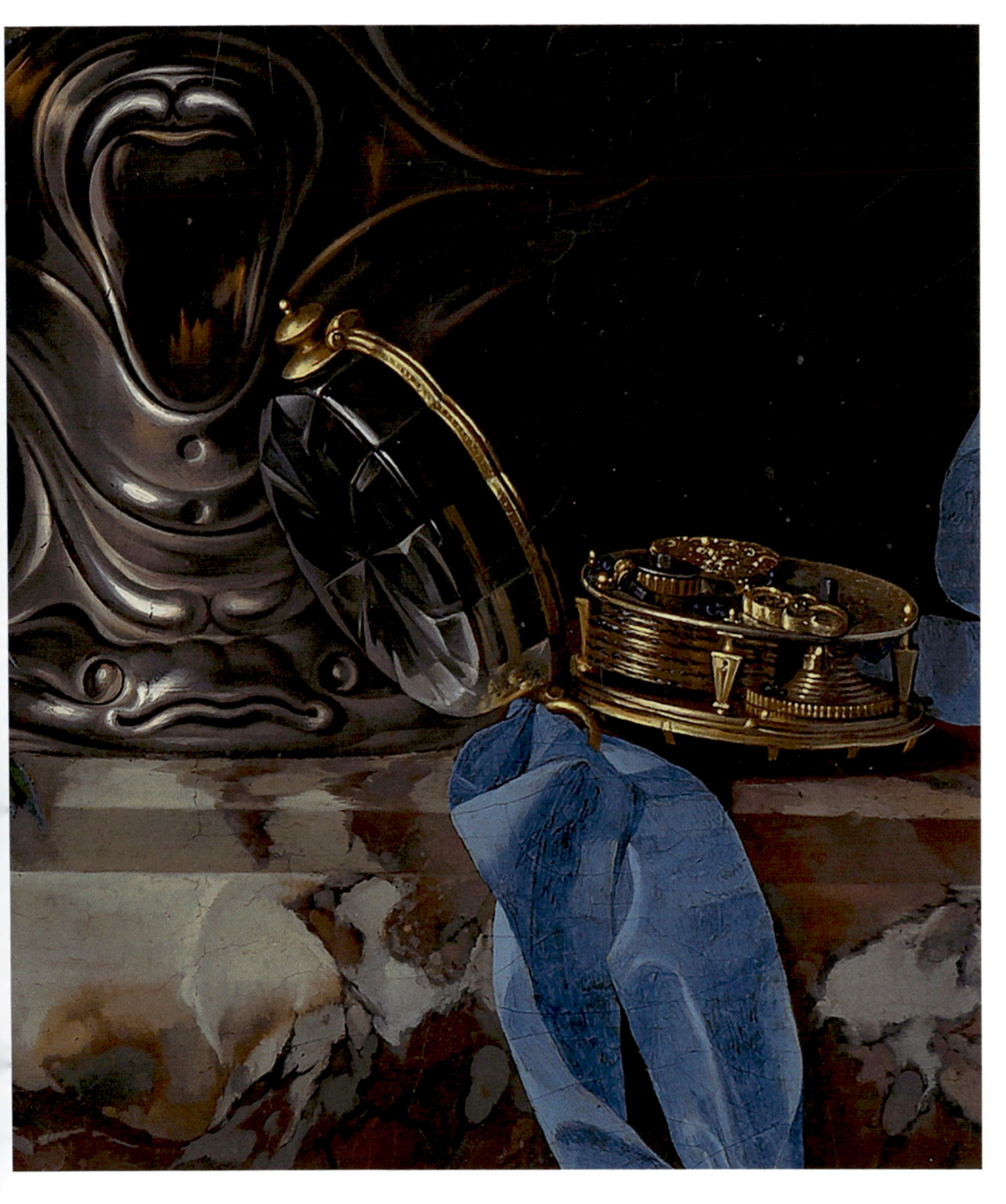

darin auch der Grund für dieses Detail. Am Telefon sagte sie mir: »Auf der einen Seite sieht man die Pracht der Natur, mit all den Blumen und Insekten, auf der anderen Seite die Pracht des menschlichen Könnens, mit der Uhr.« Stillleben werden ihrer Ansicht nach ziemlich oft überinterpretiert. Die Kunstwerke zelebrieren vor allem die göttliche und menschliche Schaffenskraft und das Talent der Künstler, mit ihrer Kunst die Sinne zu stimulieren. Das war schon wundersam genug.

Natürlich symbolisiert die Zeit in einem Gemälde die Vergänglichkeit der Existenz, sei es in Form einer Sanduhr, einer Kerze oder einer mechanischen Uhr. Wir haben nur eine kurze Zeit, nutze sie. Aber so ein Gemälde präsentiert auch einfach die Gadgets des Goldenen Zeitalters. Warum sonst sollte von dieser Uhr nur die Rückseite zu sehen sein? Das ist nicht die einzige gemalte Uhr, deren Zifferblatt nicht zu sehen ist. Der Maler möchte, dass wir die Technik sehen, die hinter ihr steckt.

Ich fragte mich, wie das Ding wohl im Ganzen aussieht. Menno Hoencamp, Uhrenrestaurator und Gutachter, erkannte sie sofort. »Die Uhr ist aus Bergkristall, sternförmig geschliffen«, sagt er. »Sehen Sie, auch von unten können Sie die Kristallplatte, die das Zifferblatt bedeckt, in der goldenen Fassung sehen. An den tulpenförmigen Beinchen an den Seiten erkennt man, dass es sich um eine holländische Uhr handelt.« Das Zifferblatt war wahrscheinlich aus Silber und mit einer ornamentalen Darstellung graviert und sie hatte nur einen Zeiger: »Bevor Christiaan Huygens 1656 das Patent für das Pendeluhrwerk bekam, sind Uhren mit einem Minutenzeiger selten. Diese Uhr stammt aus der Zeit um 1630 bis 1635.« Das Kunstvollste, was wir hier sehen, sei der Kloben, erklärte er, das große runde Teil, das die Unruh schützt. Er war oft sehr schön verziert und bearbeitet – später fertigte man manchmal eine Brosche daraus. Auch bei diesem Exemplar ist die Oberfläche verziert. Bei einer Uhr schenkte man sowohl Ober- als auch der Unterseite Beachtung.

Vom Ablesen der Zeit am Flug der Zugvögel und am Mond, an Kirchenglocken und sorgfältig gefertigten Uhren, die Familien über Generationen hinweg begleiteten, bis hin zum Smartphone, das sich selbst einstellt, ganz gleich wo auf der Welt wir uns befinden, und auch jeden Wechsel zwischen Sommer- und Winterzeit registriert, hat sich einiges verändert. Wie wir mit der Zeit umgehen, bestimmt auch, wer wir sind.

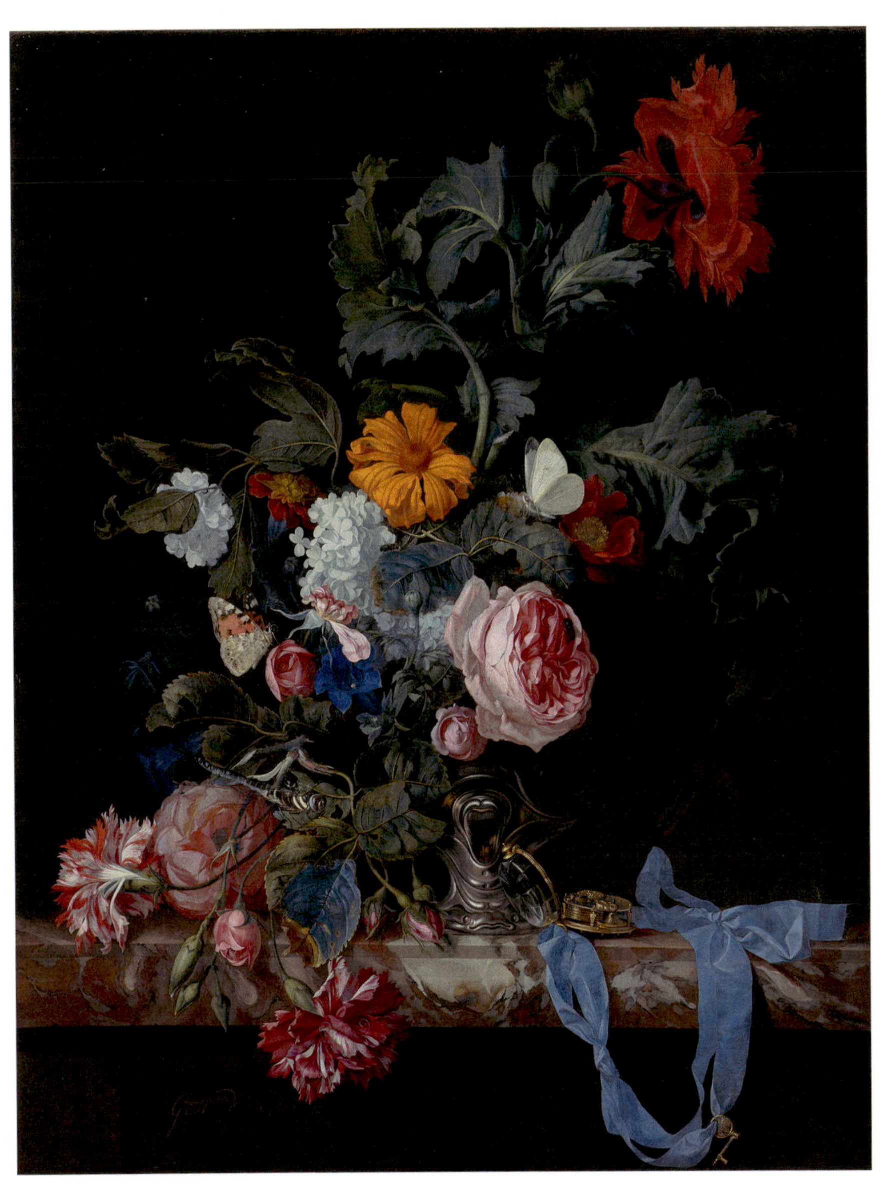

WILLEM VAN AELST, STILLLEBEN MIT BLUMEN UND EINER UHR, 1663, ÖL AUF LEINWAND, 62,5 X 49 CM, MUSEUM HET MAURITSHUIS, DEN HAAG

VISUELLE GESCHICHTE

Der Kontext verändert die Bedeutung. Wenn man dieses Detail isoliert, es hier zum Beispiel auf einer ganzen Seite präsentiert, kann man sich kaum vorstellen, dass viele Menschen an diesem Werk einfach vorbeigingen. Ein kräftiger, muskulöser Mann aus wunderschönem schwarzem Ebenholz, etwa in halber Lebensgröße, schaut angespannt oder besorgt nach oben. Um seinen Hals liegt eine doppelt geschlungene Kette, in einer braunen Farbe, als wäre sie aus rostigem Eisen. In Venedig steht diese Skulptur in einem großen Ballsaal des Stadtpalastes Ca' Rezzonico aus dem 18. Jahrhundert, inmitten von Skulpturen und Gemälden, die die weitgereiste Wesensart einer wohlhabenden Familie zelebrieren. Wie verhält man sich als Betrachter zu einer Skulptur, die einen Mann als Sklaven darstellt? Nicht betrachten? Dennoch betrachten? Und als Museum? Sie entfernen, sie erläutern? Sie formal-ästhetisch beschreiben und so tun, als würde man nichts bemerken?

Visuelle Geschichte ist auch Teil der Geschichte und kann auch einen Beitrag zum Verständnis der Vergangenheit und von uns selbst leisten. So findet sich die Grundlage für das Kostüm des *Zwarte Piet*, dem Gehilfen des Nikolaus, in niederländischen Gemälden des 17. Jahrhunderts, in Darstellungen von Pagen und Kindersklaven; aber auch mit der Kleidung spanischer Adliger lassen sich Übereinstimmungen erkennen. Es lohnt sich, dies einmal im Zusammenhang zu sehen.

Die Kunst bietet einen Kontext, der uns eine breitere Sichtweise auf die Geschichte eröffnet, die zur Entstehung der Gegenwart beigetragen hat. Heikel ist daran allerdings, dass uns eine solche Skulptur noch wenig sicheres Wissen liefert, sie könnte auch der künstlerischen Fantasie entsprungen sein. Die Wirklichkeit ist ja in vielerlei Hinsicht zurechtgebogen und manipuliert, die Kunstgeschichte ist daher auch gespickt mit *Fake News*-Darstellungen von Kriegen und Plantagen, Seeschlachten und städtischen

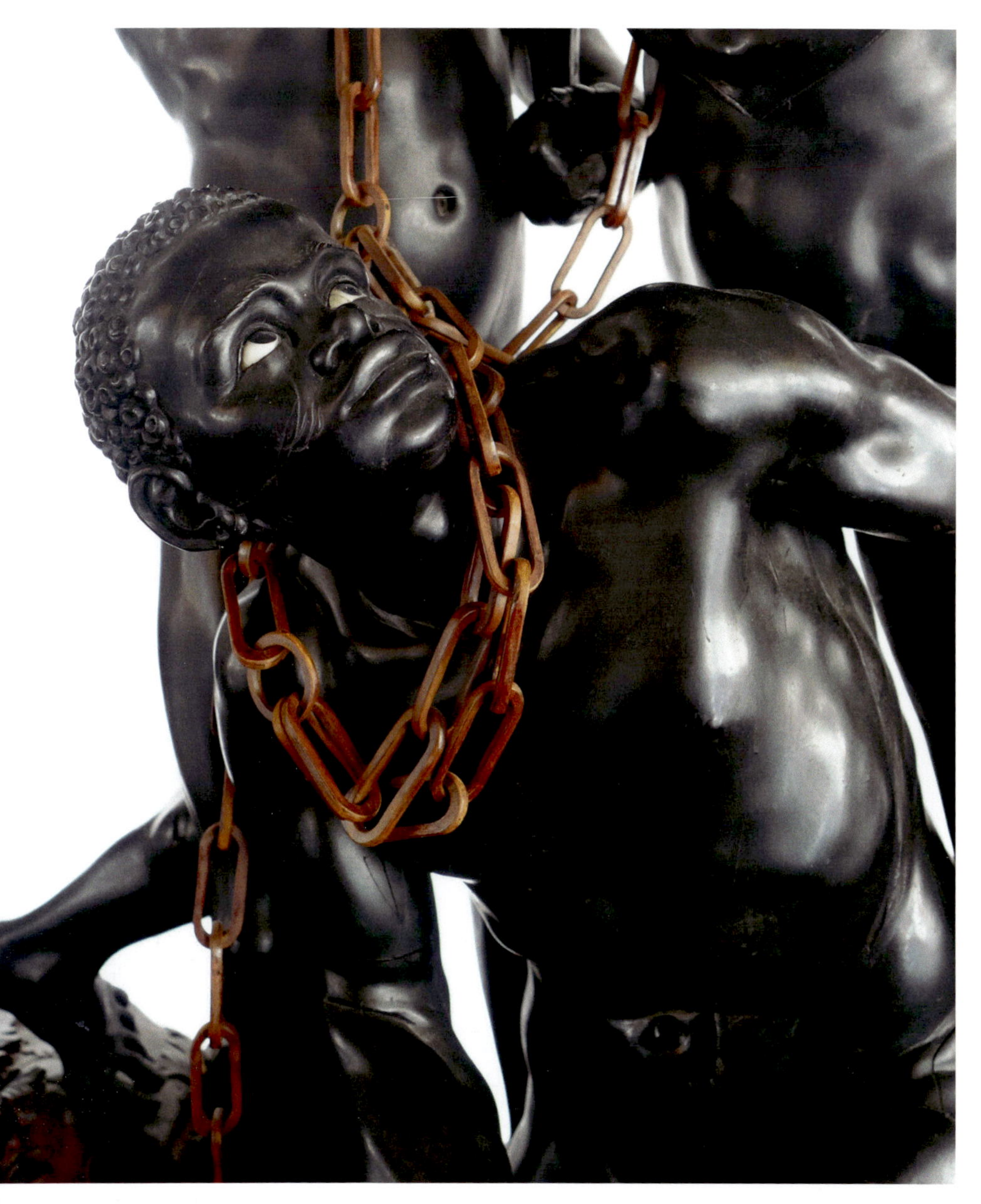

Ereignissen. Aber auch dann kann man aus diesen Darstellungen noch einiges über die Vorstellungen und Ideen einer Zeit lernen. So wie hier bei dieser Skulptur in Venedig, wo sich die Dinge auch nicht so eindeutig verhalten, wie es dieses Detail suggeriert.

Der Mann, der hier als Sklave dargestellt ist, hat Gesellschaft: zwei andere nackte Männer, Herkules, den dreiköpfigen Hund Cerberus, das Ungeheuer Hydra und fünf japanische Porzellanvasen. Das Ganze bildet eine gut zwei Meter hohe Konsole und der Mann hier scheint hauptsächlich darauf zu achten, dass die Vase, die er trägt, nicht aus dem Gleichgewicht gerät. Es ist eine sonderbare Zusammenstellung, die so kaum zu erwarten ist. Die drei Schwarzen Männer sind muskulös wie griechische Bronzeskulpturen von Athleten. Die Ketten verleihen ihnen eine konfrontative Wirkung. Aber Andrea Brustolon hat noch viel mehr Skulpturen geschaffen. Dieser Tisch ist Teil seines berühmtesten Projekts, einem aus 40 Skulpturen und Möbeln bestehendem Auftrag für die Familie Venier. Im selben Saal stehen ein Stück entfernt davon noch viel auffälligere, große Schwarze Krieger. Ideale Körper mit markant schönen Köpfen, mit Waffen in der Hand und überwältigten Tieren zu ihren Füßen. In ihrer Unbesiegbarkeit erinnern diese äthiopischen Männer an antike Statuen von Herkules und Mars. Sie sind kräftesprühend. Brustolon begründete eine jahrhundertealte Tradition der sogenannten »Blackamoor«-Kunst – Schmuck und Möbel mit Darstellungen Schwarzer Menschen –, die in ganz Venedig zu finden ist.

Eine Welt, die ihr Wissen und die Geschichte entkolonialisieren will, wie wir es jetzt erleben, kann hiermit einiges bewerkstelligen. Das erfordert Forschung, einen Kontext und Museumstexte, die die Moral einer Zeit nicht aussparen. Dieser Saal zeigt etwas von der Beziehung des Westens zum *Anderen*. Auch wenn sie sich nicht mit einem einzigen Blick erfassen lässt.

Es handelt sich um eine Mischung aus Anerkennung, Bewunderung und Unterdrückung. Mit Afrikanern gab es Handelsbeziehungen, sie führten souverän Krieg, waren Teil der venezianischen Gemeinschaft *und* wurden unterjocht. Das bleibt aktuell – wenn es gesehen wird.

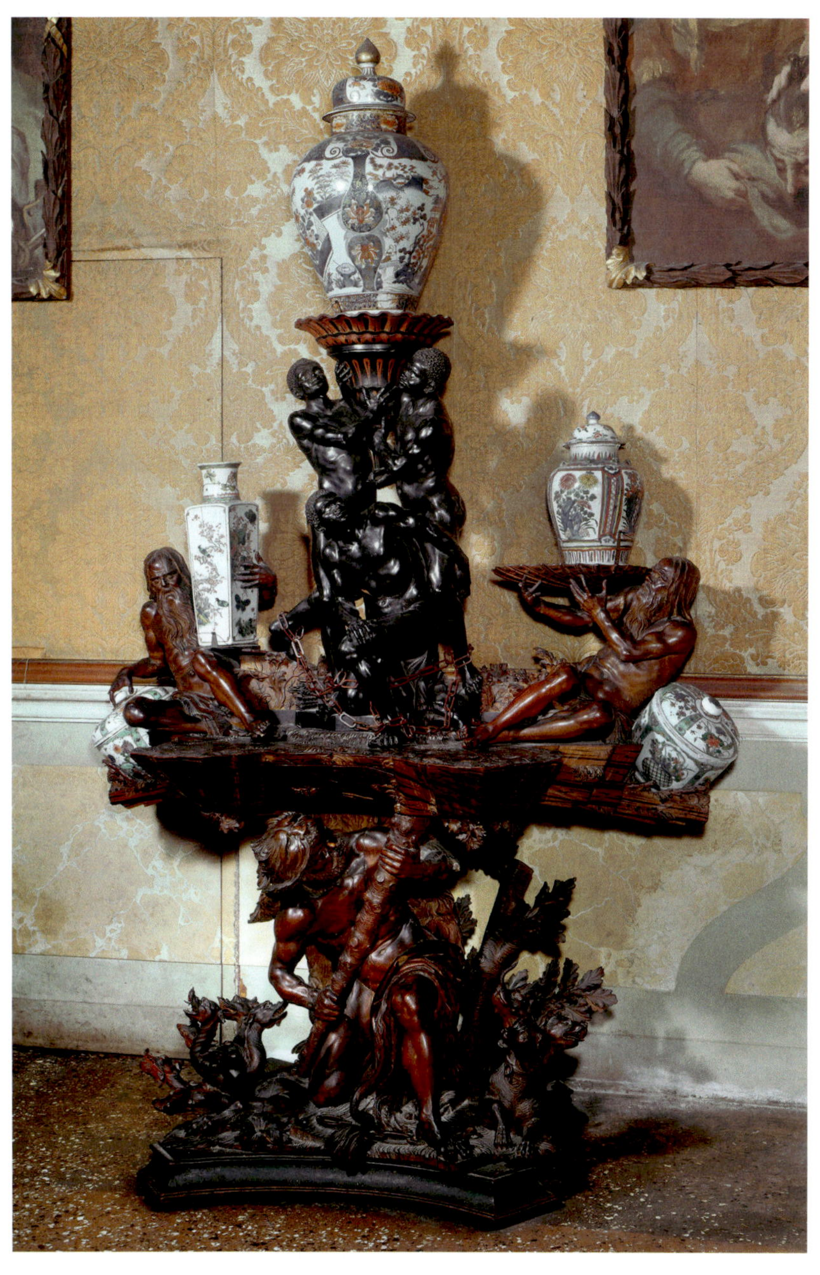

ANDREA BRUSTOLON, KONSOLE FÜR VASEN, UM 1700, BUCHSBAUM UND EBENHOLZ, HÖHE CA. 200 CM, CA' REZZONICO, VENEDIG (DIES IST EIN FOTO DES OBJEKTS, DAS VOM MUSEUM AUFGENOMMEN WURDE, ALS ES SICH IN EINEM ANDEREN RAUM BEFAND.)

AKTIV HINSCHAUEN

Es ist immer wieder lustig, wenn man auf einem Bild plötzlich etwas sieht, das dort nicht hingehört. Die Form, die Farbe, der Ort – unser Kopf kann sich einfach keinen Reim darauf machen. So ging es mir, als ich dieses Werk von Emanuel de Witte sah.

Über dieses Grabmal lässt sich vieles sagen, und das wurde auch bereits getan, denn es handelt sich hier um eine frühe Form der Heldenverehrung. Michiel de Ruyter war ein riesiges, altarähnliches Marmorgrabmal gesetzt worden. Die Familie hatte dieses Werk in Auftrag gegeben, um noch einmal zu betonen, dass man sich seiner erinnern sollte. Ein interessantes Thema, auch in unserer Zeit, in der die niederländischen Helden erneut unter die Lupe genommen werden. Aber darum ging es bei meinem Objekt nicht. Das Ding, an dem mein Blick hängenblieb, ist so merkwürdig wie ein UFO in einer Landschaft voller Ziegen, die sich nicht daran stören. Sie sehen es hier sofort, vergrößert und isoliert auf der nächsten Seite, aber wenn man zuerst das ganze Bild betrachtet, ist die Erfahrung eine andere. Mein Blick stolperte über etwas.

Ein längliches schwarzes Objekt, so groß wie ein Mensch, dunkel und kantig. Von der Form her passte es eher zur niederländischen Kunstrichtung De Stijl als ins Goldene Zeitalter. Es dauerte eine Weile, bis mir aufging, was es sein könnte. Im Katalog wurde es nicht erwähnt; aber man kann auch nicht alles beschreiben. Man erkennt es erst im Kontext: Im Hintergrund des Objekts ist ein Teppich zu sehen. Der Kontext hilft einem dabei, das Detail zu verstehen. In der Nieuwe Kerk von De Witte hängen insgesamt drei Teppiche an den Wänden. Bei diesem schwarzen Ding, dachte ich, nach dem ich eine Weile hingeschaut hatte, kann es sich nur um Verpackungsmaterial aus dem 17. Jahrhundert handeln. Um die »Kiste« dieses Wandteppichs. Hier sehen wir schlicht und einfach ein großes Objekt, in

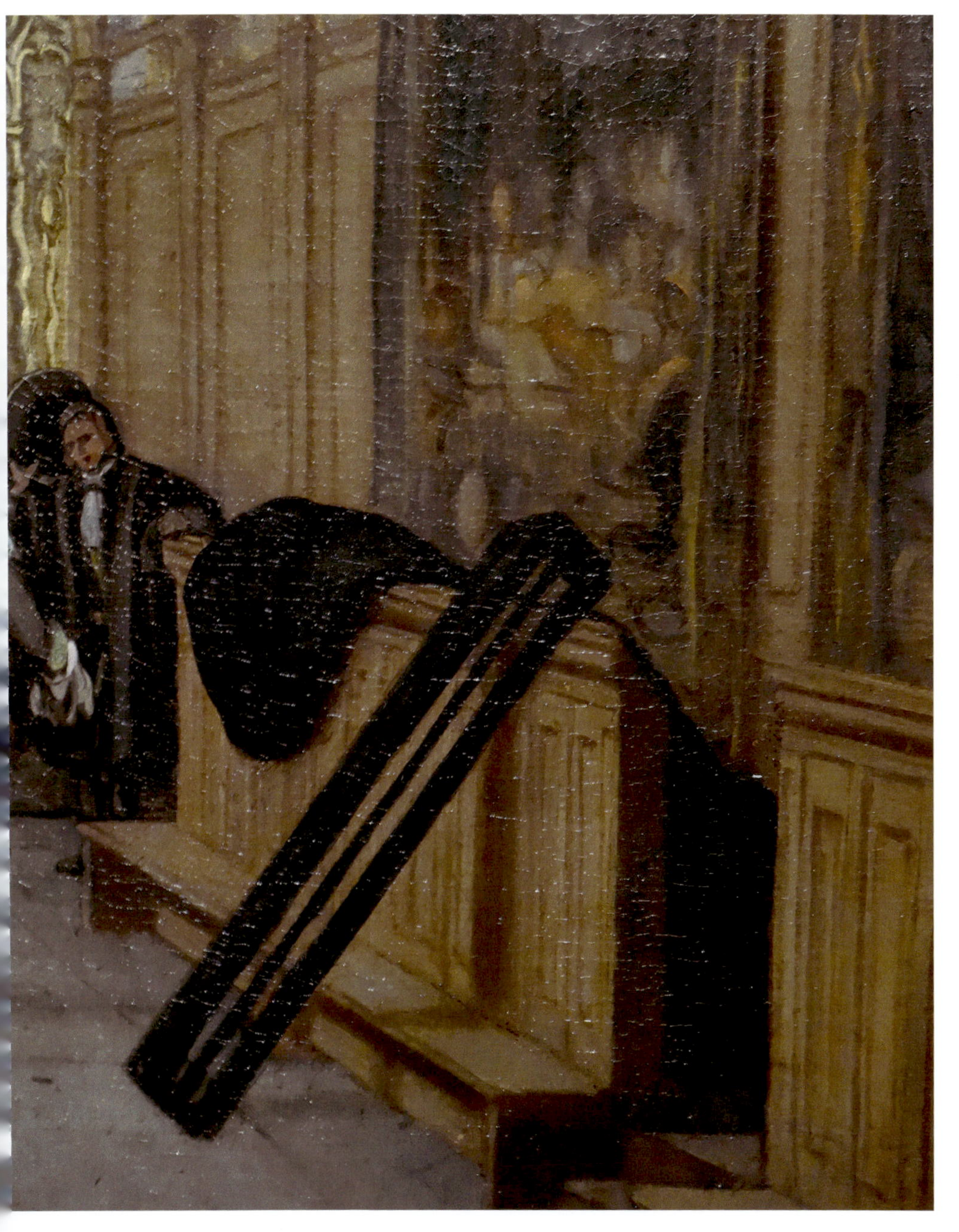

dem das aufgerollte Kunstwerk wieder mitgenommen werden soll. Um das zu verstehen, ist es wichtig, ein wenig mehr über die Verwendung von Teppichen zu wissen.

Teppiche waren damals äußerst geschätzte Kunstwerke. Sie waren aufwändiger gefertigt und oft viel teurer als Gemälde. Rubens und Jordaens schufen Entwürfe dafür, genau wie viele andere niederländische und italienische Künstler in der Renaissance. Dass wir immer noch wenig darüber wissen, ist nicht erstaunlich: Teppiche – oft waren sie aus Wolle und Seidenfäden gewoben – sind schneller vergänglich als Gemälde, und sie sind so groß, dass sie nur schwer »auf einen Blick« zu erfassen sind, was zeitgenössische Kunstbetrachter nicht mehr gewohnt sind. Teppiche zwingen einen dazu, aktiv hinzuschauen, sagte mir der Experte Koenraad Brosens von der Universität Löwen, den ich für einen Artikel über Teppiche kontaktiert hatte. Um sie betrachten zu können, muss man sich hin- und herbewegen, und auch die Kunstwerke selbst bewegen sich; sie sind schlaff, jeder Windhauch bringt sie zum Flattern. Denkt man sich dann noch Kerzenlicht hinzu, wird eine solche Darstellung geradezu lebendig.

Der Umstand, dass hier eine Verpackungskiste demonstrativ an eine Kirchenbank gelehnt ist, macht deutlich, dass Teppiche anders verwendet wurden als Gemälde. Ein Teppich wurde in der Regel nur für eine gewisse Zeit aufgehängt, etwa bei Paraden, Zeremonien und, wie hier, bei Gedenkfeiern. Was auf diesem Teppich dargestellt wird, ist schwer zu sagen; vielleicht Isaaks Segnung des Jakob, aber das ist nur eine Vermutung. Das Schönste daran ist, dass wir hier einen Moment lang sehen, wie prominent und selbstverständlich die Tapisserie im Leben des Menschen des 17. Jahrhunderts war.

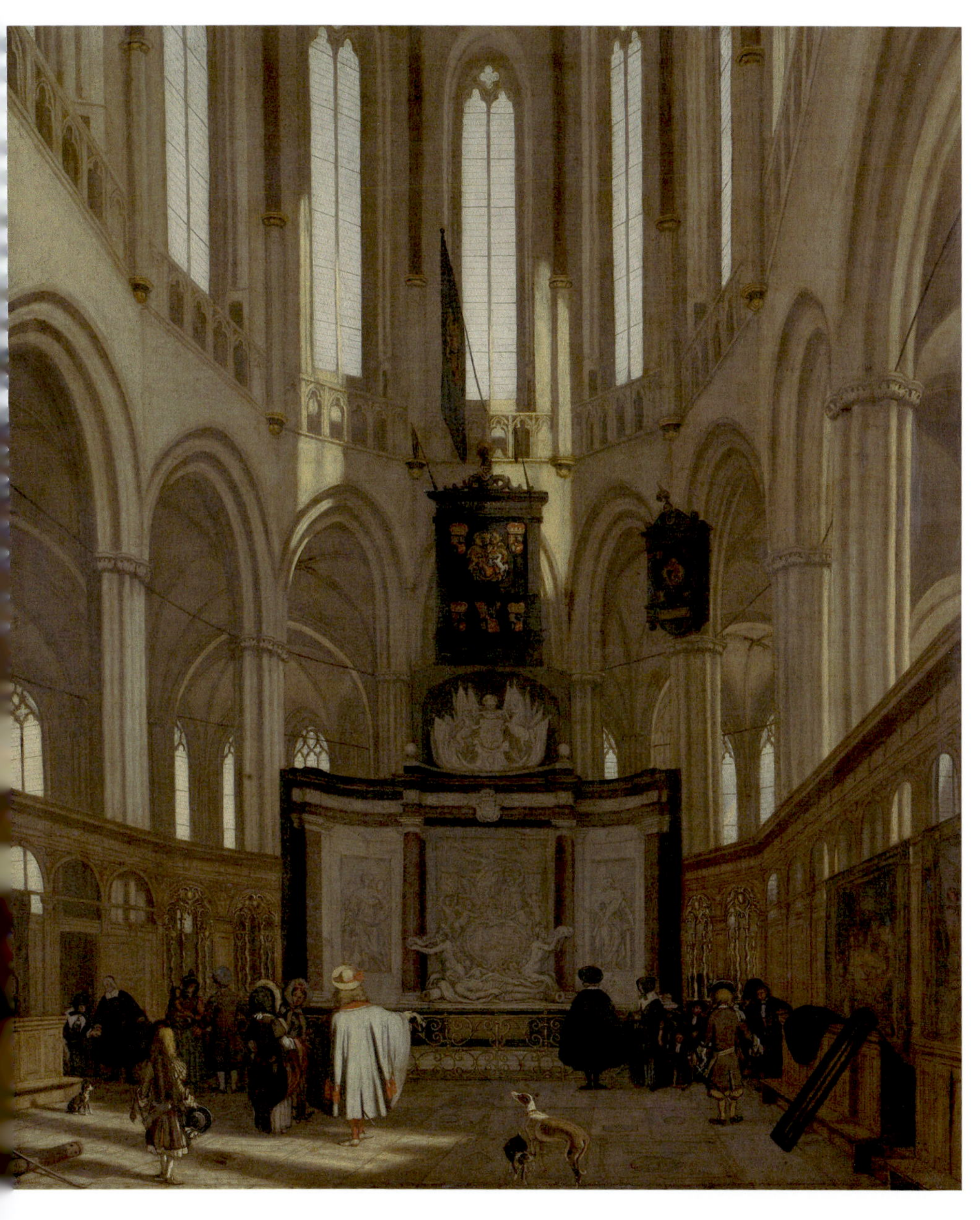

EMANUEL DE WITTE, DAS GRABMAL VON MICHIEL DE RUYTER IN DER NIEUWE KERK IN AMSTERDAM, 1683, ÖL AUF LEINWAND, 123,5 X 105 CM, RIJKSMUSEUM, AMSTERDAM

FUSSKUGEL

Alles verweist immer auf etwas anderes. Das ist eines der ersten Dinge, die viele Schüler im Kunst- oder Literaturunterricht in der Schule hören. Die Fantasiewesen in *Harry Potter* sind samt und sonders der griechischen Mythologie entnommen. *Star Wars* ist eine biblische Erlösungsgeschichte, *Der Zauberer von Oz* ist eine moderne Odyssee. Und es gibt eine ganze Wikipedia-Seite, auf der man die Götter aus verschiedenen Mythologien – unter anderem der griechischen, mesopotamischen, polynesischen und nordischen – finden kann, auf denen die Helden in den Marvel-Filmen basieren, von Thor über Amatsu-Mikaboshi bis zu Herkules.

Alles ist schon einmal gemacht worden, in einer anderen Form, und jedes Kunstwerk ist ein Ausgangspunkt für viele Assoziationen. So entsteht in unseren Köpfen ein Netz von Erzählformen und Details. Auch meine Reihe von Bildbetrachtungen basiert auf diesem Netz. Denn ein Detail erinnert mich an ein anderes – sei es aus den Nachrichten, aus alter Kunst, aus einem Film oder einer anderen Kultur. Das wiederholt sich eins ums andere Mal. Nicht aber hier. Was soll man mit einem Detail anfangen, das so frei im Universum schwebt wie dieses? Eine leuchtende Kugel, eine Art grellrosa Pompon, zu Füßen einer giftgrünen Gestalt. Und was macht die eigentlich? Ein sanftes und fröhliches Detail an den Beinen eines Mannes, kräftig ist wie ein Athlet, der eine Art Ruder in der Hand hält. So als würde plötzlich ein neuer Stern am Himmel aufgehen, der so anders ist, dass es eine Weile dauert, bis man ihm eine Bedeutung beimessen kann. Ein Detail, das nicht auf Instant-Befriedigung abzielt.

Kunst ist Menschlichkeit verpackt in ein neues Gewand. Gute Künstler und Künstlerinnen zeigen in ihrem jeweils eigenen Stil Dinge, die wir seit Jahrhunderten fühlen und erleben. Etwas, das wir in unserem tiefsten Inneren wiedererkennen, aber noch nie auf diese Weise dargestellt gesehen

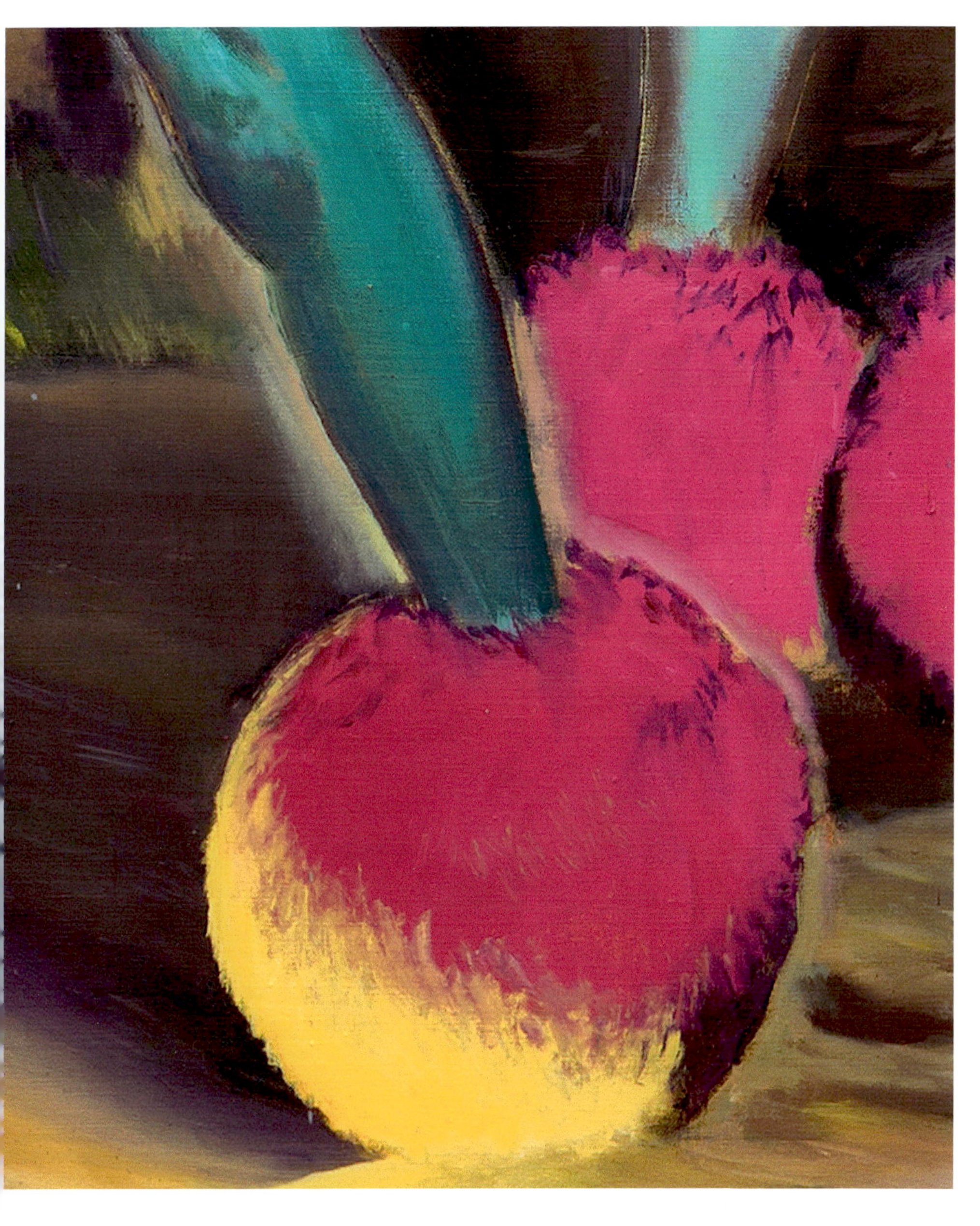

haben. Rubens kann das. Marlene Dumas kann das. Es ist weder zeit- noch statusabhängig.

Es gibt jedoch eine Kategorie von Kunst, die nicht einen neuen Stil, sondern eine völlig neue Bildsprache aufweist. Keine Anknüpfungspunkte, keine konkreten Verweise auf alte Meister oder Mythen. Sie ist wesentlich schwieriger zu betrachten. Auch dieses Werk von Neo Rauch gehört in jene Kategorie. Seine leuchtend rosafarbenen Pompons bereichern die Kunst wie ein Traum die eigene Erinnerungswelt. Alles scheint durcheinander zu sein, nichts erscheint logisch. Aber man kann sich damit vertraut machen.

Rauch wuchs in Ostdeutschland auf, ziemlich isoliert von der westlichen Welt und deren Kunst. In diesem Vakuum entwickelte er sein eigenes visuelles Vokabular. Eine Übersetzung seiner Innenwelt, die man nur atmosphärisch beschreiben kann: entfremdend, aber nicht desolat. Traumhaft, komisch, weit weg, aber nicht *unheimisch*. Auf YouTube gibt es ein schönes Video, das zeigt, wie er dieses Werk schafft, ohne Erklärung oder Kommentar.

Es ist die Kategorie, aus der auch die Fantasiewesen von Hieronymus Bosch stammen. Wir sind damit vertraut; wenn wir etwas Seltsames sehen, erinnert uns das schnell an Bosch. Aber wenn Bosch es gemacht hätte, wäre es nicht von dieser Welt. Laufende Eierschalen, Erdbeeren mit Stachelschwänzen, gepanzerte Helme mit Schnäbeln und Beinen, und vieles andere mehr, das sich kaum beschreiben lässt. Es wäre boschig. Wie dies rauchig ist. Ein Geschenk für unser Bezugssystem. Und es kann in den Köpfen jedes Einzelnen Bedeutung gewinnen.

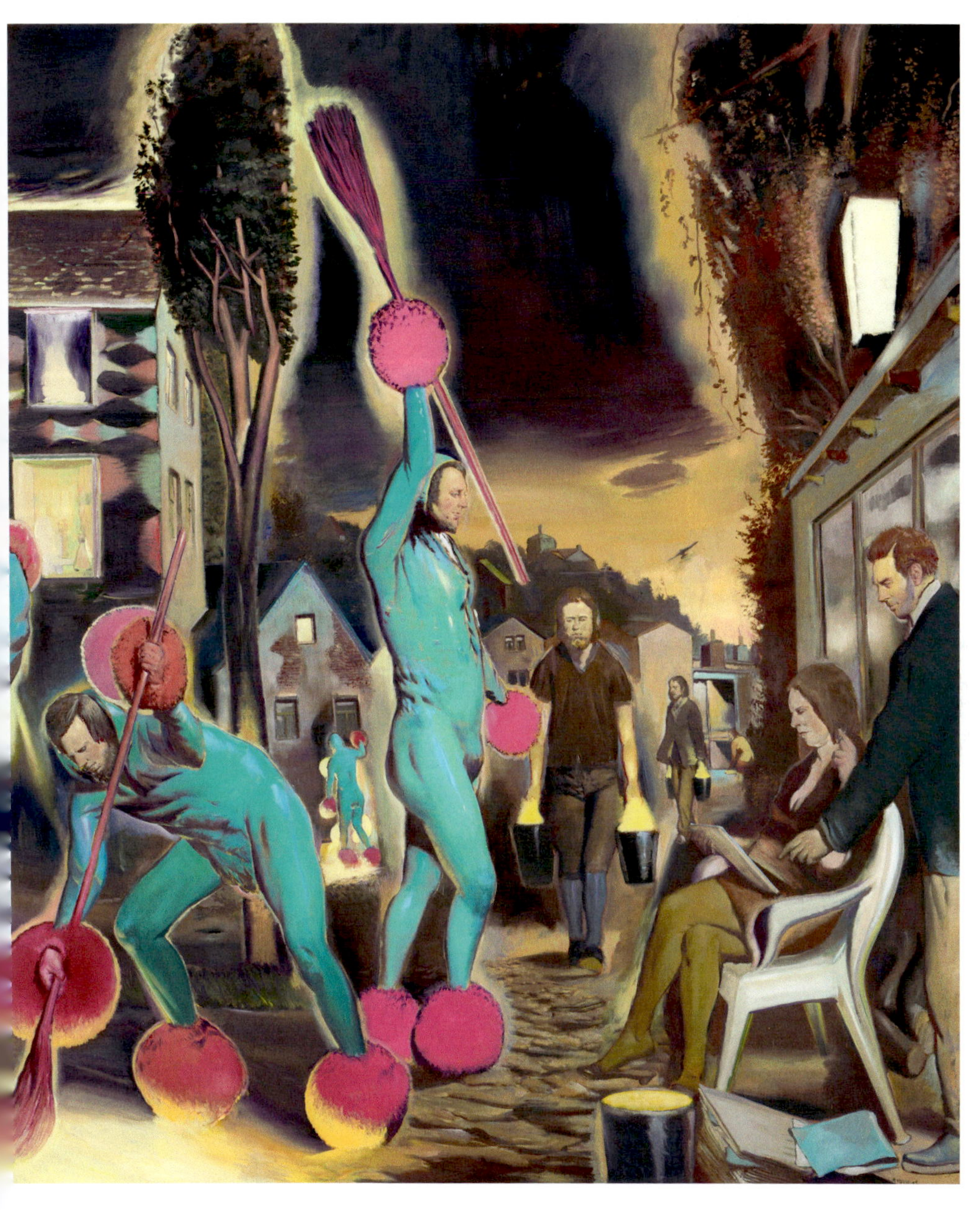

NEO RAUCH, DER LEHRLING, 2015, ÖL AUF LEINWAND, 300 X 250 CM, MUSEUM DE FUNDATIE, ZWOLLE, DAUERLEIHGABE VON ARTHAUS

GUT FÜR JAHRHUNDERTELANGE DISKUSSIONEN

Eigentlich wollte ich dieses hängende Ding fotografieren. Eines der spannendsten und merkwürdigsten Details in der Kunst. In der oberen linken Ecke des Bildes hängt das Objekt an einer spinnfadendünnen Schnur, die aus dem Nichts zu kommen scheint. Es handelt sich um eine geometrische Form aus Glas mit dem wunderbaren Namen, der für jedes Galgenmännchen-Spiel ein Gewinn wäre: ein Rhombenkuboktaeder – es besteht aus 18 Quadraten, 8 Dreiecken, und es ist auch noch mit Wasser gefüllt. Wenn man genau hinschaut, kann man in den Spiegelungen ein Gebäude erkennen. Aber das war sehr schwierig im Museum in Neapel, wo das Licht genau auf die Oberfläche des Gemäldes gerichtet war, und ich beim besten Willen kein Foto davon machen konnte, ohne dass mir die starken Spiegelungen die Sicht verwehrten. Das Rhombenkuboktaeder ist das eigentümliche Highlight dieses ohnehin schon ungewöhnlichen Porträts, über das, wie es bei allen merkwürdigen Gemälden der Fall ist, seit Jahrhunderten diskutiert wird. Manche glauben, dass Leonardo da Vinci, ein Freund des hier abgebildeteten Mathematikers Luca Pacioli, es höchstpersönlich in das Gemälde eingefügt habe, um auf die Wunder der Physik und der Mathematik hinzuweisen, andere meinen, dass sich im Wasser der Herzogspalast von Urbino spiegelt, einem Ort, an dem der Humanismus gefeiert und gefördert wurde.

Mit Gewissheit lässt sich wenig darüber sagen, aber der Anblick von alledem ist faszinierend. Begeben wir uns in diesem Werk auf die Reise. Vom Schwamm auf der linken Seite bis zum Dodekaeder rechts auf dem Buch des Mathematikers. Ebenfalls ungewöhnlich ist der neben dem Mathematiker stehende Schüler, von dem zumindest *ein* Wissenschaftler glaubt, dass es sich um Paciolis Freund Albrecht Dürer handelt. (Ich glaube das nicht, sein Gesicht ist nicht spitz genug). Er ist so seltsam dazwischen gequetscht worden, dass er womöglich später hinzugefügt wurde. Und dann kritzelt der Meister auch noch etwas auf eine Schiefertafel (ohne selbst hinzuschauen!) und legt gleichzeitig seine Finger auf eine Seite in Euklids

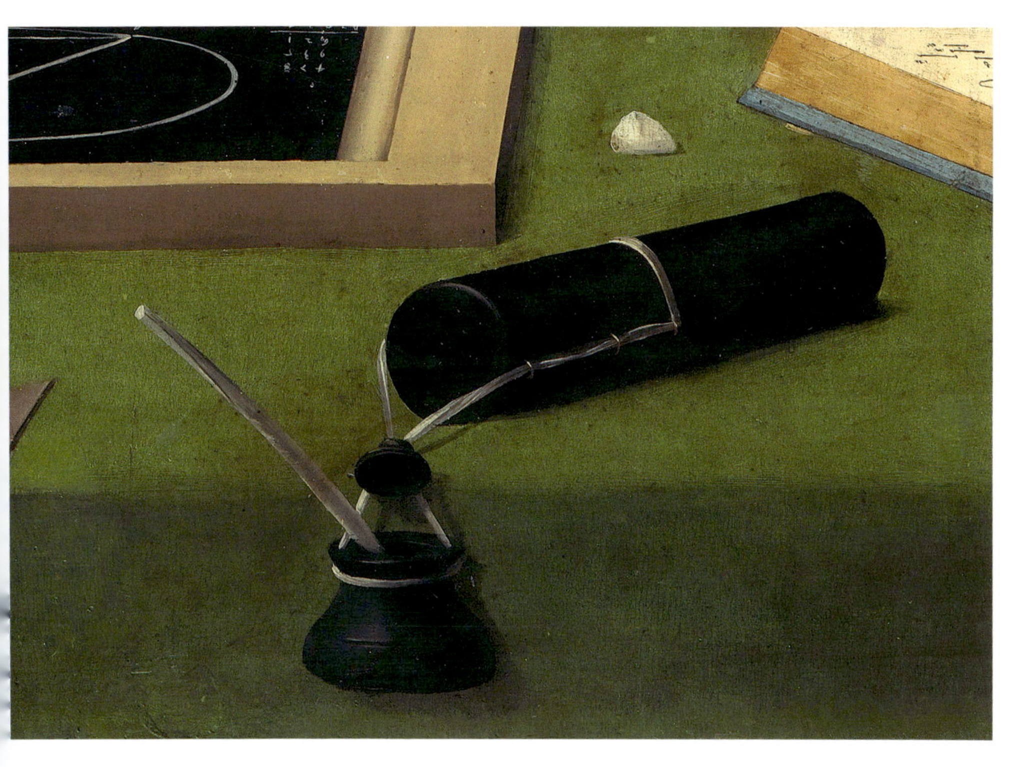

Buch *Die Elemente*. Jemand hat herausgefunden, welche Seite aufgeschlagen ist, es muss Buch XIII.8 oder Buch XIII.12 über räumliche Geometrie sein, und das demonstriert Pacioli auch auf der Schiefertafel. Er zeichnet einen Kreis mit einem Dreieck darin, und er ist im Begriff, eine neue Linie zu zeichnen. Dabei geht es entweder um das Verhältnis der Linien zwischen den Winkeln in einem Pentagramm oder um die Verhältnisse eines gleichseitigen Dreiecks in einem Kreis zum Radius dieses Kreises. Da Pacioli die Zeichnung nicht fertiggestellt hat, könnte es beides sein. Das wird die Wissenschaft noch einige Zeit beschäftigen.

Was mich zu dem Detail auf der rechten Seite bringt. Das ist zwar weniger geheimnisvoll als die geometrischen Details, jedoch zeigt es, worum es hier eigentlich geht: Hier wird nämlich uns, die wir das Bild betrachten, ein Stift gereicht. Er steckt in einem Köcher und zeigt einladend in unsere Richtung. Es handelt sich also nicht um eine Demonstration, sondern um eine Lektion. Wir werden ermutigt teilzunehmen. Das macht dieses Gemälde zu einer Darstellung der Ideale des Humanismus, der auf die Fähigkeit des Menschen vertraut, sich durch Wissen zu entwickeln. Es handelt sich um eine Erfindung des Malers, dessen Namen wir nicht einmal sicher kennen. Die Kunst gibt uns buchstäblich etwas an die Hand, als wolle sie sagen: Du kannst das auch.

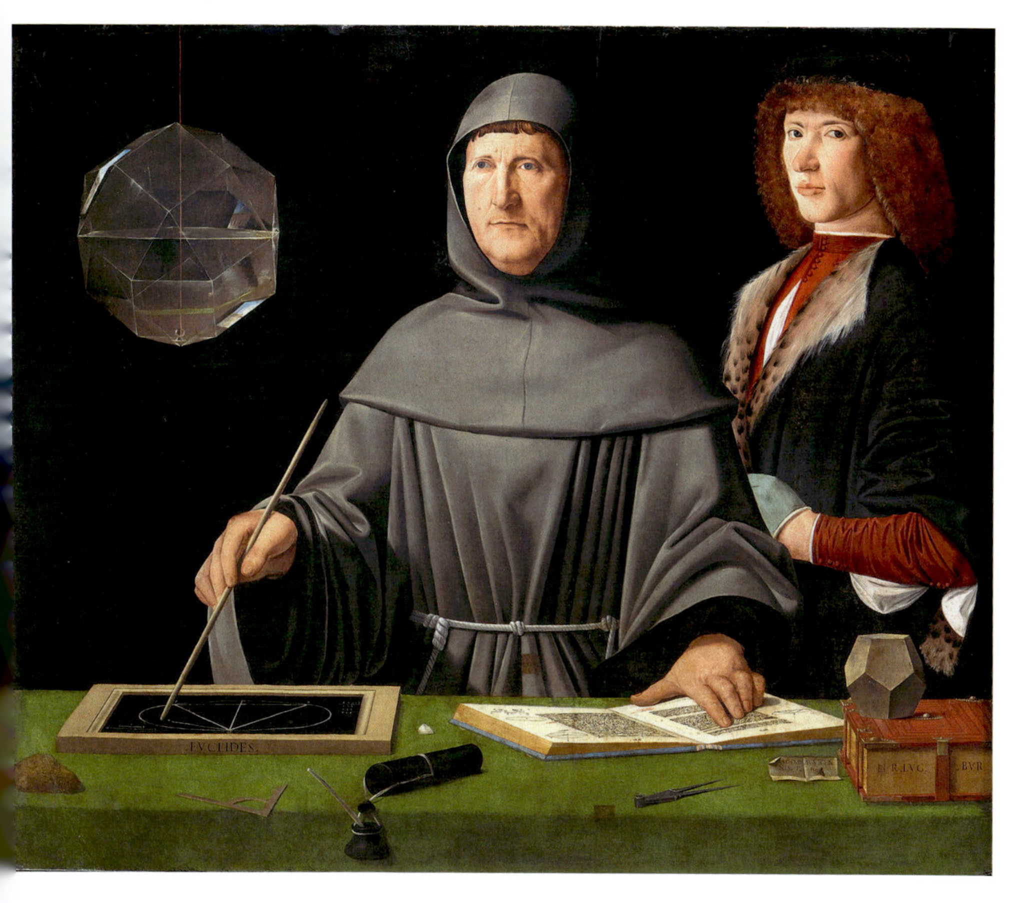

JACOPO DE' BARBARI (ZUGESCHRIEBEN), PORTRÄT VON LUCA PACIOLI UND EINEM SCHÜLER, 1495, ÖL AUF HOLZ, 99 X 120 CM, MUSEO NAZIONALE DI CAPODIMONTE, NEAPEL

JENSEITS DES FOTO-REALISMUS

Manchmal geht das, was sich vor unseren Augen abspielt, in unsere Fantasie über. Wir reden mit jemandem, und unsere Gedanken überwuchern das Gespräch. Oder wir schauen auf etwas, und die Umgebung zieht unbewusst unsere Aufmerksamkeit auf sich. Diese verworrene, chaotische Realität unserer Wahrnehmung sah ich einen Moment lang in den Gemälden von Kehinde Wiley. Und vor allem in diesen ornamentalen Kringeln, die sich wie eine große, überwachsene Pflanze um die porträtierte Person zu winden scheinen.

Wiley, der vor einigen Jahren Barack Obama porträtierte, wird für seinen Realismus gerühmt: Seine Porträts sind so glatt und straff, dass sie manchmal wie Fotos aussehen. Aber es ist der wimmelige Hintergrund, eine wunderbare Art Surrealismus, der sein Werk so charakteristisch macht. Denn dieser Hintergrund drängt sich einem in Form kleiner gesprenkelter Flächen auf, ähnlich den Flecken, die man beim Schließen der Augen auf der Innenseite der Augenlider sieht. Das dachte ich, als ich mir in Paris seine neuesten Gemälde anschaute. Sein Werk ist wegen dieser Farben super Instagram-kompatibel. Aber Kunst kann sich komplett anders anfühlen, wenn man real vor ihr steht, und genau das habe ich auch in Paris erlebt. Allein die Größe war schon beeindruckend.

Was mir auf den Abbildungen nie wirklich aufgefallen war, war nun allgegenwärtig: die Farben und Formen, die seine Figuren umgeben, die Details, und die Art und Weise, in der sie langsam die Menschen in Besitz zu nehmen scheinen. Blütenteile, maskenartige Formen, Blätter und zahlreiche Kringel kriechen wie Tentakel über sie hinweg. Jenseits des Fotorealismus, manchmal fast wie in einem Traum. Man verliert die Kontrolle über das, was man sieht.

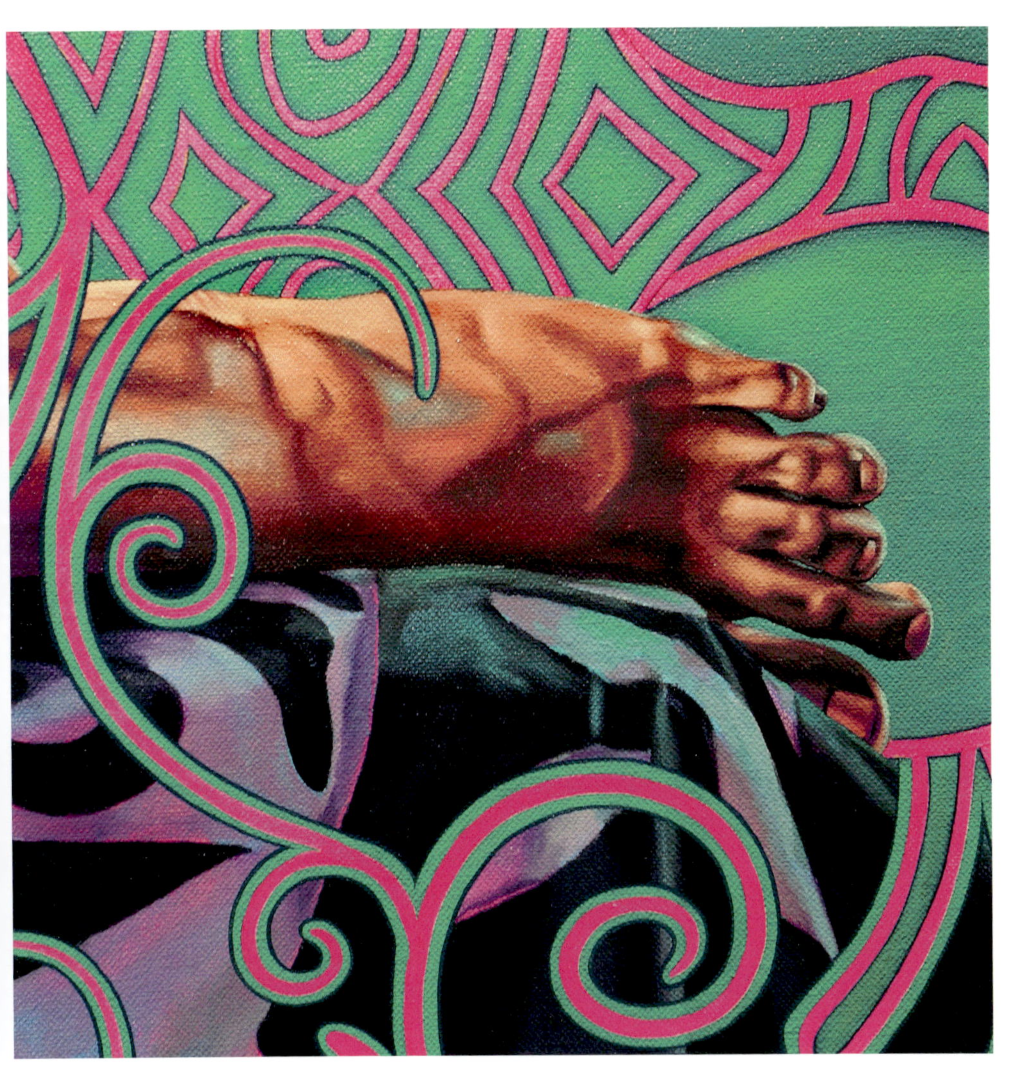

Wiley setzt dies in höchster Perfektion um, schauen Sie nur auf das Frontispitz dieses Buches: In dem Gemälde *General John Burgoyne* (2017), das im Original im Dresdner Albertinum zu sehen ist, posiert ein junger Schwarzer Mann in sportlicher Straßenkleidung mit einem antik anmutenden Säbel, wie ein General in einem Porträt aus dem 18. Jahrhundert. (Lord Fyvie zum Beispiel, der uns in diesem Buch bereits begegnet ist, trägt auch so einen Säbel.) Von den ihn umrankenden Narzissen im Hintergrund scheint ein merkwürdiges Licht auszugehen, sein knallblaues T-Shirt reflektiert grün.

Auch in dem hier zu sehenden Werk ist das Licht, das auf den Fuß fällt, grün. Dieses Grün kommt von den Kringeln im Hintergrund. Der Stoff, auf dem der Fuß ruht, ist ebenfalls von den Farben der Ornamente rosa und grün beleuchtet. Kehinde Wiley lässt das Natürliche und das Künstliche ineinanderfließen, in einer Art Anverwandlung von Grenzbereich und Fantasie. Sein neuestes Projekt, 20 großformatige Gemälde, die vor einiger Zeit auf Tahiti entstanden sind, ist eine lockere Referenz an Gauguin, ebenso kraftvoll in der Farbgebung wie liebevoll in der Formgebung, aber auch eine Reaktion auf Gauguins Exotismus und seine Sexualisierung des »exotischen« Menschen.

Wileys Erkundung der Einwohner der Insel verlief anders. Er kam in Kontakt mit einer Reihe von Transmenschen und dem Phänomen *māhū*, einer jahrhundertealten Tradition in Polynesien, bei der ein Mann pro Familie dazu bestimmt wird, die Aufgaben der Frauen zu übernehmen. Dadurch gehen scheinbar feste Muster und Merkmale der Geschlechter ineinander über. Die Māhū bildeten innerhalb der Gesellschaft ein hoch angesehenes drittes Geschlecht, bis sie von christlichen Missionaren verboten wurden. Die Māhū sind nicht immer transsexuell, die von Wiley Dargestellten aber sehr wohl. Manchmal sind sie zu einem Leben am Rande der Gesellschaft oder in der Prostitution verdammt. Der Film, den Wiley zu den Gemälden gedreht hat, ist ergreifend; er wird hoffentlich bald wieder in einem Museum zu sehen sein. Bei der Arbeit an den Gemälden ist etwas Interessantes passiert. Ursprünglich ließ Wiley die Māhū wie die Modelle in Gauguins Gemälden posieren, ähnlich der Strategie, die er für den *General John Burgoyne* einsetzte.

Das wirkte starr, funktionierte nicht, und schließlich wurden sie von Wiley mit ihrem gewaltigen Schmuck, mit ihren Juwelen und Kostümen in selbst gewählten Posen dargestellt. Wie Kea Loha Mahuta hier. Von den Rändern der Gesellschaft ins Zentrum der globalen zeitgenössischen Bildkultur gerückt.

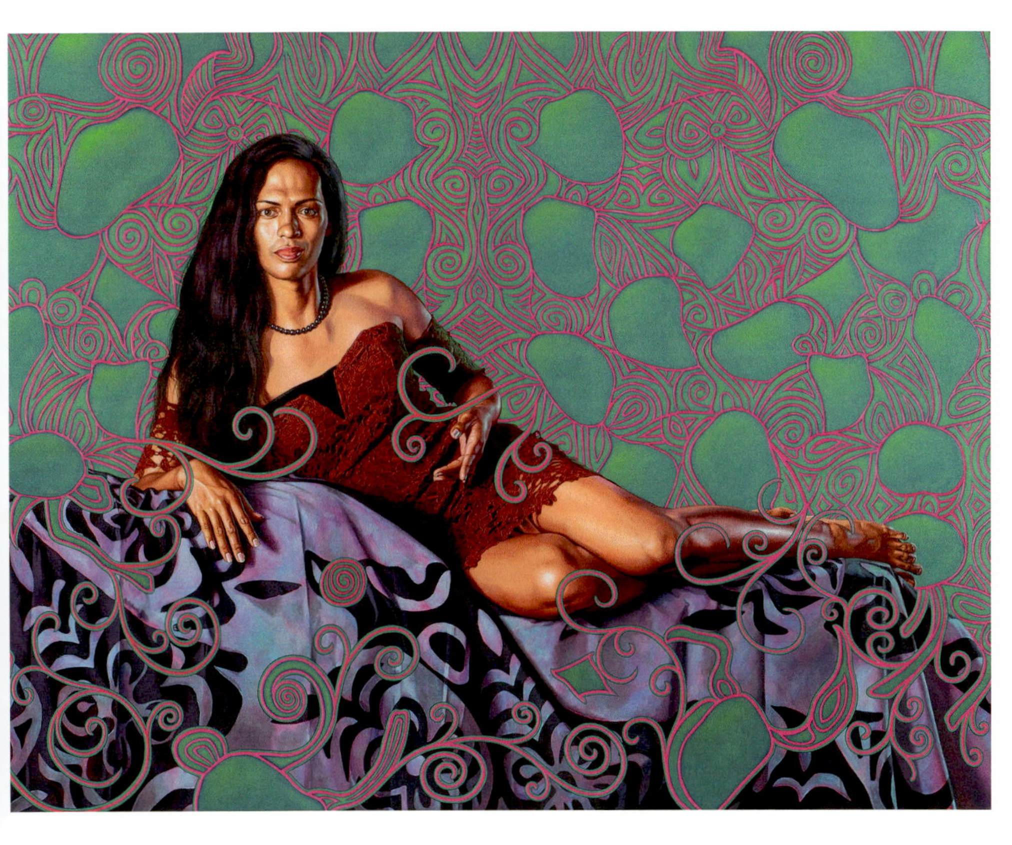

KEHINDE WILEY, PORTRAIT OF KEA LOHA MAHUTA, II, 2019,
ÖL AUF LEINWAND, 162,5 X 113,5 CM

BUNTE MISCHUNG

Wie sich die Sichtweise Erwachsener auf Kinder verändert, lässt sich an der Kunst des 19. Jahrhunderts ablesen. Zu Beginn dieses Jahrhunderts sind Kinder in Porträts als kleine Erwachsene dargestellt. Mit teurem Schmuck, Korsetts (selbst bei Kleinkindern), Zylinderhüten und all dem elitären Schnickschnack. Mitte des 19. Jahrhunderts haben Kinder dann eine freiere Haltung, ungezwungenere Kleidung, Spielzeug und schöne nackte Kinderfüßchen. Gegen Ende des Jahrhunderts sieht man lockere Impressionen spielender Kinder, am Strand oder im Gras (man denke an Isaac Israels). Schnelle Skizzen von ebenso schnell zwischen unseren Beinen hindurchschlüpfenden Knirpsen. Andererseits sind in Genrebildern nun auch sich kaputtschuftende kleine Fabrikarbeiter und das Aufkommen des klassischen Unterrichts zu sehen. Das Teylers Museum hat in einer Ausstellung gezeigt, wie sich die Kindheit und unsere Vorstellung von der Kindheit in diesem entscheidenden Jahrhundert entwickelten. Es hat unserer Zeit damit einen Spiegel vorgehalten. Wie sehen wir heute einen Jungen wie diesen?

Durch die Vergangenheit verstehen wir die Gegenwart – Kunst kann dabei eine bedeutende Rolle spielen. Das geschieht meines Erachtens nach noch viel zu selten. Geschichte kann gerade dadurch nachvollziehbar werden, dass wir ihre Themen anhand von Kunstwerken aufzeigen. Ich warte zum Beispiel immer noch auf eine Ausstellung, die anhand von Gemälden und Illustrationen einen Einblick in das Entstehen des Erscheinungsbilds des *Zwarte Piet* seit dem 17. Jahrhundert vermittelt. Kunst kann Gegenwart und Vergangenheit miteinander verbinden. Das Teylers, ein Museum für Kunst und Wissenschaft, hat das mit dieser Ausstellung in Bezug auf das Thema Kindheit unternommen. Aber mir fiel hier etwas anderes auf, etwas Außergewöhnliches, das eine Möglichkeit für einer neue, bedeutsame kunsthistorische Ausstellung eröffnet: dieses Kind. Ich betrachtete die beiden

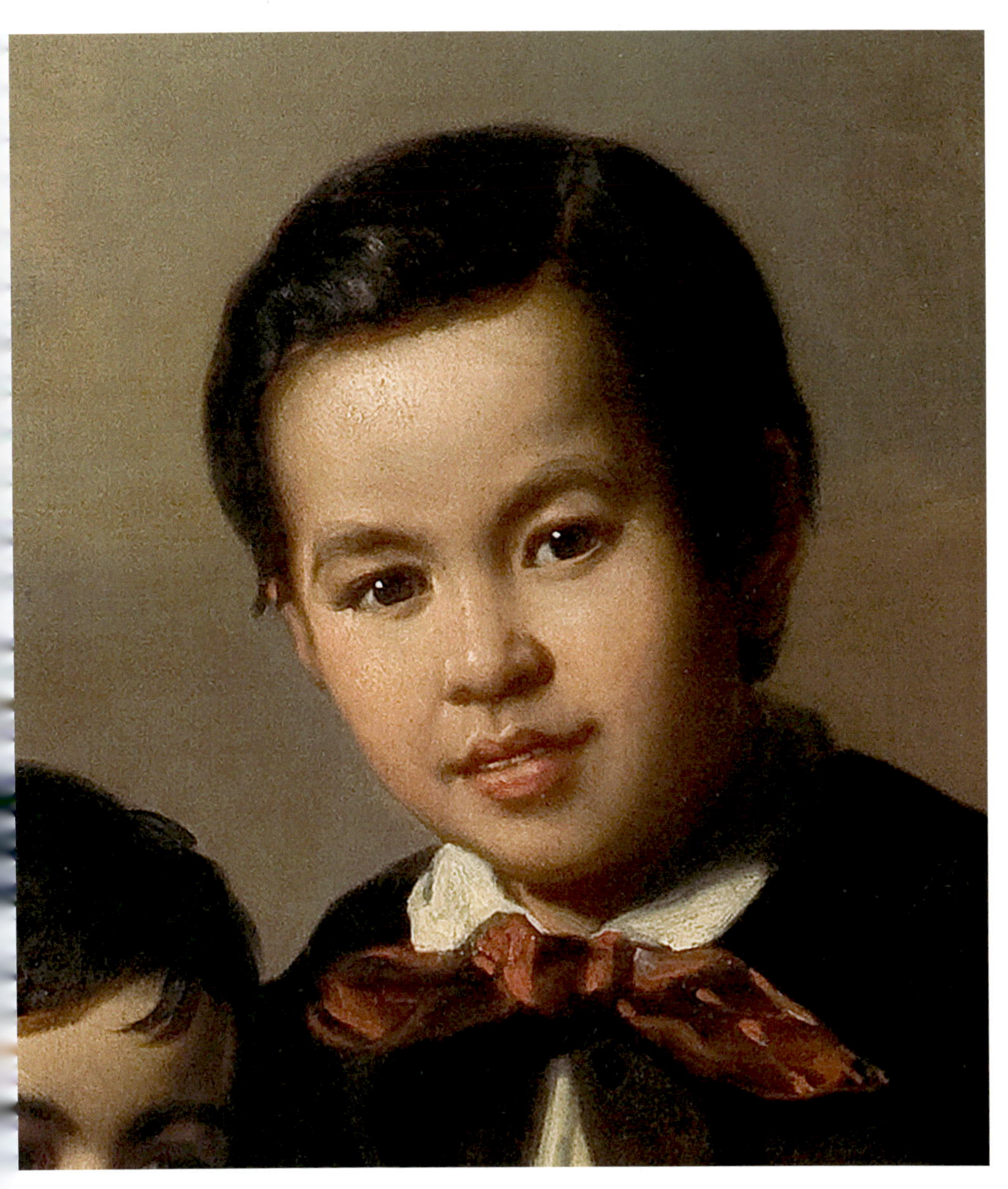

Jungen, ihre angenehm locker sitzenden und doch ordentlichen Anzüge mit Schleife, ihren Schreibstift, die Dünen im Hintergrund. Und was mir sofort ins Auge fiel: ihr tiefschwarzes Haar und ihre dunkelbraunen Augen. Kleine Augenlider, schwarze Augenbrauen, schön geformte Münder. Diese Jungen mit dem adligen Namen van Lawick van Pabst sind »Mischlingskinder«. Im Jahr 1860.

Ich hielt sie für Indo-Europäer und fragte mich, wie stark sich die niederländische Elite in diesen 400 Jahren von der Gründung der Niederländischen Ostindienkompanie bis zur Kolonialzeit wohl gemischt hat. Mit anderen Worten: Wann sind die Indo-Europäer entstanden? Das Volk ohne Heimat, etwa 600 000 Menschen kurz nach der Kolonialisierung, die sich weder in den Niederlanden noch in Indonesien sicher fühlen konnten. *Dimana rumah saya*, sang Ernst Jansz von der Popgruppe Doe Maar: Wo steht mein Haus? Wie alle »Mischlingskinder« vereinen sie Gewohnheiten, Kulturen, Sprachen und Haltungen mit einer oft automatisierten Flexibilität. Sie sind ein eigenes Land für sich, eine schwebende Enklave, und haben manchmal mehr mit »Mischlingskindern« aus anderen Kulturen gemeinsam als mit dem Land, in dem sie leben oder aus dem ein Elternteil stammt.

Ich habe die Geburtsurkunden dieser Jungen gefunden, die hier 11 und 12 Jahre alt sind. Sie sind beide nicht alt geworden: Henri wurde 32, und Pieter (der Junge in diesem Detail) wurde 45. Von ihm fand ich auch ein Foto als erwachsener Mann mit einem herabhängenden Schnurrbart. Anders als ihr Vater waren die Jungen nicht von Adel. Ihre Mutter scheint, wie ich nach einigem Nachforschen herausfand, in China geboren zu sein. Sie hat ihren Sohn um einiges überlebt. Die chinesische Immigration nach Indonesien setzte Mitte des 19. Jahrhunderts ein, und die Chinesen genossen dort einen ähnlichen Status wie die Europäer. Sie waren autonom, gehörten aber auch nie dazu. Pieter ist also kein indonesischer, sondern ein chinesischer Niederländer.

Ich betrachtete ihn, den Jungen, den ich in der ganzen Ausstellung als lebendigsten und gegenwärtigsten empfunden habe. Ein »Mischlingsjunge«, ähnlich denen, die ich heute oft in meinem Umfeld sehe. Und ich dachte an die Frage, die die Ausstellung aufwirft: Wie betrachten wir unsere Kinder?

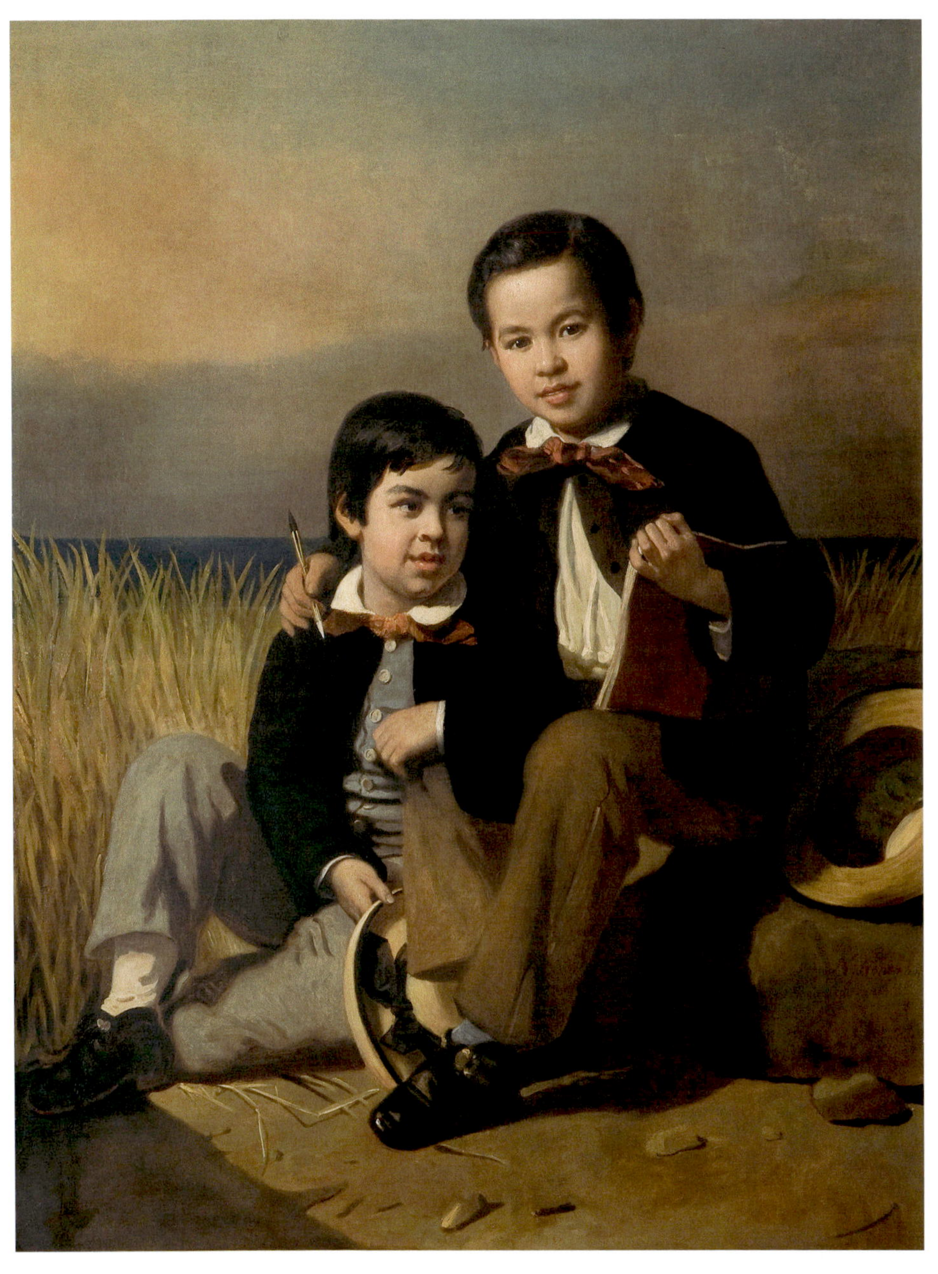

NICOLAAS PIENEMAN, PORTRÄT VON PIETER UND HENRI VAN LAWICK VAN PABST, 1860, ÖL AUF LEINWAND, 138 X 106 CM, FRANS HALS MUSEUM, HAARLEM

DETAILS, DIE DAS HIRN BESCHÄFTIGEN

Ein Mädchen und ein Hund, die nur aus ein paar Strichen bestehen, ist das ein Ausdruck der Unentschlossenheit der Malerin oder vielmehr radikaler Impressionismus? Die Striche hier strotzen von der Energie eines Menschen, der gerade einen Hechtsprung ins Wasser gemacht hat und nun sein Haar ausschüttelt – man sieht mehr Bewegung als Menschen, mehr Farbe als Form. Das Tolle an diesem Detail ist vor allem, dass es mit unserem Gehirn spielt. Das ist der Punkt, an dem man selbst aktiv werden muss, denn die Darstellung bleibt im Suggestiven hängen. Alles ist *fast* etwas, aber noch nicht ganz.

Die Impressionistin Berthe Morisot ist eine Meisterin der Suggestion. Sie beherrscht die Leinwand und die Pinsel in einer Weise, dass das Gehirn im Suchmodus bleibt. In jedem ihrer Werke scheint Morisot zu sagen: Ihr *könnt* etwas darin sehen, aber ihr müsst nicht. Die Farben selbst, die Bewegung der Striche und die Atmosphäre genügen.

Was man hier sehen kann, wenn die Farben und die Form nicht genügen, sind die Beine eines Mädchens, ihr helles Kleid, eine grüne Gartenbank und, tatsächlich, einen kleinen Hund. Das Tier besteht aus zwei eleganten weißen Strichen, zwei roten Linien und ein paar zufällig wirkenden Punkten. Und doch ist ein kompletter Hund zu sehen. Man sieht sofort, um was für einen Hund es sich handelt – einen, der auf dem Boden liegt, aber jeden Moment mit dem Schwanz wedeln kann, wenn sich sein Herrchen oder Frauchen ihm zuwendet, so ein erwartungsvolles, fröhliches Kerlchen. Zwei Striche und er lebt.

Berthe Morisot verstand es wie kaum ein anderer Künstler, Kinder in kleinen Andeutungen darzustellen – dieses Mädchen hat zum Beispiel kein Gesicht. Die dynamischen Pinselstriche formen ihr Kleid direkt auf der Leinwand, die darunter noch durchscheint. Als wolle sie damit zum Ausdruck

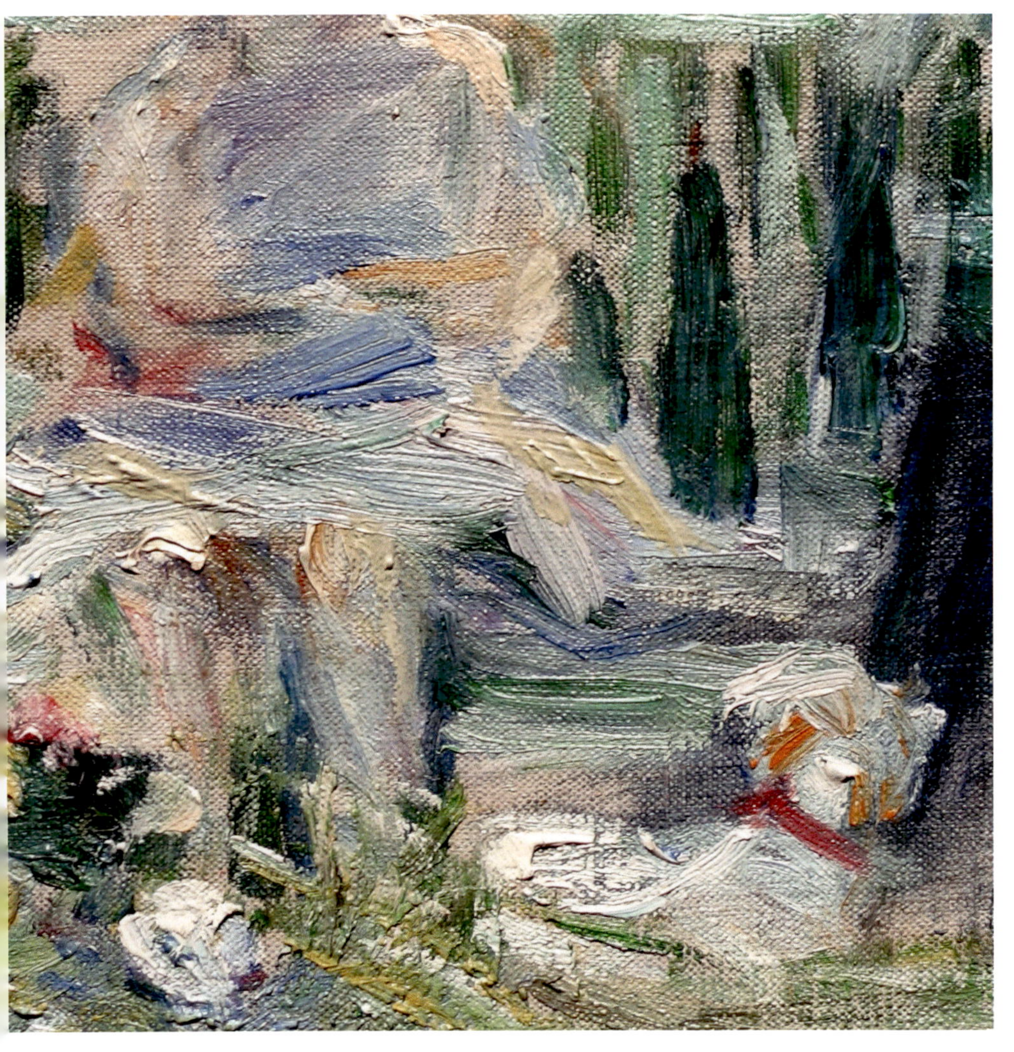

bringen, wie selbstverständlich Kinder um uns herumflattern. Wir sehen sie und wir sehen sie auch wieder nicht. Wir behalten sie in einem Maße im Blick, dass wir in etwa registrieren, was sie tun, und wissen, dass sie nicht in Gefahr sind, aber wir passen ansonsten nicht wirklich auf sie auf. Sie bedürfen nicht der Aufmerksamkeit einer Unterhaltung, sie sind einfach in der Nähe. Berthe Morisot lässt die Kinder in ihrem Tun und in ihrer Umgebung aufgehen. Man kann kaum ausmachen, wo das Kleid aufhört und die Bank anfängt, oder was Bein ist und was Stoff.

Morisot gehörte unter den impressionistischen Künstlern und Künstlerinnen zu den radikalsten, wenn es um Suggestion ging. Ein Journalist nannte sie 1880 »den Engel des Unvollendeten«. Ihre Maler- und Dichterkollegen priesen sie dafür. Doch anders als bei allen anderen Impressionisten wurde bei Morisot dieser unfertige Stil von Kunstkritikern nicht als Entscheidung, sondern als ein typisch weiblicher Wesenszug der Bescheidenheit und Unentschlossenheit interpretiert. Man denkt sofort: Was?! Bei einer Impressionistin zweifeln, ob sie absichtlich in ihrem lockeren Stil gemalt hat? Sind die verrückt geworden? Aber anscheinend ist das tief verwurzelt – denn wer kennt schon Berthe Morisot? Außer als Muse in einigen berühmten Werken von Édouard Manet wie zum Beispiel *Der Balkon* (1868).

Heute wendet sich die Geschichte: Morisots unfertiger Stil gilt nun als Ausdruck von Entschlossenheit und Autorität. Sie bringt Dynamik in die Bilder, legt ihre Karten auf den Tisch – es ist Farbe, die ihr seht, Leute, aber die ist überschäumend – und sie übersetzt unsere kapriziöse, meist nicht völlige bewusste Art, unsere vertraute Umgebung zu betrachten, grandios in Farbe. »Ich glaube nicht, dass ein Mann jemals eine Frau als gleichwertig behandeln wird", schrieb sie in ihren Notizen, »aber das ist alles, worum ich bitte, denn ich kenne meinen Wert.«

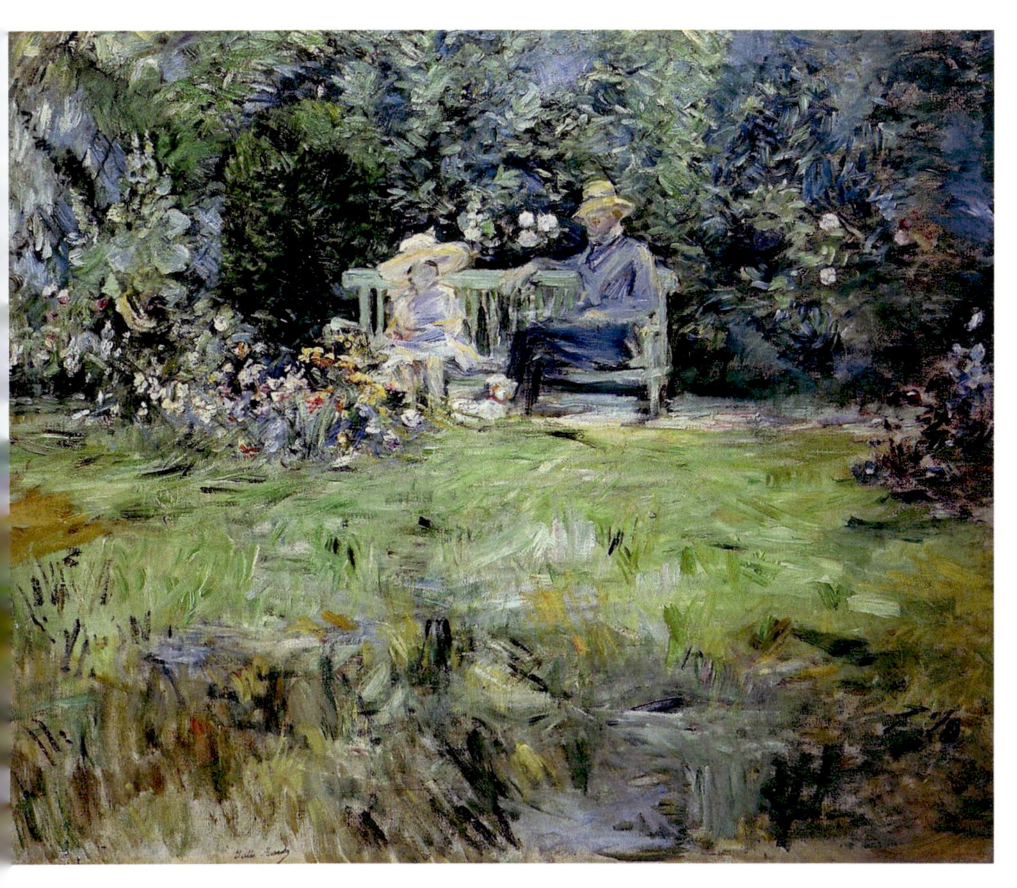

BERTHE MORISOT, DIE LEKTION IM GARTEN, 1885, ÖL AUF LEINWAND, 60,3 X 73 CM, DENVER ART MUSEUM

OST TRIFFT WEST

Alle Details in der Kunst sind erdacht worden. Daran denke ich manchmal, wenn ich eines auswähle, um es zu besprechen. Es gab einmal jemanden, der während des Entstehungsprozesses vor dem Kunstwerk stand und dachte: Hier muss noch ein Vogel hin. Auf das Dekolleté gehören noch Blutspritzer, auf dieser Blume sollten Ameisen krabbeln, oder zu ihren Füßen sollte ein Hündchen sitzen – ein unruhiges Hündchen. In der Malerei geht es immer darum, etwas zum Vorschein zu bringen. Nicht, es zu erfassen und festzuhalten, wie beim Fotografieren. Deshalb habe ich in meiner Serie von Bildbeschreibungen noch nie ein Detail aus einem Foto besprochen. Bis jetzt. Denn wenn einen etwas so erstaunt und erheitert, dann ist eine es nur logisch, eine Ausnahme zu machen. Als ich vor Thomas Struths Porträt einer anonymen Familie in New York aus dem Jahr 2001 stand, wanderte mein Blick automatisch auf diese fast leuchtenden weißen Sportsocken. Die ersten Sportsocken, die ich je in einem Porträt gesehen habe. Ein brillantes Detail, das nicht nur die Intimität der Familie unterstreicht – sie sind zu Hause, und zwar gemeinsam, so wie sie auch gemeinsam fernsehen, und sie haben natürlich ihre Schuhe ausgezogen (außer der Mutter, was seltsam ist, als ob nur Männer und Kinder ihre Entspannung zeigen dürften). Es ist auch ein erstaunlich billiges Detail in einem Porträt einer offensichtlich sehr wohlhabenden Familie. Eine solche Wohnung und dann solche Socken in einem Porträt. Die fröhliche Dissonanz eines Teenagers. Man weiß auch, dass diese Füße stinken, mögen sie noch so weiß sein.

Als ich die Beschriftung sah, dachte ich unwillkürlich: Diese Kinder haben den 11. September 2001 hautnah miterlebt, gerade jetzt oder sehr bald. Das Porträt stammt aus dem Jahr 2001, man weiß, dass sie das, was sich in der Nähe ihres Zuhauses ereignete, tief prägen würde.

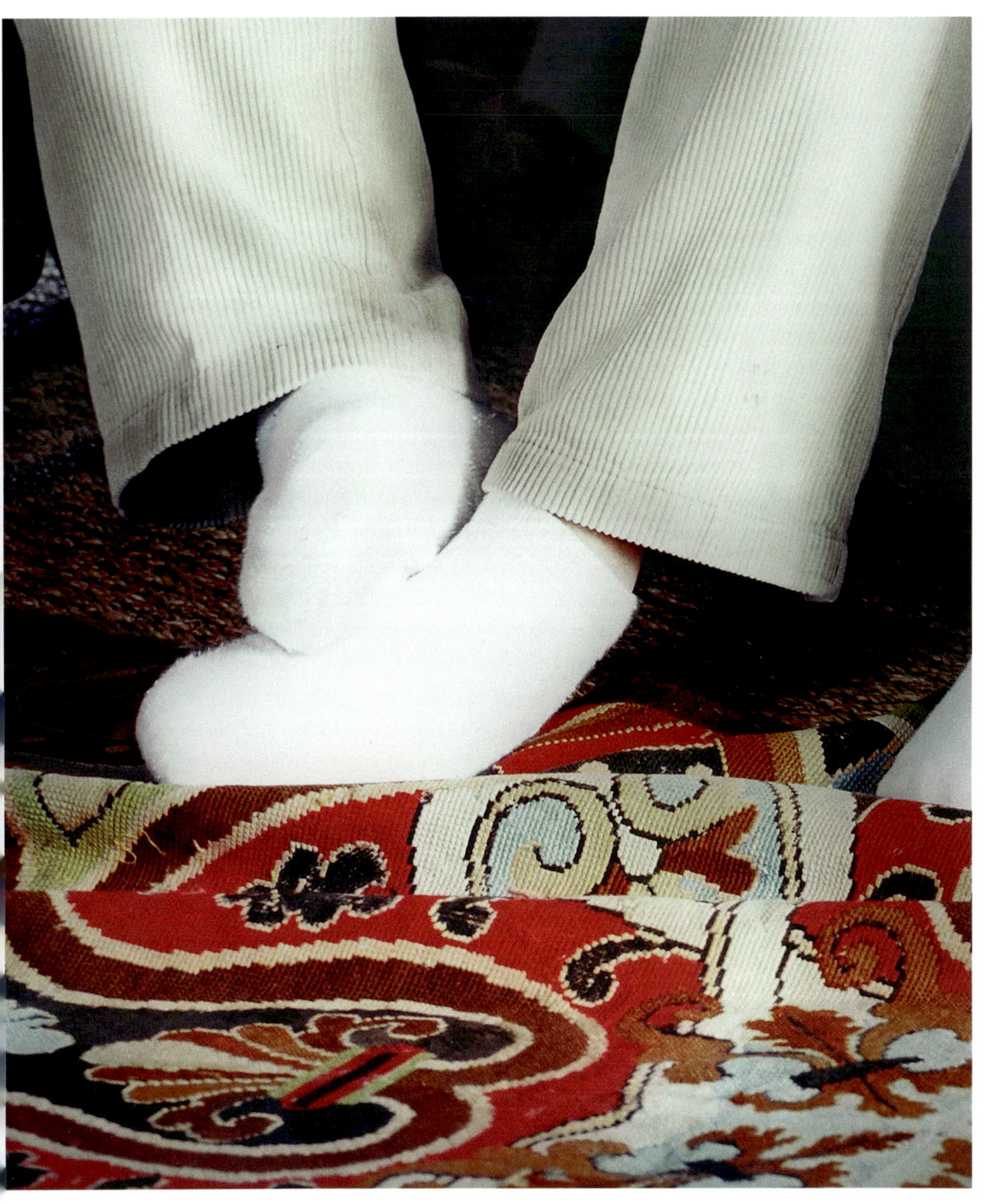

Und noch etwas fiel mir auf, was mir von der Betrachtung alter Gemälde *so* vertraut ist, dass ich mich fragte, ob der Künstler dieses Porträts es inszeniert hat (bei einer Fotografie kann man da nie sicher sein). Unter den Füßen der Jungen liegt, schön wellenschlagend, ein orientalischer Teppich. Es handelt sich um einen flachgewebten Teppich, wodurch die kunstvollen Muster ein wenig pixelig wirken.

Teppiche aus dem Orient waren in der westlichen Kunst vom 13. bis zum 19. Jahrhundert so normal, dass sich Studien über echte alte Teppiche teilweise auf westliche Gemälde stützen – lange Zeit kannte man mehr Teppiche in Gemälden als echte historische Exemplare. Kaum jemand fragt sich, was diese Objekte in »unserer« Malerei bedeuten, außer Luxus, Status und Reichtum. Sie waren teuer, kamen von weit her und lagen einfach auf dem Boden und den Tischen der holländischen Bürger, In vielen islamischen Ländern gehören sie dagegen zur Grundlage der kulturellen Identität. Die gängigste »Interpretation« ist also Luxus. Die Welt gehört uns. Diesen Eindruck kann man auch in diesem Porträt gewinnen. Billige Socken auf einem kostbaren, aus der Ferne stammenden Teppich.

Aber es gibt Experten und Expertinnen die in ihrer Interpretation noch weiter gehen. Allein um Luxus gehe es hier nicht, denn bis 1500 waren diese Teppiche nur auf religiösen Werken zu sehen, zum Beispiel auf italienischen Altarbildern der Mutter Gottes. In ihnen hat jede Anemone und jeder Granatapfel eine Bedeutung, warum also sollte der Teppich ein zufälliger Luxus sein? Ein solcher Teppich, sagt Lauren Arnold von der Universität San Francisco, unterstreicht die Tatsache, dass man sich auf heiligem Boden befindet. Diese Bedeutung kommt direkt aus der Kultur, aus der die Teppiche stammen, sowohl der östlich-christlichen als auch der islamischen Kultur. So gesehen ist dies ein Detail, das in dem sehr intimen Kontext dieser Familie in New York im Jahr 2001 mehr Bedeutung hat. Unwillkürlich höre ich ein Lied, das ich früher in der Kirche gesungen habe: Leg deine Schuhe ab; denn der Ort, wo du stehst, ist heiliger Boden. (2. Mose 3,5)

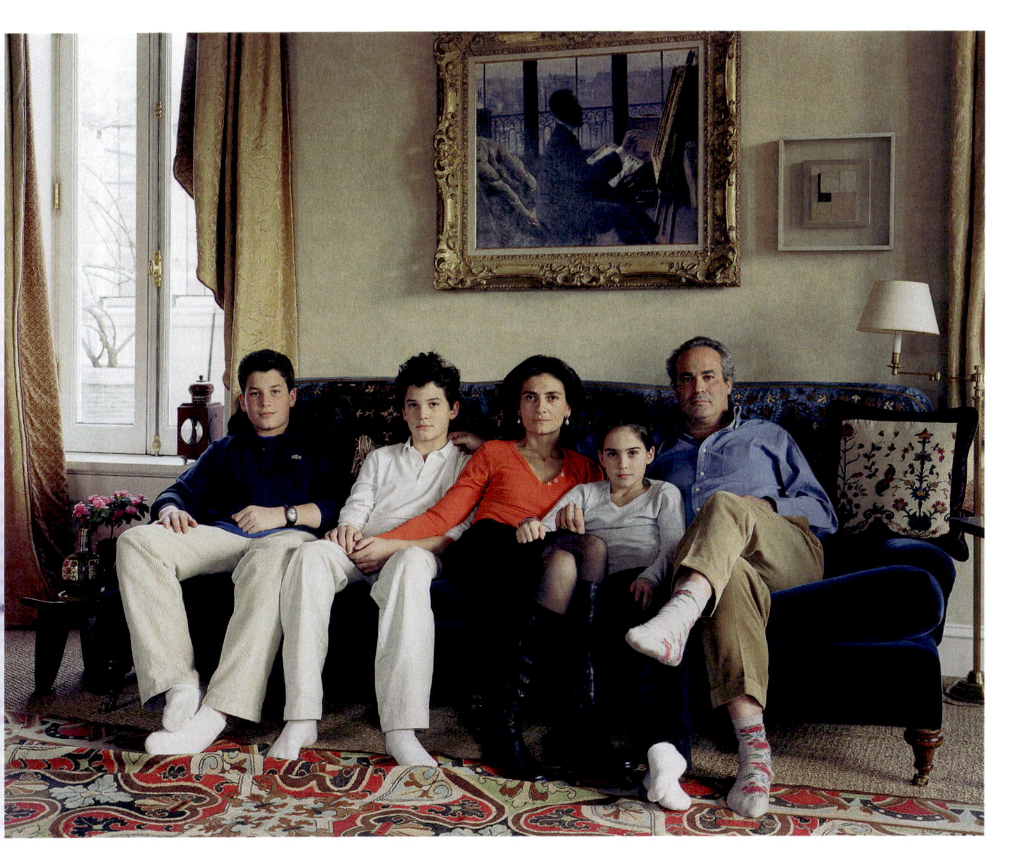

THOMAS STRUTH, OHNE TITEL, NEW YORK 2001, C-PRINT, 115,3 X 146 CM, MUSEUM DE PONT, TILBURG

AN DER LEINE FLATTERN

In der Mimbres-Kultur, die etwa im 11. und 12. Jahrhundert in den Gebieten der heutigen US-Bundesstaaten New Mexico und Arizona sowie in Chihuahua, Mexiko, entstand, war die Fledermaus ein Begleiter des Geistes. Auf fantastische Weise, abstrakt wie in einer modernen Zeichnung, wurden sie auf Schalen gemalt. Diese Schalen stellte man auf den Kopf eines Verstorbenen, und dann wurde ein Loch hineingeschlagen, um den Geist in die höhere Welt zu entlassen. Deshalb findet man sie in Museen oft mit einem Loch in der Mitte – im De Young Museum in San Francisco sind einige wunderschöne Exemplare zu sehen, auch mit stilisierten Hirschen, Vögeln, Nachtfaltern oder Schildkröten darauf.

Fledermäuse als Zeichen der Hoffnung. Einige tausend Kilometer entfernt, in China, galt die Fledermaus ebenfalls schon als Symbol von Glück, Wohlstand und Hoffnung. Um die Tugenden zu symbolisieren, wurden oft fünf Fledermäuse gemeinsam dargestellt. Die seltsamen kleinen Kreaturen – Vögel? Insekten? Säugetiere? – inspirierten Künstler seit Jahrhunderten, und lange bevor unsere westlichen Künstler sie sahen. Im Westen brachte man der armen Fledermaus leider wenig Liebe entgegen. Äsop schrieb in seinen Fabeln über eine Fledermaus, die sich nicht entscheiden konnte, ob sie zu den Vögeln oder Vierbeinern gehören wolle, und schließlich von allen Tieren verstoßen wurde. In der christlichen Kunst wurden nur Kreaturen aus den Tiefen der Hölle mit Fledermausflügeln ausgestattet. Bunte Schmetterlings- und Vogelflügel waren den Guten vorbehalten.

Aber Fledermäuse sind großartig, sie fliegen mit ihren Händen. Die »Streben« ihrer Flügel sind Finger. Ihr Kopf erweckt den Eindruck eines unbeholfenen Kuscheltiers, und Ihre Intelligenz ist atemberaubend – die Großen können vorzüglich riechen, und die Kleinen haben ein eingebautes Echoortungssystem, an das kein menschengemachtes Navigationssystem

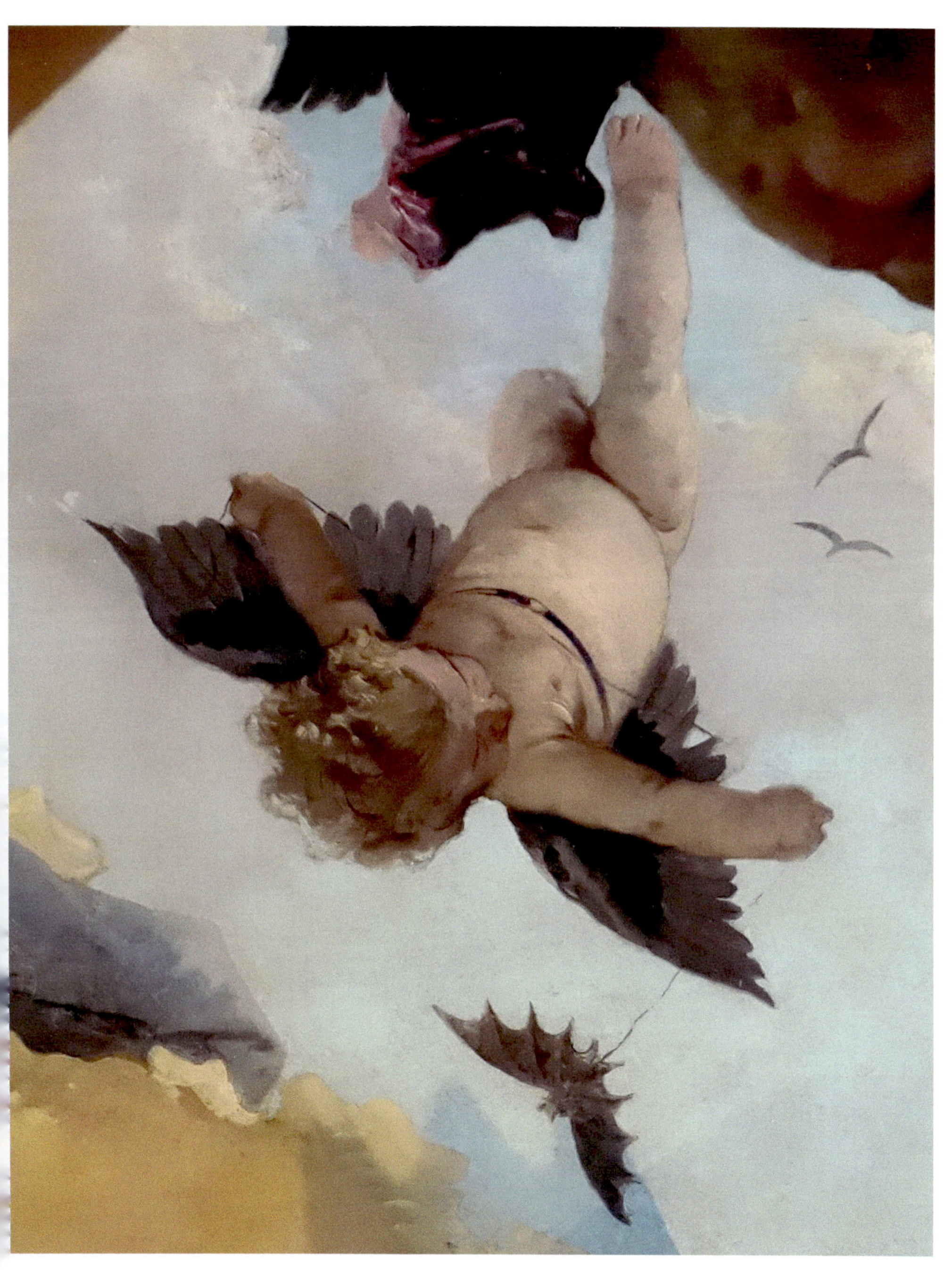

jemals herankommt. Zudem sind sie effizient. Sie können zwar sehen, brauchen ihre Augen aber kaum. Wir müssen oft nur in der Abenddämmerung in den Himmel blicken, um sie wie Zirkusartisten Purzelbäume schlagen zu sehen – in den Niederlanden gibt es 20 Arten.

Tiepolo, der venezianische Maler, der den Himmel so blau malte, dass Licht aus seinen Deckengemälden zu strahlen scheint, zeigt hier eine als Haustier. Ein kleiner Engel hält eine ziemlich große schwarze Fledermaus an einer Leine. Er selbst ist der einzige Putto, der einen Gürtel um seinen nackten Leib trägt; vielleicht ist daran auch die Leine der Fledermaus befestigt. Der Putto schlägt Purzelbaum, die Fledermaus scheint zu flattern. Niemand hat es je es so gut verstanden, Formen und Figuren frei fließen zu lassen, wie Tiepolo in seinen Deckengemälden. Das Ensemble aus fallenden, federnden und purzelnden Figuren fordert das Auge heraus: Aus welcher Perspektive soll man sie betrachten? Besucher des Stadtpalastes Ca' Rezzonico in Venedig drehen sich, den Kopf in den Nacken gelegt, unschlüssig unter dem Gemälde, um die richtige Perspektive zu finden. Und dabei ist dies noch ein bescheidenes Werk von ihm.

Diese kleine Fledermaus stellt in der Tat nicht viel Gutes dar. In der Mitte des Bildes sitzen die Verkörperungen der Würde und der Tugend auf der Wolke, die freudig die Unwissenheit aus dem Himmel vertreiben. Die Unwissenheit scheint dies letztlich zu begreifen. Mit spektakulärer Dramatik schlägt sie die Hand vor die Augen – ein herrliches Bild der Niedergeschlagenheit. Neben ihr schwebt dieser Putto – ein kleines Wesen, das zu den Guten gehört und die »böse« Fledermaus an die Leine gelegt hat. Die Kontrolle über diesem Himmel liegt bei den Würdigen, als Zeichen der Gunstbezeigung gegenüber der Familie, für die Tiepolo ihn gemalt hat. Aber diese Fledermaus – die wäre wohl besser in China oder zu Zeiten der Mimbres-Kultur in Nordamerika geboren worden.

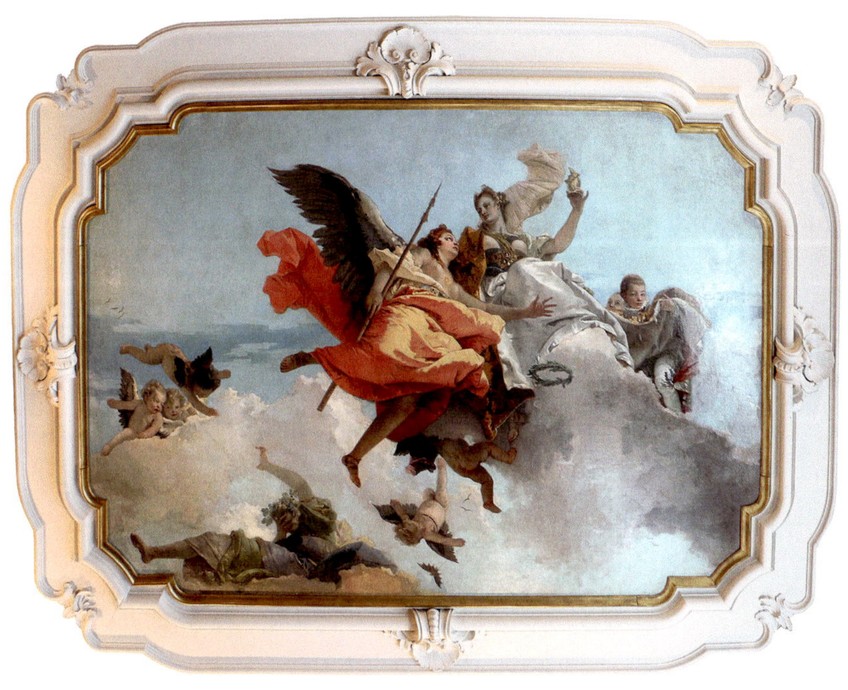

GIAMBATTISTA TIEPOLO, DIE WÜRDE UND DIE TUGEND BESIEGEN DIE UNWISSENHEIT, 1744–45, ÖL AUF LEINWAND, GRÖSSE UNBEKANNT, CA’ REZZONICO, VENEDIG

TOTENBAUM

Es gibt Bilder mit einer Stimmung, bei der sich einem das Herz und die Luftröhre leicht zusammenziehen. Dieses Gemälde hatte ich überhaupt nicht auf dem Plan, als ich das schöne Albertina Museum in Wien betrat. Es tauchte auf wie ein sich plötzlich ausbreitender Geruch, von dem man nicht weiß, ob er giftig ist. Was ist das?

Ein gespenstischer Tim-Burton-Film, der vor 70 Jahren gedreht wurde. Mit einem *Sleepy-Hollow*-Ton, der nicht nur düster, sondern gleichwohl auch ein bisschen witzig und schön ist. Es kommt ein Moment, in dem man vor diesem Gemälde steht und auflacht. Es trifft einen einfach zu unerwartet. Wer hat sich dieses seltsame Werk bloß ausgedacht? Es ist kein echter Surrealismus, keine Neue Sachlichkeit, sondern ein ganz eigenes Ding. Geister in einem toten Baum.

Die Geister blicken uns aus einer anderen Welt mit einem anderen Wissen an. Ich weiß nicht, ob von ihnen eine Gefahr ausgeht, weil sie auf einem Baum über uns sitzen. Sie können etwas mit uns anstellen, sie sind zu viele. Aber wenn man sie länger anschaut, sieht man auch, dass sie auf den toten Ästen so mürrisch wie die Geier im *Dschungelbuch* sitzen. Eine Geisterversammlung. Die Art, wie der lange Arm in seinem Schoß liegt, der baumelnde Fuß, die Schultern und der Ausdruck in seinem Geistergesicht. Eine »Tja, was du nicht sagst«-Haltung.

Die Geister gleichen Geiern. Die trostlose Landschaft der Geistervögel zieht einen in ihren Bann, sie weckt eine Erwartungshaltung in einem. Woher Franz Sedlacek, ein österreichischer Künstler, über den nur wenig bekannt ist, diese Vorstellung hatte, kann ich nur vermuten. Ist es eine literarische Erzählung? Eine Legende? Durch einen dummen Zufall las ich, nachdem ich diese Geiergeister ausgesucht hatte, einen ziemlich bizarren Artikel über tibetische Luftbestattungen.

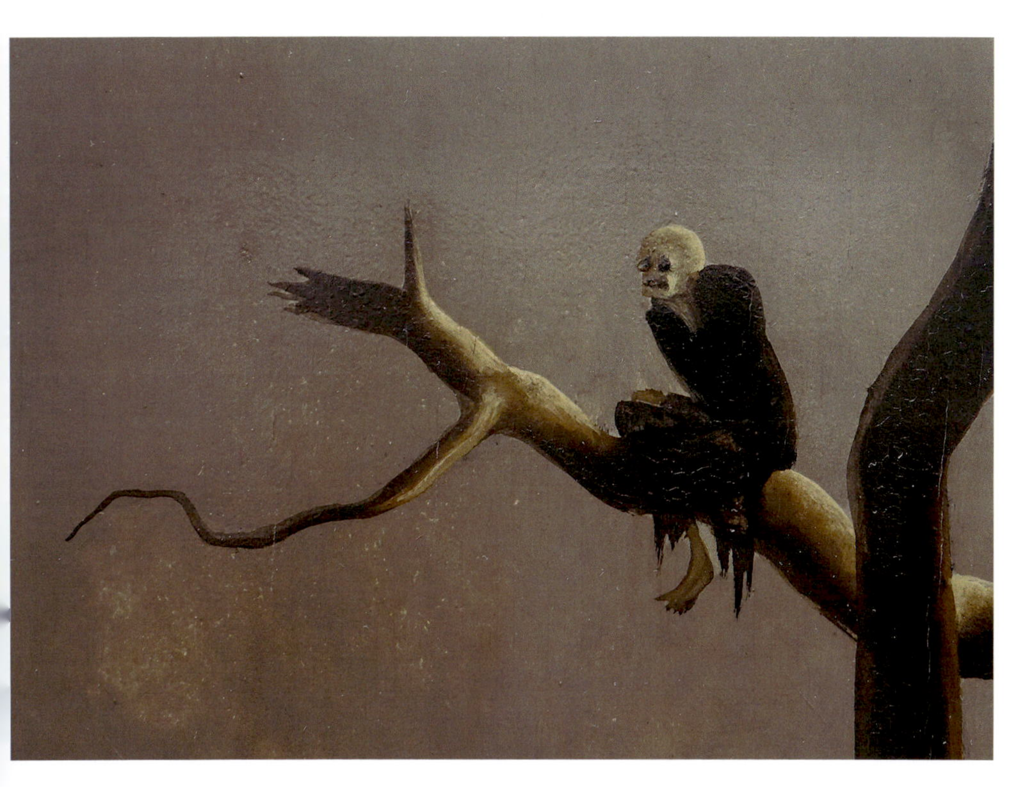

Luftbestattungen, lassen Sie das erst einmal kurz auf sich wirken. Es bedeutet, was es sagt: Ein Mensch wird in der Luft »bestattet«. Es ist ein zutiefst spirituelles Ritual, um die Seele eines Verstorbenen hinüberzutragen und zur Erleuchtung zu bringen. Der Körper wird zerrissen, um die Seele zu befreien.

Ein Reporter des australischen Nachrichtensenders *ABC News* war in Tibet, er hatte davon gehört und wusste, dass es sich um streng private Rituale handelt, bei denen kein Außenstehender geduldet wird, geschweige denn ein Ausländer. Er ging zu dem Ort, an dem die Rituale dem Vernehmen nach gewöhnlich stattfinden sollten. Als er mit seiner Familie ankam, hörte er Gesang und sah etwa 100 Geier auf dem Hügel. Darunter: Menschen und ein Körper auf einem Steinplateau.

In Tibet wird der Geier als eine Art Engel angesehen: Indem er den Körper eines Menschen verschwinden lässt, trägt er die Seele an einen höheren Ort. Zu meinem Entsetzen gibt es auch Bilder davon im Internet – ich habe sie nicht angeklickt.

Dennoch ist es ein schönes Ritual. Der Reporter, der vor Ort in all seiner Erschütterung seinem jüngsten Kind ein iPad in die Hand drückte und seinen beiden ältesten Kindern so viel Kontext wie möglich vermittelte, beschreibt es als eine friedliche Zeremonie. Nach einer Viertelstunde waren nur noch Knochen übrig, und selbst die wurden vom Scharfrichter/Magier präpariert und von den Vögeln aufgefressen. Der Mensch kehrt zur Erde zurück, verschwindet durch die Luft, steigt in den Himmel auf. Düster, überirdisch, und irgendwie auch schön. Eine solche Atmosphäre.

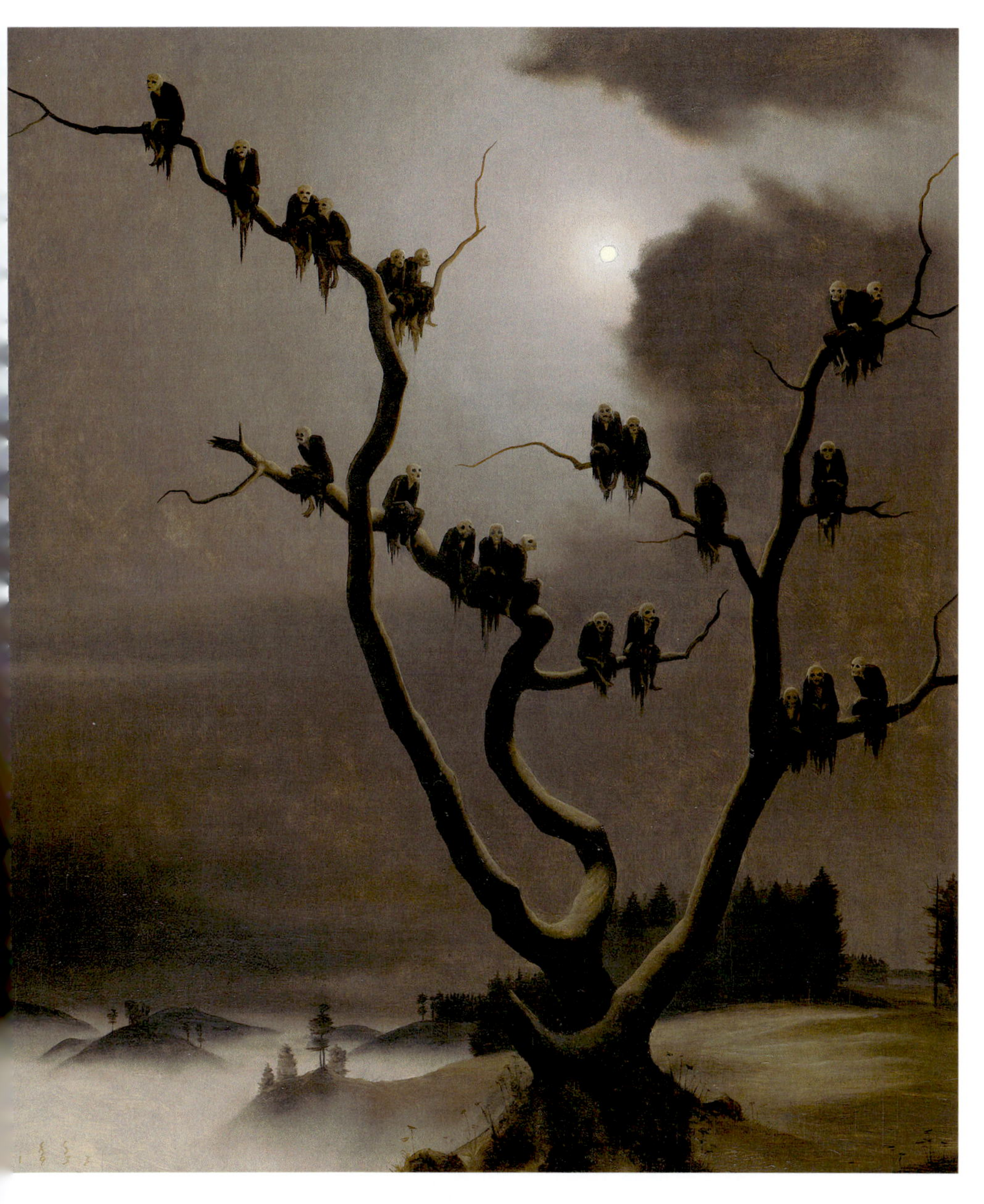

*FRANZ SEDLACEK, GESPENSTER AUF DEM BAUM, 1933,
65 X 55 CM, ÖL AUF LEINWAND, ALBERTINA WIEN*

FERN VON ZEIT UND RAUM

Es gibt Fragen, die man besser nicht stellen sollte. Zum Beispiel:

- einem Kirchenhistoriker *vor* dem 15. April 2019: Was würden Sie tun, wenn Sie zwischen Ihrem eigenen Leben oder dem Überleben der Kathedrale von Notre Dame wählen müssten?
- einem Physiker *vor* dem 10. April 2019: Was würden Sie tun, wenn Sie zwischen Ihrem eigenen Leben und der Entdeckung (und dem fotografischen Beweis) eines schwarzen Lochs wählen müssten?

Solche Dilemmata sind gemein, da die eigenen Interessen gegen die Interessen der Allgemeinheit abzuwägen sind. Kurz versus ewig. Ego versus alles. Robbert Dijkgraaf schrieb über Schwarze Löcher: »Sie sind die ausgefransten Ränder der Wissenschaft und erinnern uns an die größte Frage in der Physik: Wie ist das Allergrößte mit dem Allerkleinsten zu vereinbaren?« Die ausgefransten Ränder, an denen Wissen und Vorstellungskraft nicht mehr weiterkommen und unsere Neugierde unerträglich wird. Der Wissenschaftsredakteur der *Volkskrant*, George van Hal, versuchte zu erklären, warum Wissenschaftler Schwarze Löcher verstehen wollen: »Weil das, wie ein Gemälde, die Welt ein bisschen schöner macht.« Kunst und Wissenschaft stellen einen Gegensatz zum Alltäglichen dar. Sie vergrößern das Blickfeld, was Zeit und Bedeutung angeht. Sie lassen unser Ego einen Moment lang schrumpfen.

Ebenso wie die Kathedrale Notre Dame, eine Gigantin in der Zeit, die Epochen und Generationen verbindet. In Sekundenschnelle sahen wir sie in Flammen aufgehen. Was sich überhaupt nicht mit dem Jahrtausend in Einklang bringen ließ, in dem sie einfach da gewesen war. Geburt folgt auf Tod, folgt auf Geburt, folgt auf Tod. Das ging einem einfach nicht in

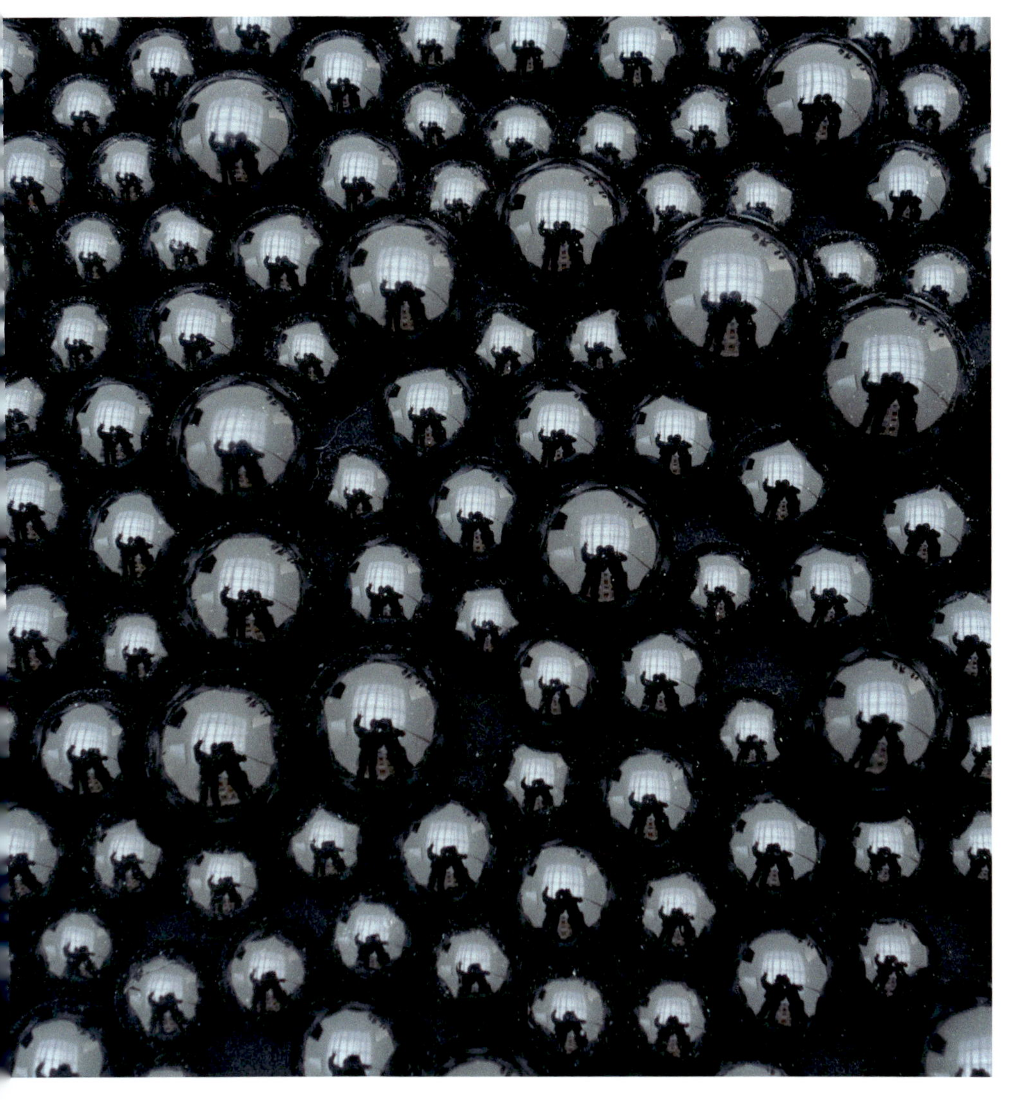

den Kopf, genauso wenig wie die Erklärung, dass Raum und Zeit in einem schwarzen Loch verschlungen werden.

Im Museum Voorlinden in Wassenaar bei Den Haag standen wir vor einem schwarzen Loch. Einem großen Kreis aus Murmeln, die wie glänzende, unterschiedlich große Lakritzkugeln aussehen – schaut man lange genug hin, scheint es zu brodeln und sich zu bewegen. *Turbulence (Black)* von Mona Hatoum fühlt sich bei längerer Betrachtung immer weniger wie eine Oberfläche und umso mehr wie Tiefe an. Man wird hineingesogen und ist für einen Moment lang verschwunden. Und dann, wie im Teich des Narziss, begegnet man sich in der Widerspiegelung selbst. Allein in diesem Detail fast 90 Mal (ich bin hier übrigens mit meiner Tochter zu sehen, die ihre Hand fröhlich in die Luft streckt). Dann ist das eigene Ich wieder zurück.

Der dunkle Kreis von Mona Hatoum besitzt eine unergründliche Kraft, die mich an das Foto von dem magischen schwarzen Loch denken ließ, in dem alle Masse auf einen Punkt zusammengeschrumpft ist. In dem sich Materie wie Spaghetti dehnt. Die Wissenschaft flüchtet sich in bildhafte Vorstellungen, um es zu beschreiben, weil das alles so undenkbar ist. Betrachten Sie für eine Weile diese schwarzen Murmeln, und Sie werden verstehen, warum die Bilder, die Künstler schaffen, uns dabei helfen, sich das Undenkbare vorzustellen. So wie das tiefschwarze *echte* Loch, das der Künstler Anish Kapoor für die Documenta 1992 geschaffen hat, so schwarz, dass man die Tiefe nicht sehen konnte (weshalb kürzlich jemand versehentlich in das Loch gefallen ist). Im Museum Voorlinden spiegelt sich vieles: Außer in *Turbulence (Black)* begegnet sich der Besucher auch in den Kugeln von Yayoi Kusama, ihren *Infinity Rooms*, dem Wasser von Ann Veronica Janssens und in den umgekehrten Spiegelungen von Adolf Luther. Wir werden ständig zwischen unserem kleinen Selbst und dem großen Ganzen hin und her geschleudert.

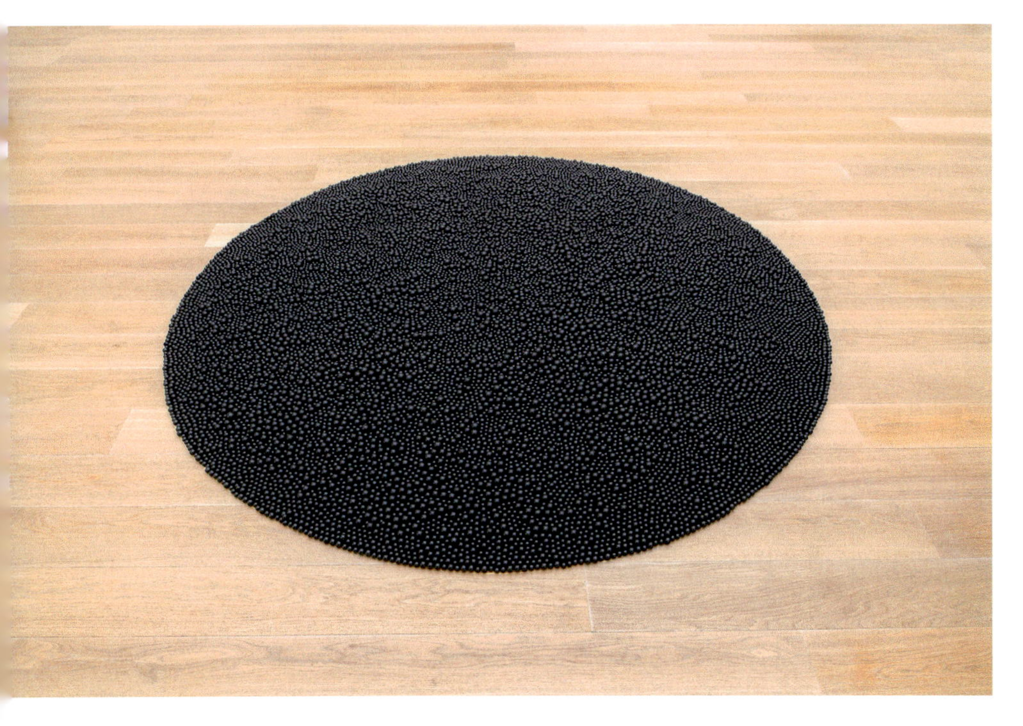

MONA HATOUM, TURBULENCE (BLACK), 2014, GLAS, STOFF, HÖHE 3 CM, DURCHMESSER 250 CM, MUSEUM VOORLINDEN, WASSENAAR

KÄMMEN

Wenn man in der Kunst Menschen sieht, die sich gegenseitig das Haar pflegen, sind es entweder Frauen (es gibt ein wunderschönes Bild von Degas, *Frau beim Kämmen* (*La Coiffure*) von 1896, das zwei Frauen in einer ganz in Rottönen gehaltenen Szene zeigt) oder eine Mutter mit ihrem Kind, und die sucht dann meistens nach Läusen. Niemals sind es Männer. Auch im wirklichen Leben nicht, um ehrlich zu sein. Was Männer angeht, so müssen wir uns der islamischen Welt zuwenden, besonders der persischen Literatur, und hier wiederum vor allem der safawidischen Kultur des 16. Jahrhunderts. Hammams finden sich in der gesamten islamischen Welt, vom Irak bis nach Indien, und doch ist dies eine außergewöhnliche Darstellung. Männer duschen sich mit Wasser, das sie aus silbernen Schüsseln über sich gießen (die silberne Farbe ist verschwunden, so dass die Schüsseln heute wie braune Bohnen aussehen), ein Mann wäscht sich mit der Hand unter einem Handtuch. Hier nun kämmt ein Bademeister mit hippem Schnurrbart und kleinem Kinnbart geduldig die langen Haare eines anderen, jüngeren Mannes aus. Ein Knoten muss entfernt werden, sagt der schön geschriebene Text am Rande: »Er zeigte viel Zähne und gab sich große Mühe, bis er ein großes Knäuel aus seinem Haar entfernt hatte.« Vielleicht bedeutet »er zeigte viel Zähne« so etwas wie »er strengte sich an«. Zwei Männer mit weicher Haut in verschiedenen Schattierungen und mit dünnen Augenbrauen. Der eine trägt goldene Ohrringe. Sie sind umgeben von schönen persischen Kacheln, einem Brunnen, gebannt auf einen Pergamentbogen voll goldener Farbspritzer, als hätte das Wasser des Brunnens auf das Kunstwerk selbst gespritzt. Es ist herrlich und unglaublich intim.

Diese Intimität ist schöner, als alles, was ich je in westlichen Aufführungen gesehen habe. Denn Kämmen ist eine intime Angelegenheit. Es ist ein Liebkosen. Ein Bestätigen, dass man existiert und zusammen ist, eine

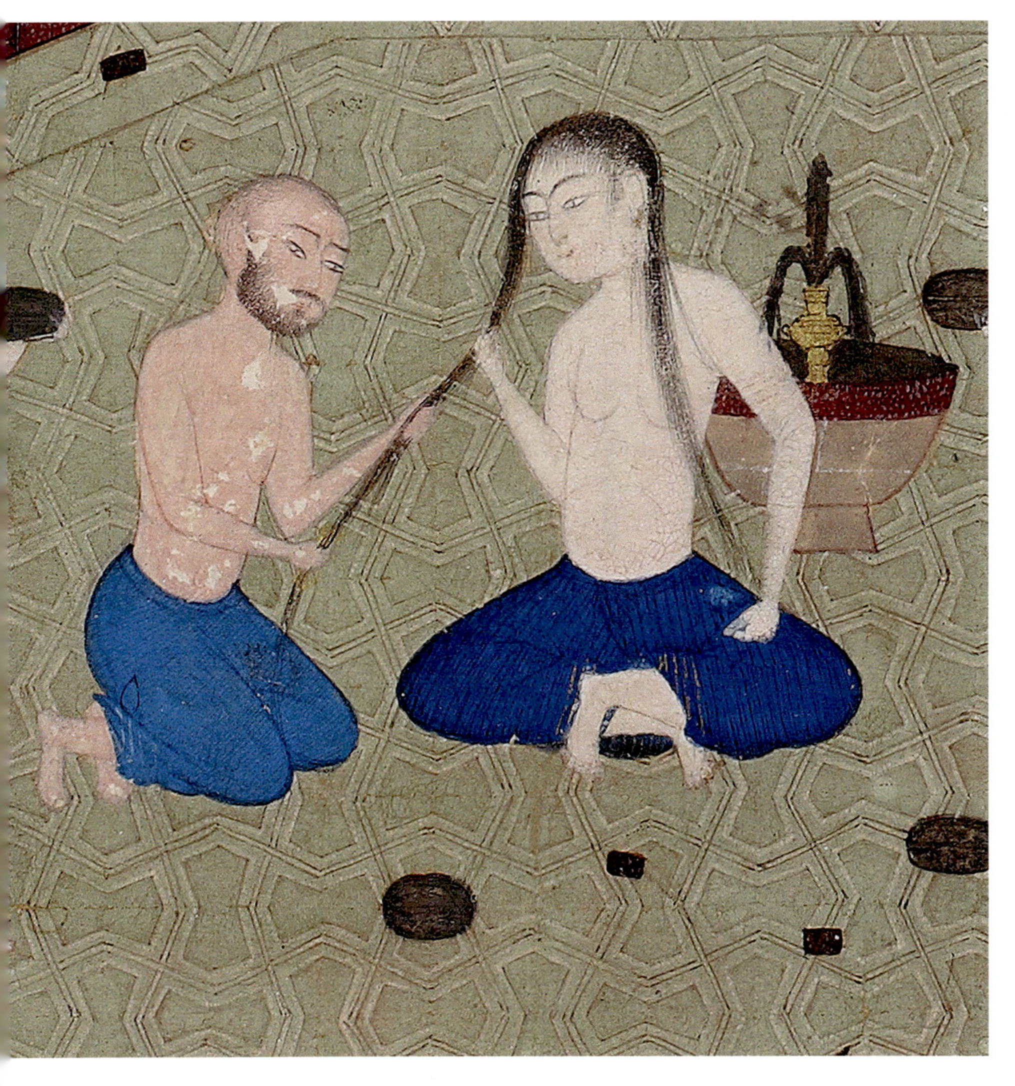

Art Streicheln. Wie bei Frauen, die ihre alte Mutter kämmen, wenn sie sie besuchen. Und wie bei Mädchen, die sich gegenseitig die Haare schönmachen – in einem liebevollen, geduldigen Pas de deux des Herumnestelns. In der westlichen Kunst sind es immer Frauen und/oder Kinder, die man beim gegenseitigen Kämmen sieht.

In dieser Geschichte geht es um Liebende – männliche Liebende. All jene, die bisher immer noch dachten, dass es in der islamischen Welt keine figurative Kunst, geschweige denn Bilder von Intimität zwischen Männern gäbe, können nun aufatmen. Es gibt sie.

Der dargestellte Mann mit den langen Haaren ist Prinz Mihr, die Hauptperson in der mythologischen Erzählung von Mihr und Mushtari, hier wahrscheinlich zusammen mit einem Gehilfen, erklärt mir Kurator Peter Wandel aus Kopenhagen am Telefon. Die beiden sind ein Liebespaar, aber der Sohn eines Kämmerers ist eifersüchtig und sorgt dafür, dass dem König Beschwerden zu Ohren kommen, die andeuten, dass Mushtari Mihr von seiner geistigen Arbeit abhalte. Der König lässt Mushtari entfernen und trägt später seinen Männern auf, seinen Sohn zu inhaftieren und Mushtari hinzurichten. Mushtari kann jedoch gerade noch rechtzeitig fliehen. Mihr reist durch die ganze Welt, um Mushtari zu suchen.

Sie finden sich wieder und kehren zurück, als der König schon alt ist. Der König zeigt sich versöhnlich, und wie es sich gehört, heiratet der Prinz später ein Mädchen. Es ist nie explizit homosexuell, sagt Wandel, denn wie in den meisten Religionen ist Homosexualität auch im Islam verboten. Aber um Liebe zwischen Männern geht es durchaus. »In der persischen Poesie und Handschriftenkunst kann das recht weit in Richtung körperliche Liebe ›verschoben‹ werden, sodass eine erotische Spannung entsteht«, sagt Wandel. Dies spiegele sich auch in der Wahl des Ortes, eines Hammams, wider. Diese Darstellung ist einzigartig in ihrer Atmosphäre männlicher Intimität.

Das Wichtigste, sagt Wandel, ist, dass es sich hier um Poesie handelt, in der die Liebe eine höhere Bedeutung hat. »Die Safawiden-Dynastie war eine Sufi-Dynastie, sie hingen einer Form des Islam an, in der es viel Raum für Spiritualität gab und in der man die Einheit mit dem Göttlichen durch die Taten des Menschen unmittelbar zu verwirklichen suchte. Jede Form der Liebe in der Literatur ist ein Symbol für das Göttliche, auch die Liebe zwischen Männern.« Ob erotisch oder nicht, der warmherzige Akt des Kämmens in der Atmosphäre eines Badehauses im 16. Jahrhundert ist ein Juwel stiller menschlicher »Nähe« in der Kunst.

Mit Dank an Dr. Anna Livia Beelaert, Iranistin in Leiden, für die Ergänzungen.

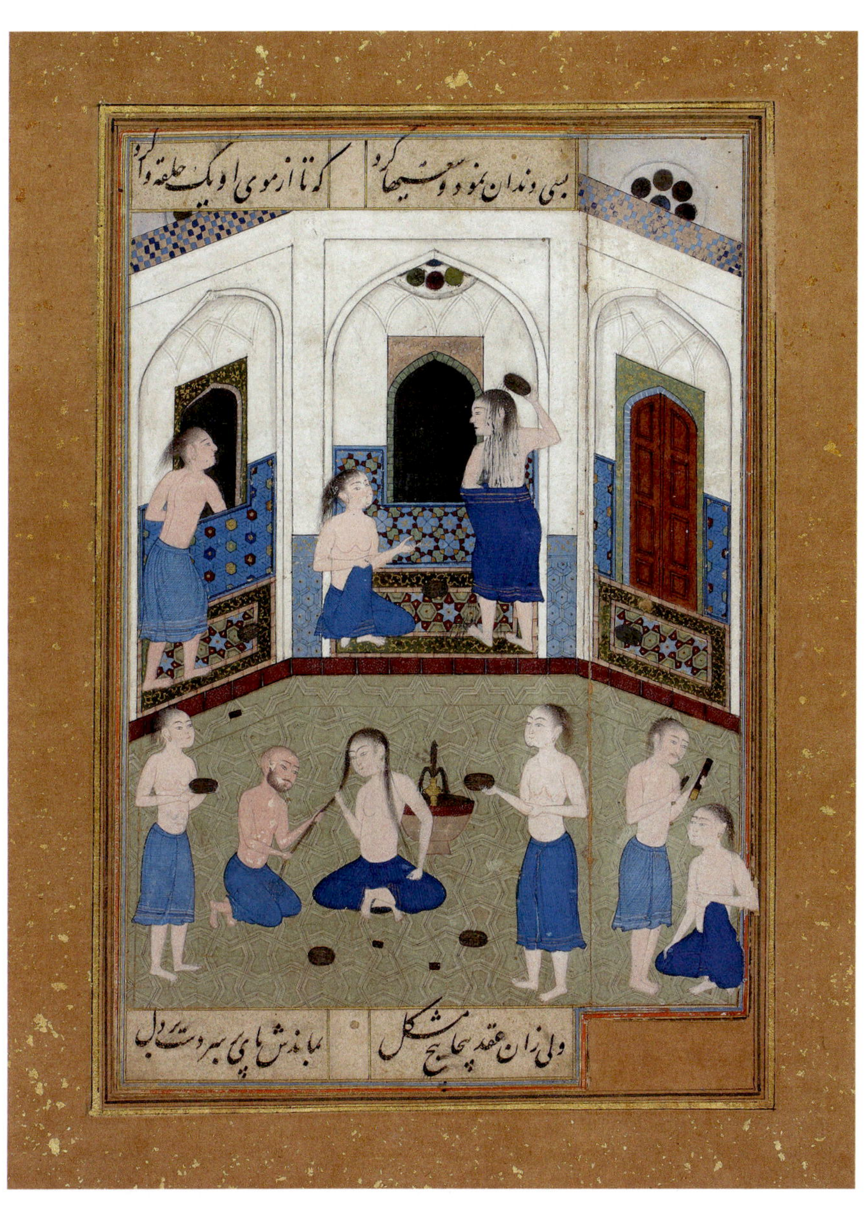

MINIATUR AUS EINER FASSUNG VON ASSAR TABRIZIS MIHR WA MUSHTARI: MIHR IN EINEM BADEHAUS IN KHWARAZM, IRAN, SHIRAZ, UM 1540–50, VELLUM, BLATT 25 X 20 CM, THE DAVID COLLECTION, KOPENHAGEN

SEHEN UND GESEHEN-WERDEN

Vor Kurzem stand ich vor diesem Gemälde, das in manchen Kreisen berühmt ist. Dabei wurde mir klar, dass man es durchaus als radikales Werk bezeichnen kann. Dieses Detail aus dem Hintergrund ist der Beweis – nein, eigentlich das Schlussplädoyer – dafür.

Radikal ist vielleicht nicht die erste Assoziation, die man bei einer Dame, einem Opernglas, einem Fächer und hauchdünnen Handschuhen hat. Im 19. Jahrhundert sind viele Gemälde von Menschen in Theatern gemalt worden. Im Theater glänzte alles, das Kerzenlicht spiegelte sich auf dem Blattgold der Balkone. Oder das neue elektrische Licht fiel gleichmäßig auf die Haut der Besucher, die nicht nur gekommen waren, um sich die Vorstellung anzuschauen, sondern sich auch gegenseitig beäugen wollten. Damals waren solche Gemälde aufregend, heute werden viele Menschen mit einem milderen »Oh« oder »Ah« an ihnen vorbeigehen. Außer an diesem Bild.

Von allen Gemälden, die Menschen in Logen zeigen, ist dies das einzige, auf dem unser Schauen *ihrem* Schauen untergeordnet ist. Unser Blick zählt weniger als der ihre. Ihr Blick – ihr Starren, wenn man so will – ist hier nämlich das Thema. Auch wenn wir nicht wissen, was sie sich da anschaut. Viele europäische Gemälde dienen unserem Blick, sie bieten uns etwas dar, damit wir es bewundern können. Sie ist selbst gerade dabei, etwas zu bewundern, oder es zumindest intensiv zu beobachten. Sie gibt die Richtung vor.

Manche Frauen auf Gemälden (wie auf den meisten von Vermeer) schauen uns vielleicht nicht an, aber sie sind doch immerhin dazu da, um angeschaut zu werden. Diese Frau versetzt uns in dieser Hinsicht in Verwirrung. Nichts in ihrer Darstellung deutet auch nur im Geringsten darauf hin, dass sie darauf besteht, von uns gesehen zu werden; nicht einmal ihre Augen sind sichtbar. Sie anzuschauen, ist, als würde man einen Wissenschaftler im Labor

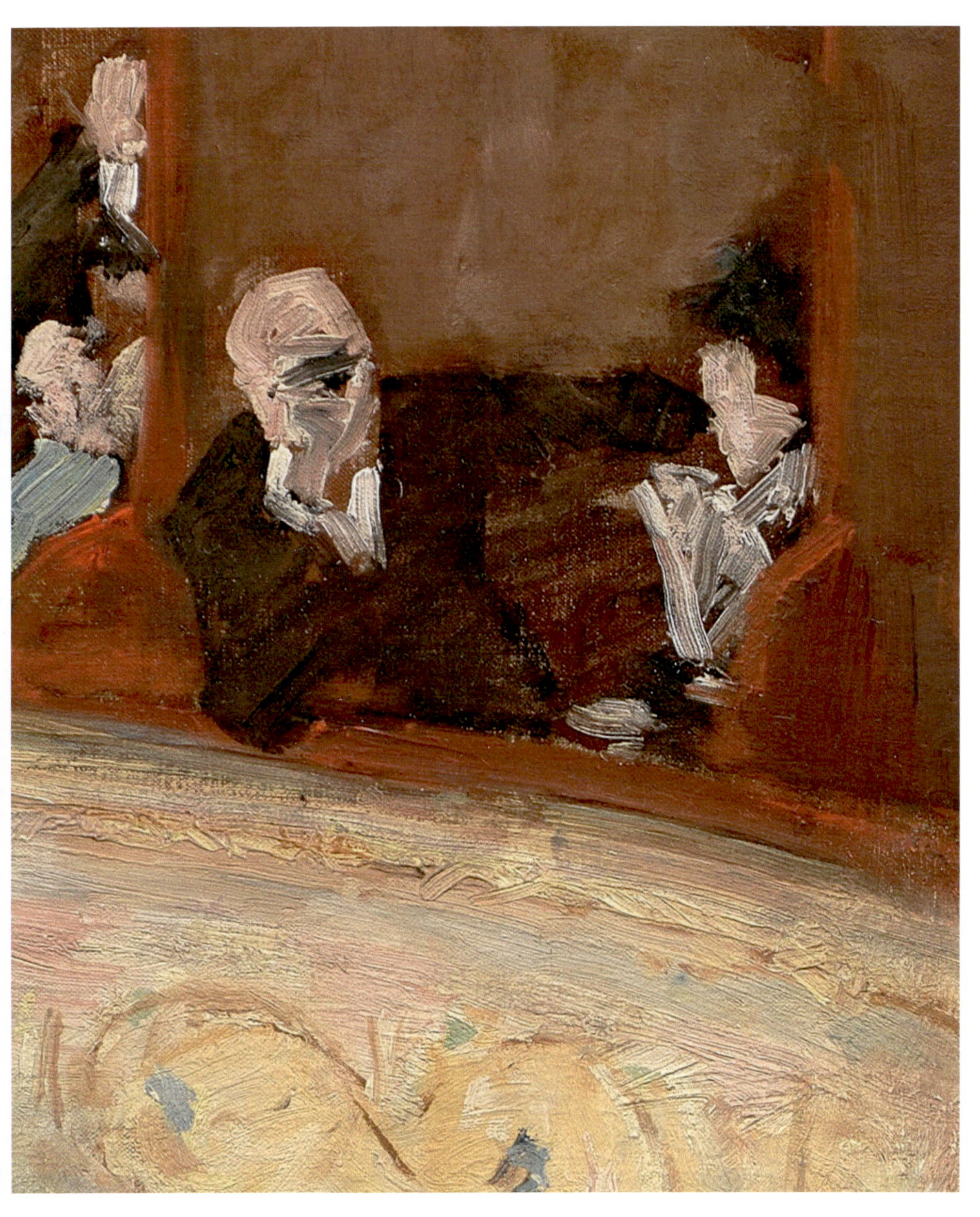

oder eine Detektivin an einem Tatort betrachten. Wir haben dort nichts zu suchen, wir tragen nichts bei. Wir sind zu nah dran, und wir sind nutzlos.

Jetzt werde ich etwas sagen, bei dem Sie vielleicht denken: »Aha, daher weht der Wind«. Das Bild wurde nämlich von Mary Cassatt, einer Frau, gemalt. Deshalb dient es also nicht dem *male gaze*, dem männlichen Blick. Aber so einfach ist es nicht. Ein anderes Gemälde von Cassatt, die *Dame mit Perlenkette in einer Loge* (1879) aus dem Philadelphia Museum of Art, das seinerzeit in der Ausstellung *Close-up* in Basel im selben Raum zu sehen war, zeigt eine Frau im Theater, die sich uns mit ihrem ganzen Körper zuwendet: Ich weiß, dass du mich siehst, deshalb sitze ich hier. Dieses Bild erinnert eher an Instagram-Fotos, mit denen man zeigen will, auf was für einem coolen Event man gerade ist.

Nicht so hier. Dieses Gemälde bricht mit der Regel, dass wir als Betrachter oder Betracherin das Sagen haben. Es geht um das subtile Machtspiel zwischen Sehen und Gesehenwerden, und es stellt dieses Spiel auf den Kopf. Was hat dieses Detail damit zu tun? Tatsächlich sehr viel. Ein Mann betrachtet sie von weitem mit seinem Opernglas, und er schaut dabei in unsere Richtung. Der beobachtende Mann und mit ihm der uralte »männliche Blick« werden hiermit in das Bild gebracht und dargestellt. Der Mann vervollständigt das Bild. Je länger man ihn dabei beobachtet, wie er nach ihr späht und dabei seine eigene Begleitung ignoriert – er fällt fast über die Kante der Brüstung –, desto mehr erkennt man: Er und sein Blick werden lächerlich gemacht. Du kannst so viel glotzen, wie du willst, mein Freund, sie ist nicht für dich da. Sie schaut selbst.

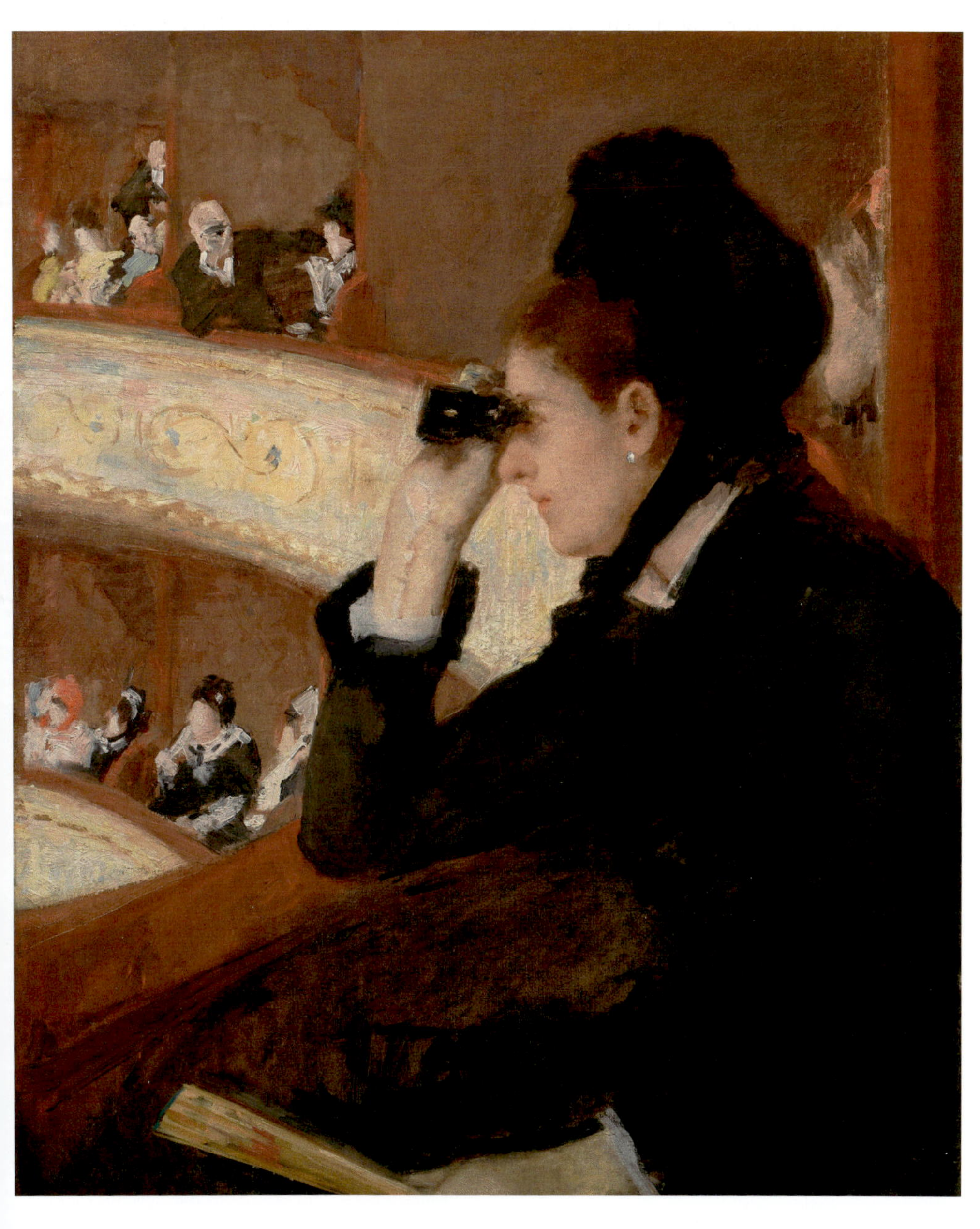

MARY STEVENSON CASSATT, IN DER LOGE, 1878, ÖL AUF LEINWAND, 81,3 X 66 CM, MUSEUM OF FINE ARTS, BOSTON

ESSAY 4

BANKSY ZUM APÉRO

In diesem Buch geht es oft um die besten Kunstwerke, die geschaffen wurden, lassen Sie uns hier aber einmal über die bemerkenswerteste Zerstörung eines Kunstwerks sprechen. Am 5. Oktober 2018 wurde in London das berühmte *Girl with Balloon* – bei dem man sich fragt, bekommt sie ihn beinahe zu fassen oder lässt sie ihn gerade los? – wie aus dem nichts geschreddert, nachdem es für über eine Million Pfund versteigert worden war. Langsam sank das Kunstwerk in dünnen Streifen durch den Rahmen. Es war der Aufreger des Jahres. Banksy, der Phönix der Straße, der Hofnarr der Kunstwelt, hatte wieder zugeschlagen. Es schien, als würde sich das Kunstwerk, dort im Auktionssaal, selbst zerstören.

Kurz darauf postete der nach wie vor anonyme Künstler ein Video auf YouTube und Instagram, in dem er zeigt, wie er selbst, schon Jahre zuvor, 36 kleine Messer in den Rahmen seines Kunstwerks montiert, und er selbst oder jemand in seinem Auftrag am Abend der Auktion, mitten im Publikum bei Sotheby's, das sprachlos und verwirrt zusieht, eine Fernbedienung betätigt. Natürlich glaubt nicht jeder, dass das Auktionshaus nichts davon gewusst hat. Wie hätten die Batterien nach einem Jahrzehnt sonst noch funktionieren können?

Zunächst ein Wort zu einem bemerkenswerten Zitat, das Banksy auf Instagram zu seinem Film, der über 16 Millionen Mal angeschaut wurde, postete: »Der Zerstörungsdrang ist auch ein kreativer Drang – Picasso«. Das wurde in vielen Medien als der zentrale Anlass für Banksys Motivation interpretiert. Es ist wahnsinnig scharfsinnig und man spürt, dass es alles Mögliche bedeuten kann – schade nur, dass das Zitat nicht von Picasso stammt. Aber nun ja, Picasso eignet sich natürlich ideal dazu, ihm coole Zitate zuzuschreiben, und bei einem assoziativen Vergleich mit dem größten Künstler des vorigen Jahrhunderts kann eigentlich nichts schiefgehen. Wie ist dieses halb zerstörte Mädchen zu bewerten? Und was sagt diese Aktion über Kunst aus?

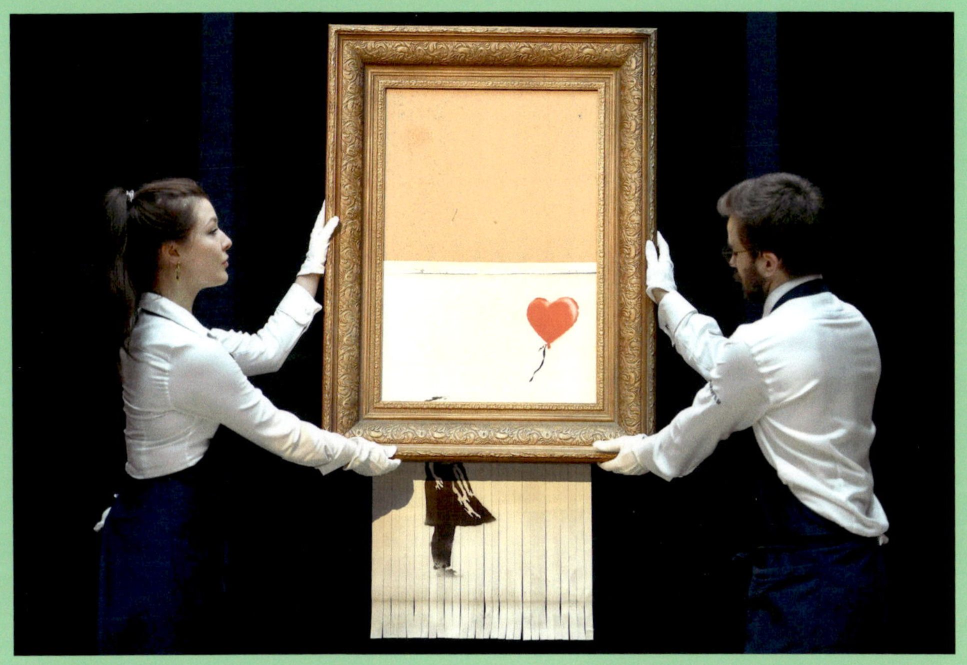

LOVE IS IN THE BIN, DIE ZERSTÖRUNG VON BANKSYS GIRL WITH BALLOON AM 5. OKTOBER 2018 BEI SOTHEBY'S IN LONDON

Zerstörung als Kunst

Zerstörung ist auch etwas Schöpferisches: Man könnte es die Phönix-Theorie nennen, mit der Randbemerkung, dass der Phönix in der griechischen Mythologie zu Asche wurde und aus dieser Asche ein neuer Phönix aufstieg. Das arme Ballonmädchen – ein Kunstwerk, das Banksy ursprünglich 2004 an einer Wand im Londoner Stadtteil Southbank geschaffen hatte – blieb auf halber Strecke in dem zerstörerischen Rahmen stecken.

Einige Experten hielten das für genial und riefen: »Doppelt so viel wert!«, als ob sie des Kaisers neue Kleider bejubelten. Alex Branczik, der Leiter der Abteilung für zeitgenössische Kunst bei Sotheby's, bezeichnete es als »das erste Kunstwerk in der Geschichte, das live während einer Auktion geschaffen wurde«. Das Banksy-Team erklärte es umgehend zu einem authentischen neuen Kunstwerk und benannte es in *Love Is in the Bin* um. Und die neue Besitzerin verkündete schnell, ihr sei klar geworden, dass sie ihr »eigenes Stück Kunstgeschichte« erstanden habe. Es war also kein neuer Phönix aus der Asche aufgestiegen, die »Asche« wurde selbst zur Kunst erklärt.

Banksy war sicherlich nicht der erste Künstler, der das Pseudo-Picasso-Motto nutzte. Erinnern Sie sich noch an den House-Song *What Time Is Love* von The KLF? Aus der britischen Band wurde ein Künstlerduo. Bill Drummond und Jimmy Cauty vernichteten am 23. August 1993 auf der schottischen Insel Jura eine Million Pfund in Banknoten aus ihrem Kunstfonds, *The K Foundation*. Sie betrachteten das als Kunstwerk. Es dauerte 67 Minuten, und einige der Scheine flogen mit dem Feuer in die Luft und davon. Es sei eine Anklage gegen den Kapitalismus und die Musikindustrie, sagten sie. Die beiden gingen sogar so weit, auch sämtliches Foto- und Filmmaterial darüber zu vernichten. Allerdings stellte sich letztendlich heraus, dass einer von ihnen eine Kopie aufbewahrt hatte. War das Kunst?

Vor nicht ganz so langer Zeit zerstörten die Superstar-Rapper Jay-Z und Kanye West einen Maybach 57 S aus dem Jahr 2004, eines der teuersten Autos der Welt, in dem von Spike Jonze inszenierten Video zu dem von Markengeilheit durchtränkten, dekadenten Rap-Song *Otis*. Das Auto wurde danach als Kunstwerk versteigert, wobei der Erlös zum Teil an benachteiligte Kinder gehen sollte. Zerstörung, Kunst, oder eine ignorante Art zu zeigen, wie viel Gleichgültigkeit sich die Künstler erlauben können? Das Kunstwerk brachte 60 000 Dollar ein. Der Maybach hatte 350 000 Dollar gekostet, wovon sie 262 500 Dollar als Betriebskosten abschreiben konnten, um eine Steuerrückerstattung von 100 000 Dollar zu erhalten, rechnete das Magazin *Forbes* vor. Und der Erlös könnte bei den Steuerbehörden als wohltätige Spende deklariert werden.

Ein berühmter Fall von Zerstörung in der Kunstwelt ist das Werk *Erased De Kooning Drawing* (1953) des amerikanischen Künstlers Robert Rauschenberg. Er bat Willem de Kooning um eine Zeichnung, die er ausradieren wollte, und erhielt sie von ihm. Das Werk hängt im San Francisco Museum of Modern Art. Hier wirft Rauschenberg ein neues Dilemma auf: Ist das nun ein zerstörtes Werk von De Kooning oder ein neues Werk von Rauschenberg? Das Werk zwingt den Betrachter, die beiden Künstler gegeneinander abzuwägen. Wer ist mehr wert?

Diesen Fällen ist gemeinsam, dass die Zerstörung am Ende doch nicht ganz so zerstörerisch war. Es bleibt etwas übrig, dem ein Wert beigemessen werden kann. Auch bei Banksy, wenngleich entgegen seiner Absicht. Am 18. Oktober 2018 platzierte er ein neues Video auf YouTube, im begleitenden Text hieß es:

»Als ich es geübt habe, hat es jedes Mal funktioniert…«. Man sieht darin das Bild des Mädchens mit Ballon, wie es sich tatsächlich völlig in Streifen auflöst. Es stellt sich die Frage, ob Sotheby's und die Eigentümerin genauso laut über die Wertsteigerung und die Live-Produktion von Kunstgeschichte gejubelt hätten, wenn nur die Streifen übriggeblieben wären.

Wie steht es mit der Aktion selbst? Wer entscheidet, wann eine Aktion Kunst ist, und ist es dabei von Bedeutung, wie das Ergebnis aussieht? Natürlich war es eine großartige Aktion, und das kann man in der Kunst auch als Performance bezeichnen. Inhaltlich lässt sich nichts dagegen einwenden: Eine Zerstörung in dem Moment, in dem eine Rekordsumme dafür geboten wird, fügt sich nahtlos in Banksys rebellisches Œuvre ein. Die Transformation seiner Schablonenarbeit in eine Performance ist originell und konsistent. Einige Leute fanden es auch schön – und bei einer Aufführung ist die optische Wirkung nicht unwichtig.

Einmal Graffiti, immer Graffiti

Banksy ist kein Graffitikünstler in dem Sinne, dass er mit Sprühdosen Bilder aus Worten kreiert oder überall seinen Namen hinterlässt. Aber er bedient sich durchaus der Methoden eines Street Artists, auch in der institutionellen Kunstwelt. Bei ihm zeigt sich das an drei Dingen: Lokation, Anonymität und Zerstörung.

In seinem Werk trägt die Lokation fast immer zur Bedeutung bei – man denke nur an ein gemaltes Loch auf der Mauer zwischen Palästina und Israel, mit »Ausblick« auf einen Palmenstrand, oder den kleinen Jungen, der in New Orleans nach dem Hurrikan Katrina an einem Rettungsring baumelt. Wenn Sie sich dann die Zerstörungsperformance von *Girl with Balloon* ansehen, werden sie erkennen, dass auch hier der Ort des Geschehens alles ist. Bei diesem Happening ging es um Kunst als Investition, denn Sotheby's in London ist das Zentrum des Kunstkapitalismus. Die Verwirrung, die man bei diesem Ereignis in den Gesichtern der Anwesenden sehen konnte, war Teil der Bedeutung der Performance. Die eine völlig andere Bedeutung gehabt hätte, wenn Banksy das Werk in einer U-Bahn-Station während der Hauptverkehrszeit zerstört hätte.

Anonym zu arbeiten ist genuiner Bestandteil von Graffiti. Anonymität gibt Freiheit. Die meisten Graffitikünstler, die im gehobenen Kunstsektor gelandet sind, haben ihre Anonymität nicht gewahrt (Keith Haring, Jean-Michel Basquiat). Banksy hingegen schon. Das Schöne daran ist, dass man seine Identität nicht mit seiner Kunst in Verbindung bringen kann: Man kann seine Kunst nicht unter Gesichtspunkten wie weiblich, männlich, Hautfarbe oder unter sonstigen kulturellen Aspekten interpretieren. Dass er eine Frau ist, ist übrigens völlig ausgeschlossen: Er hat sich mehrfach mit verdecktem Gesicht gezeigt, und da war eindeutig ein Mann zu sehen. Namen, die herumschwirren, sind: Robert oder Robin Banx und Robin Gunningham, wobei die beiden ersten eher wie ein Wortspiel zum Bankraub, *robbing a bank*, wirken. Er könnte auch eine Gruppe sein, wie die Free-Speech-Organisation Loesje. Im Jahr 2016 warf der Journalist Craig Williams eine weitere Theorie auf: Banksy sei der Frontmann der Band Massive Attack aus Bristol, Robert Del Naja, der auch 3D genannt wird. In einem großartigen Artikel hat er akribisch den Tourneeplan der Band recherchiert und mit den Orten verglichen, an denen Banksys Werke auftauchten: Orte und Daten stimmen überein. Robert Del Naja ist zum Beispiel ein großer Fan des Fußballclubs SSC Napoli. In einem Radiointerview sagte er, dass er bei einem Spiel des Clubs gegen AS Citadella gewesen sei. Auch dieses Datum passt zum »Erscheinen« einer Banksy-Madonna an einer Kirchenwand in Neapel.

Wie ein Rumpelstilzchen hält Banksy die Welt in seinem Griff, und solange niemand seinen Namen kennt, haftet seiner Kunst etwas Magisches an. Die Kunstwelt treibt mit Namen geradezu einen Kult, sie werden verehrt und sind für den Wert der Werke mitentscheidend. Namen beeinflussen unseren Blick. Banksy hat sich dem entzogen. Mittlerweile hat sich aber auch ein Kult um den Namen Banksy entwickelt. Für die trivialsten Schablonenwerke werden Hunderttausende von Euro gezahlt und seine Arbeiten werden aus den Wänden geschlagen, um sie als hohe Kunst bewahren zu können. Seine Anonymität beginnt sich also auch zu verschleißen.

Das Hauptgewicht der Performance an diesem 5. Oktober 2018 lag auf der Vergänglichkeit des Werkes. Street Art ist temporär. Anders als der regulären bildenden Kunst droht der Straßenkunst jederzeit Vernichtung. Graffitikünstler wissen, wie vergänglich ihr Werk ist, dass es morgen übermalt oder die Wand abgerissen werden kann, und sie nehmen es in Kauf. Banksy nahm diese Gegebenheit dorthin mit, wo sie Schmerzen verursacht: in die Welt, die Kunst verehrt.

In Wirklichkeit kam es jedoch gar nicht zu einer Zerstörung. Das Ziel wurde nicht erreicht, der Plan scheiterte, und der Effekt kehrte sich sogar in sein Gegenteil um: Was scheinbar als Protest gegen den Kunstmarktkapitalismus begann, führte zu einem starken Wertzuwachs.

Zum Vergleich eine Zerstörungsperformance, die wirklich erfolgreich war: *Break Down* von Michael Landy. Dieser gehörte zusammen mit Damien Hirst, Gary Hume, Sam Taylor-Wood und (Landys Partnerin) Gillian Wearing zu den extrem gehypten *Young British Artists*, die dank des Sammlers Charles Saatchi zu Superstars der Kunstszene wurden. Im Jahr 2001 ließ Landy in einem alten C&A-Laden in London seinen gesamten Besitz zerstören. Alles. In einer Performance, die einem industriellen Prozess glich. 45 000 Menschen kamen, um dabei zu zusehen. Er verdiente nichts daran und hatte danach nichts mehr.

Die Performance-Installation gilt in der Kunstwelt als rein, stark und erfolgreich. Was ist Banksy inhaltlich wert, jetzt, da wir wissen, dass er sein Ziel verfehlt hat?

Für ein abschließendes Urteil (viel Erfolg damit!) nehmen wir uns noch einmal dieses Zitat vor. »Der Zerstörungsdrang ist auch ein kreativer Drang«, das Picasso zugeschrieben wird, aber von Michail Bakunin stammt, einem russischen Philosophen des 19. Jahrhunderts, Rivale von Karl Marx und Begründer des internationalen Anarchismus. Es ist nicht so, dass Banksy das nicht wüsste, denn sein Werk ist von Anarchismus und dem Symbol des Anarchismus durchdrungen. Vielleicht wollte er uns nur testen. Bakunin hat diesem Zitat Folgendes vorangestellt: »Lasst uns also dem ewigen Geiste vertrauen, der nur deshalb zerstört und vernichtet, weil er der unergründliche und ewig schaffende Quell alles Lebens ist.« Bakunin war ein radikaler Revolutionär und praktizierte sein Motto seinen ganzen unglaublichen Lebensweg hindurch, was ihm Gefängnis, Exil und Folter einbrachte. Für ihn konnte erst etwas Neues entstehen, wenn alles verwüstet war, besonders die Infrastrukturen und Systeme, auf die sich die Macht stützt.

Der Wind kommt übrigens von hinten. Die Haare des Mädchens verraten, dass sie den Ballon nicht beinahe zu fassen bekommt, sondern ihn gerade loslässt. In dem neuen Werk weht nur noch der Ballon davon. Im Jahr 2005 schrieb Banksy in seinem Buch *Wall and Piece* eine Zeile zu seinem Ballonmädchen: »Wenn es Zeit ist zu gehen, geh leise und mach keinen Wirbel.« Letzteres ist nicht ganz geglückt, aber bei *Girl with Balloon* und der Performance am 5. Oktober 2018 dreht sich alles ums Loslassen.

SIE IST JEMAND

Neutrale Gesichter gibt es nicht. Jedes Gesicht strahlt, selbst im emotionslosesten Zustand, eine Emotion aus. Dies ist 1987 von Psychologen wissenschaftlich bestätigt worden. Es scheint sogar Belege dafür zu geben, dass häufig durchlebte Emotionen irgendwann im Gesicht ablesbar werden: Menschen, die von Natur aus fröhlich sind, haben später im Leben ein fröhlicheres »neutrales Gesicht«, und bei Menschen, die von Natur aus besorgt sind, hinterlassen diese Sorgen ebenfalls Spuren in ihrem Gesicht. So finden innere Einstellungen im späteren Leben ihren Weg ins Gesicht.

Dieses Mädchen ist jung. Bizarr jung, gerade mal 13 Jahre alt, Gauguin war ein Schurke. Ich fühlte mich an Hannah Gadsbys Comedy-Show *Nanette* erinnert, in der sie erklärt, warum sie von Picasso angewidert ist. Unter anderem, weil er sich als 42-Jähriger eine 17-jährige Freundin nahm und dabei sagte, das sei perfekt, weil sie »in ihren besten Jahren« sei und er auch. Es ist die einzige Tirade über Kunstgeschichte, die ich in einer Comedy-Show je sah, und sie ist atemberaubend treffend. Aber wenn Picasso schon frauenfeindlich war, wie verhält es sich dann erst mit Gauguin? Der wegen der »Reinheit« der sogenannten primitiven Menschen nach Tahiti ging und sich dort, wie Picasso mit 42 Jahren, eine 13-jährige Braut nahm, und noch zwei weitere 14-Jährige dazu? Und der schöne Kunstwerke geschaffen hat.

Für mich hat das den Blick auf dieses Mädchen verändert. Ihre Augen scheinen uns nicht anzuschauen, sie scheinen, nach innen gerichtet zu sein. Sie ist umgeben von exotischen, teils aus ihrer Kultur stammenden, Symbolen, trägt aber ein christliches Missionskleid. Ihr Name ist Tehamana, manchmal auch Teha'amana geschrieben. Sieh da, damit können wir etwas anfangen. Denn selbst hatte ich das Bild nie ernsthaft als Porträt gesehen. Es ist ein Mädchen, wie Gauguin es sah, es verkörpert eher eine Vorstellung als einen Menschen. Und genau das passiert mit vielen Frauen in der

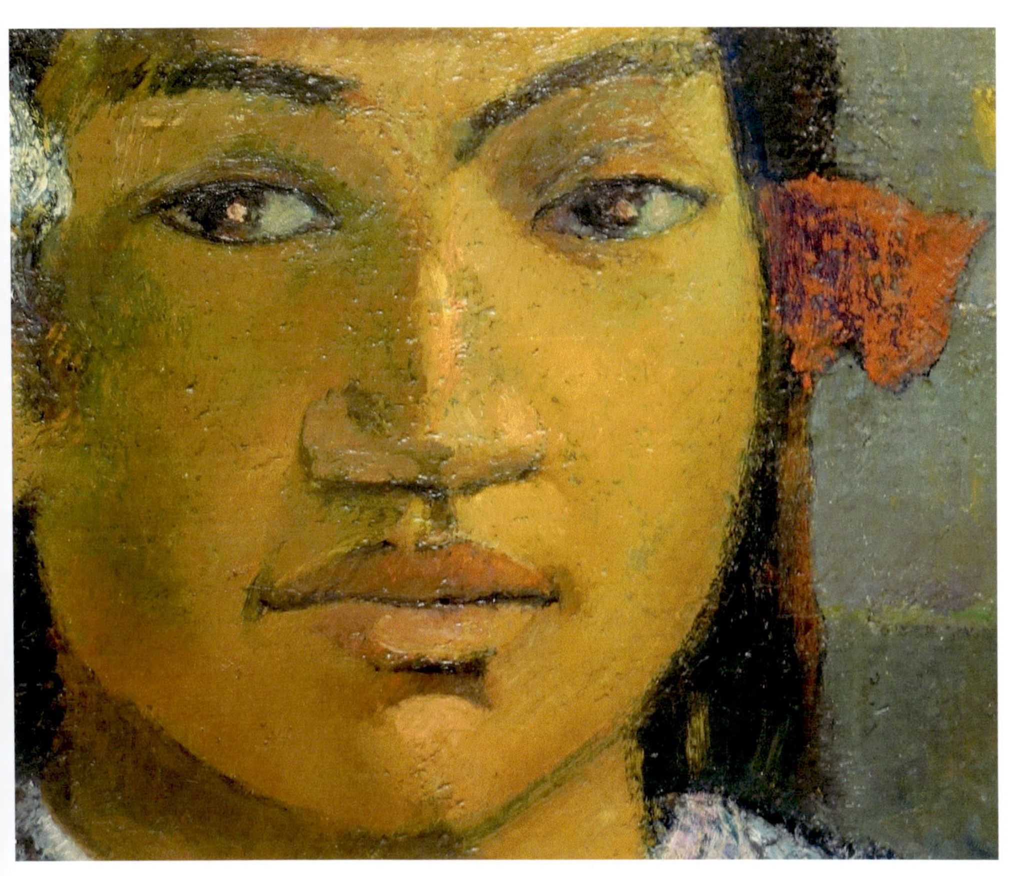

Kunst – der Maler gibt seine Version, seine Fantasie wieder, es geht um ihn, nicht um sie. Wie Gadsby sagte: »Die Geschichte der westlichen Kunst ist die Geschichte von Männern, die Frauen malen, als wären sie Fleischvasen für ihre Schwanzblumen.« In einer Retrospektive von Gauguins Porträts im Jahr 2019 hat die National Gallery in London das nicht unkommentiert gelassen, allein schon dadurch, dass sie Tehamana dort an prominenter Stelle präsentierte: Sie ist jemand, sie ist nicht nur ein exotisches Genre.

Schaut dieses Mädchen neutral? Manche nennen ihren Blick geheimnisvoll, andere sexy, und wieder andere vergleichen ihn mit dem Blick der Mona Lisa. Je mehr man weiß, desto unterschiedlicher interpretiert man vielleicht ihre Emotionen. Auch die Symbole erfüllen ihren Zweck: Mangos für die Fruchtbarkeit, ein Fächer, um das Geheimnisvolle zu unterstreichen, eine polynesische Fruchtbarkeitsgöttin an der Wand und obskure Symbole auf der Tapete. Aber ich schaue mir ihre Augen an. Tehamana hat Gauguin verlassen, angeblich weil sie die Syphilisflecken, mit denen sein Körper übersät war, unansehnlich fand. Sie bekam noch zwei Kinder mit einem jungen Mann von einer Nachbarinsel, den sie heiratete. 1918 starb sie an der Spanischen Grippe, die ein Viertel der ursprünglichen Bevölkerung von Tahiti dahinraffte. Sie ist auf mehreren Tahiti-Gemälden Gauguins zu sehen. Ihr Name bedeutet »Kraftspenderin« und sie verdient ebenso viel Ruhm wie ihre Bildnisse.

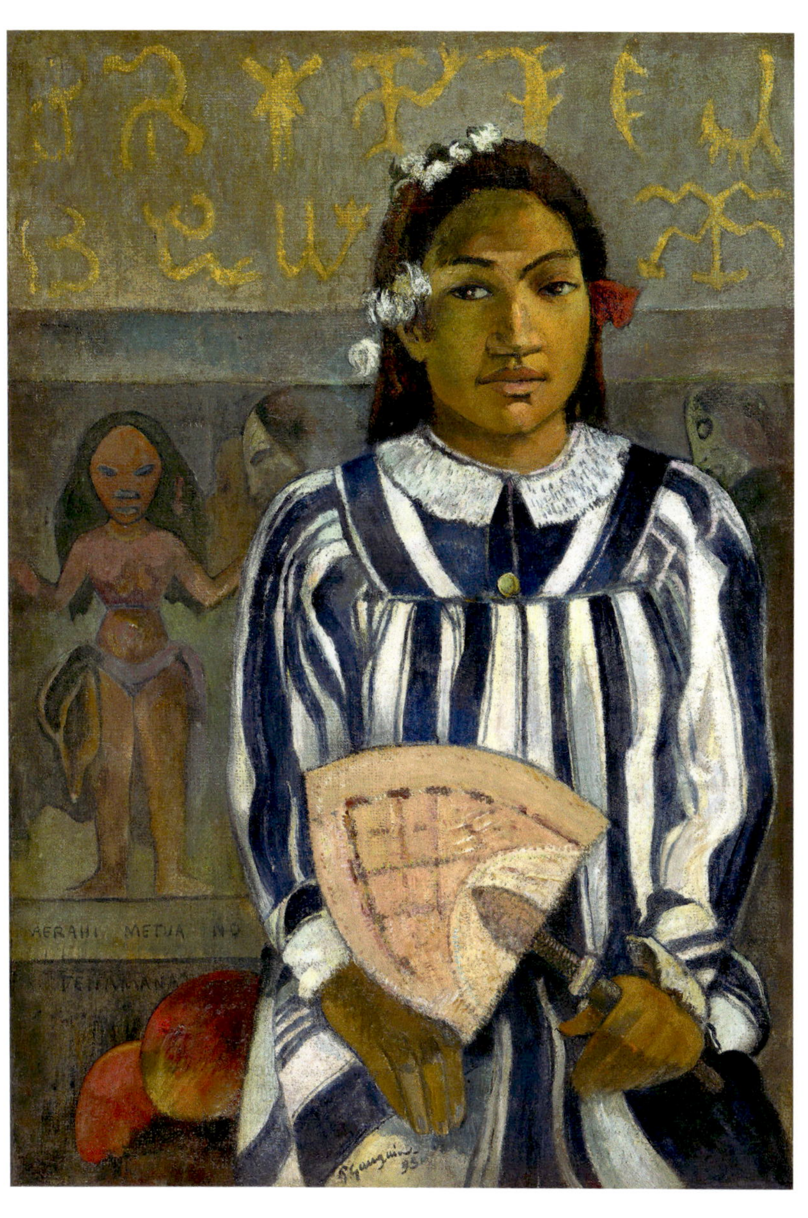

PAUL GAUGUIN, MEHARI METUA NO TEHAMANA (TEHAMANA HAT VIELE ELTERN ODER DIE VORFAHREN VON TEHAMANA), 1893, ÖL AUF JUTE, 75 X 53 CM, THE ART INSTITUTE OF CHICAGO

HALTE ABSTAND

Die Stadt, mit ihren Wohnungen und Appartementhäusern, bekam nach dem Coronaausbruch immer mehr Ähnlichkeit mit einem Klosterkomplex. Jeder in seiner Zelle, manche etwas geräumiger als andere. Die Wände, Türen und Fenster der eigenen Wohnung, normalerweise ein vertrauter Anblick, wenn man von der Arbeit, der Uni oder nach einer Party nach Hause kam, bildeten nun den beständigen Rahmen des Lebens. Das ist dein Nest, damit musst du auskommen. Hier hallen unsere Gedanken, Sehnsüchte und Fantasien wider. Hier klingt ein Wort, das wir versehentlich laut aussprechen, plötzlich wie aus einem Lautsprecher. Viele Menschen saßen zusammen in einer Zelle, aber Hunderttausende saßen auch allein darin. Menschen in ihren 20ern, 40ern und 80ern. Die belebte Stadt war zu einer einsamen Stadt geworden. Ein stilles Kloster, in dem jeder für sich war. Ich dachte an das Kloster von San Marco in Florenz. Eine Oase der Ruhe in der turbulentesten Stadt der Renaissance, mit 45 kleinen weißen Zellen für die Mönche, jede mit *einem* Wandgemälde von einem ihrer Bewohner versehen, von Fra Angelico, Mitte des 15. Jahrhunderts. An der Wand in Zelle 1 ist der biblische Archetyp des Social Distancing zu sehen: eine schöne Frau, die sich nach der Umarmung eines Mannes sehnt. Jesus mit Maria Magdalena.

Sie war die erste Person, der er sich zeigte, nachdem er, am ersten Tag der Woche nach der Kreuzigung, von den Toten auferstanden war (die jüdische Woche beginnt nach dem Sabbat). Sie weinte um ihren Freund, er rief ihren Namen. Wie fühlt sich eine Frau, wenn sich herausstellt, dass ihr toter Geliebter *doch* noch da ist? Was will ein Mensch dann anderes, als berühren, fühlen, riechen, zusammenfügen, was als abgeschnitten empfunden wurde?

Und doch sagt Jesus die völlig seltsamen Worte: *noli me tangere*, berühre mich nicht. Was soll sie damit nun anfangen? *Noli me tangere*, die

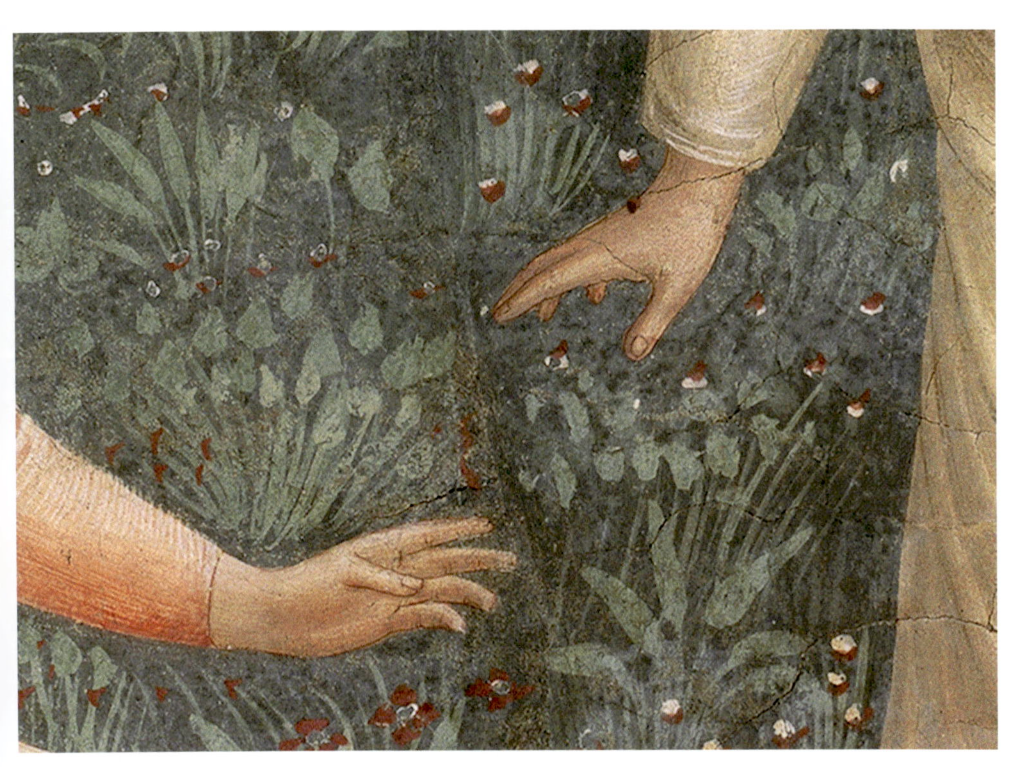

berühmteste auferlegte körperliche Distanz in der Kunstgeschichte, ist bis heute ein Rätsel. Künstler haben wunderbare Versionen davon geschaffen, jede mit einem eigenen emotionalen Gehalt.

In einigen dieser Versionen berührt Maria Magdalena Jesus dennoch, was wir uns in der Isolation, die uns dieses verdammte Virus beschert hat, sehr gut vorstellen können. Oft sieht Jesus wie ein Gärtner aus. Bei Johannes heißt es, dass Maria Magdalena ihn für den Gärtner hielt und ihn erst erkannte, als er ihren Namen sagte.

Auch in dieser Version hier hat Jesus, der insgesamt doch eine himmlische Erscheinung ist – er schwebt sogar ein wenig über dem Gras –, lässig eine Schaufel über die Schultern gelegt. Seine Füße verraten ihn, mit den blutigen Wundmalen, die sich in den roten Blumen im Gras »wiederholen«. Das Blut breitet sich aus wie die Saat, die er in unsere Seelen pflanzt.

Maria Magdalena war also die Erste, und sie war diejenige, die sich am meisten nach seiner körperlichen Nähe sehnte. Sie wurde bereits im 3. Jahrhundert als Jesu »Vertraute« bezeichnet und im gesamten Mittelalter für ihre zentrale Rolle gerühmt; schließlich musste sie den Aposteln mitteilen, dass ihr Herr und Meister auferstanden war (manchmal frage ich mich, ob die Männer ihr wirklich glaubten). Erst in den letzten Jahrhunderten hat sich ihr Ruf gewandelt, ihre Bedeutung hat sich verringert; sie wird eher als Sünderin und Hure gesehen. Aber sie verkörpert die Frau in all ihren Facetten, auch den widersprüchlichen, das ist gerade das Schöne an ihr. Ihre Verbindung mit Jesus war zumindest sehr eng. Das *noli me tangere* mag zwar immer noch ein Rätsel sein, aber es ist dennoch zu einem Symbol für die Beziehung zwischen Gott und dem Menschen, und zwischen Mann und Frau geworden. Und es wurde, ob gewollt oder nicht, in der Kunst zum eindrücklichsten Bild für die manchmal machtlose Leere zwischen den Menschen.

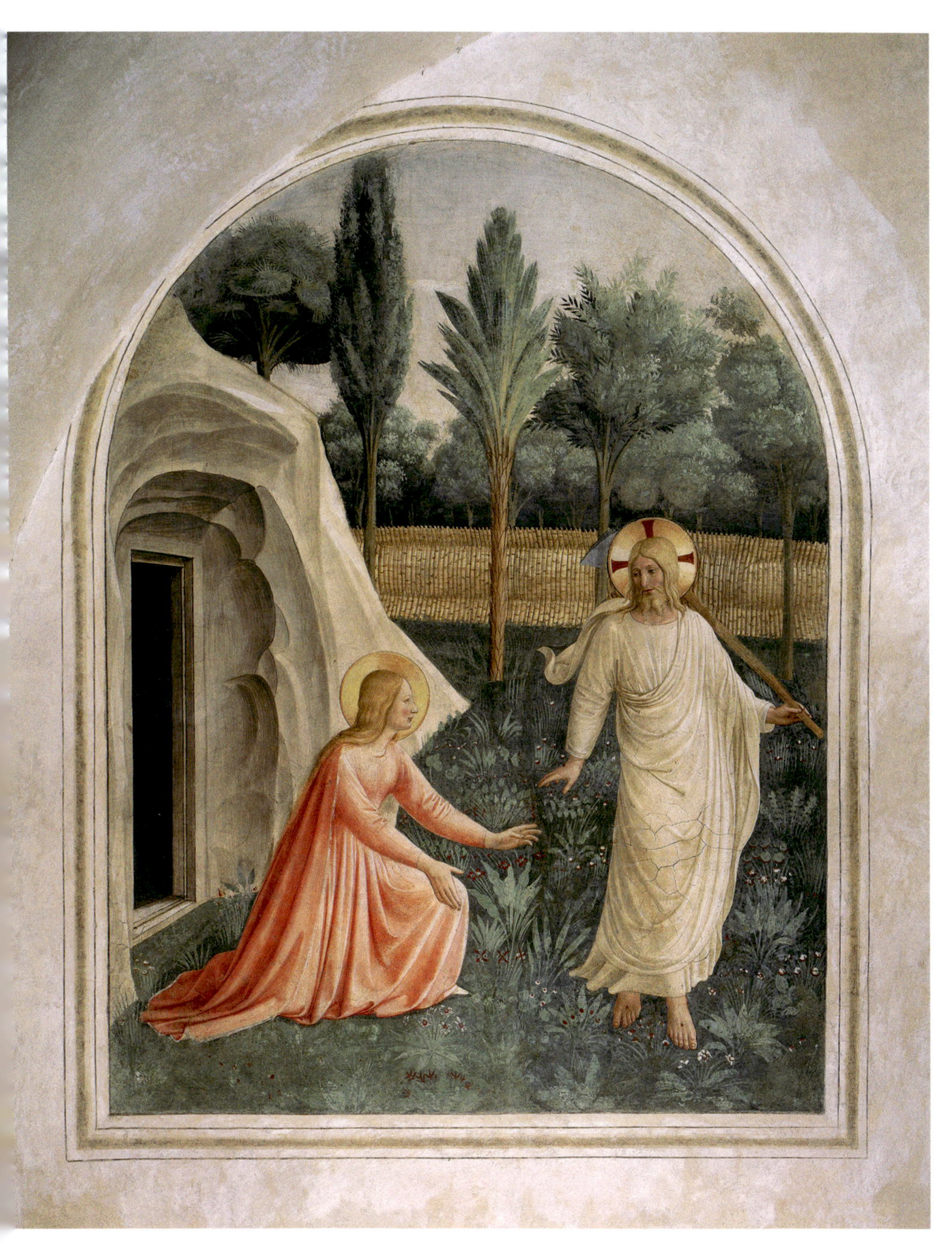

FRA ANGELICO, NOLI ME TANGERE, 1440–42, WANDFRESKO, 166 X 125 CM, ZELLE 1, KLOSTER VON SAN MARCO, FLORENZ

GLÄSERNE GRENZE

Es ist für mich immer ein Vergnügen, in einem Gemälde auf etwas zu stoßen, das mir in einem Kunstwerk niemals zuvor aufgefallen war und das ich deshalb unbewusst als nicht für »malenswert« erachtet hatte. Ich denke, weil jemand etwas Aufmerksamkeit entgegengebracht hat, was auf diese Weise zuvor nicht beachtet worden war. Die Kunst aus der ehemaligen DDR, die ich unlängst in Leipzig und Dresden sehen konnte, war in dieser Hinsicht ein Genuss. Radioantennen, gerippte Garagentore, alte Schreibmaschinen – die sozialrealistische Kunst der DDR hat all diese Dinge sorgfältig und präzise ins Bild gesetzt. So auch dieses Glas, von dem ich nicht einmal den Namen kannte, das aber so typisch und mir aus meiner Jugend so vertraut ist, dass ich im Museumssaal fast laut »Oh ja!« gerufen hätte. Glas, das auf einer Seite hubbelig, rau und uneben ist. Es lässt das Licht durch, aber man kann nicht erkennen, was dahinter ist.

Ein solches Fenster scheint für Maler geradezu ideal zu sein, so wie Paravents ideal sind, um dem Auge des Betrachters etwas zu versprechen, was es doch nie ganz erfassen kann. Aber in diesem Fall lässt sich *wirklich* nichts dahinter erkennen – nicht einmal der verdeckte Umriss der Frau, die wir in der Küche stehen sehen. Dieses Schiebefenster mit den beiden ineinandergeschobenen schmalen Fensterscheiben bildet eine Grenze zwischen ihr und uns. In diesen unzähligen kleinen Flächen reflektiert sich wie in einem wilden Mosaik viel Licht und dennoch dringt nichts durch das Glas hindurch. Weder Farbe noch Form, zumindest nicht hier.

Ein solches Glas war für den Künstler natürlich auch eine Möglichkeit, dem Licht eine bedeutsame Rolle in der Darstellung zu geben, und das tun die Künstler schon seit etwa 800 Jahren. Von den vielen atemberaubenden Details, die in Jan van Eycks *Verkündigung an Maria* (um 1434–36) in der National Gallery of Art in Washington enthalten sind – das Werk ist wirklich

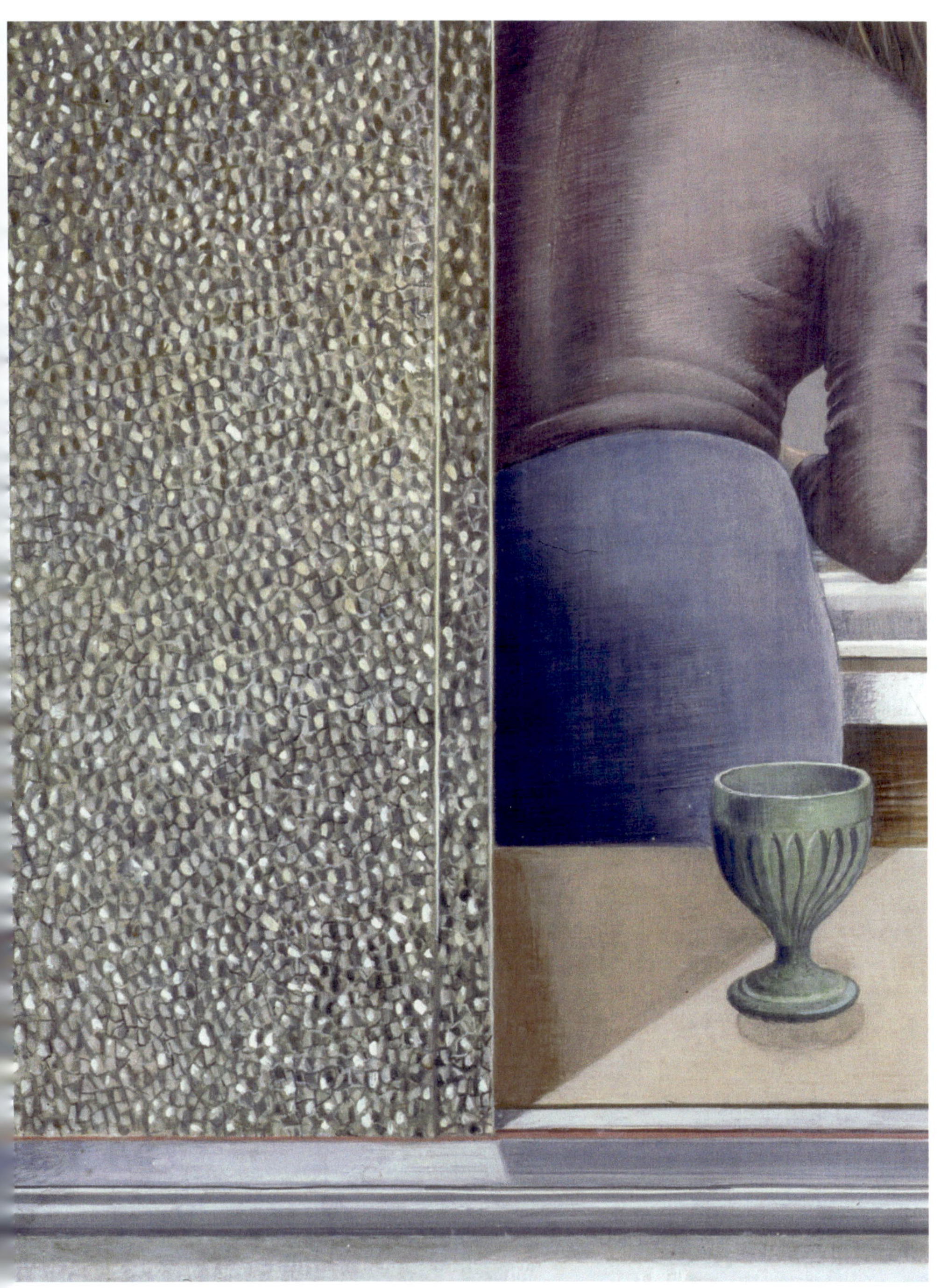

voll davon, glücklicherweise kann es online in sehr großem Format betrachtet werden –, bilden einige Fenster der Kirche, in der sich Maria befindet, ein großartiges Beispiel für eine künstlerische Lichtinszenierung. Diese Fenster sehen aus, als bestünden sie aus Flaschenböden und formen das Licht schön zu Kreisen, wie leuchtende Seifenblasen. Anders als Kurt Dornis hat sich Jan van Eyck hier durchaus bemüht, die Farbe des Lichts durch die Fenster dringen zu lassen, sodass man hinter den drei Fenstern grünes Gebüsch vermuten kann. Verformendes Glas ist ein künstlerischer Scherz.

Ich habe übrigens gelesen, dass das Glas in Kurt Dornis Gemälde Crepi-Glas genannt wird. Das ist einer dieser Begriffe, die nur die Experten im Baumarkt kennen, wenn Kunden nach strukturiertem Glas für ihre Duschkabine fragen. In diesem Gemälde spielen die undurchsichtigen Fensterflügel noch eine weitere wichtige Rolle: Sie distanzieren die Frau vom Betrachter. Das Werk heißt *Zweite Schicht* und hat etwas subtil Kritisches. Da steht sie, die Frau, nach ihrem langen Arbeitstag bei ihrer nächsten Aufgabe, sie arbeitet im Haushalt, um die Familie zu versorgen. Sie hat kein Gesicht, wir sehen sie nur, wie sie anpackt, in einem ruhigen und makellosen Haus, ohne teure Gegenstände, fast unsichtbar.

Diese Hausarbeit ist so selbstverständlich, dass sie kaum wahrgenommen wird. Für uns ist das Bild eine logische Kritik, aber in der DDR-Zeit wurde gerade die arbeitende Frau mit Porträts von Fabrikarbeiterinnen oder hingebungsvollen Müttern zur Heldin gemacht. Dieses Gemälde verrät ein Bewusstsein von dem Tribut, den ein solches Doppelleben fordert, und davon, wie unbeachtet diese Frauen in der Gesellschaft sind. Außer dieser hier, dank Kurt Dornis.

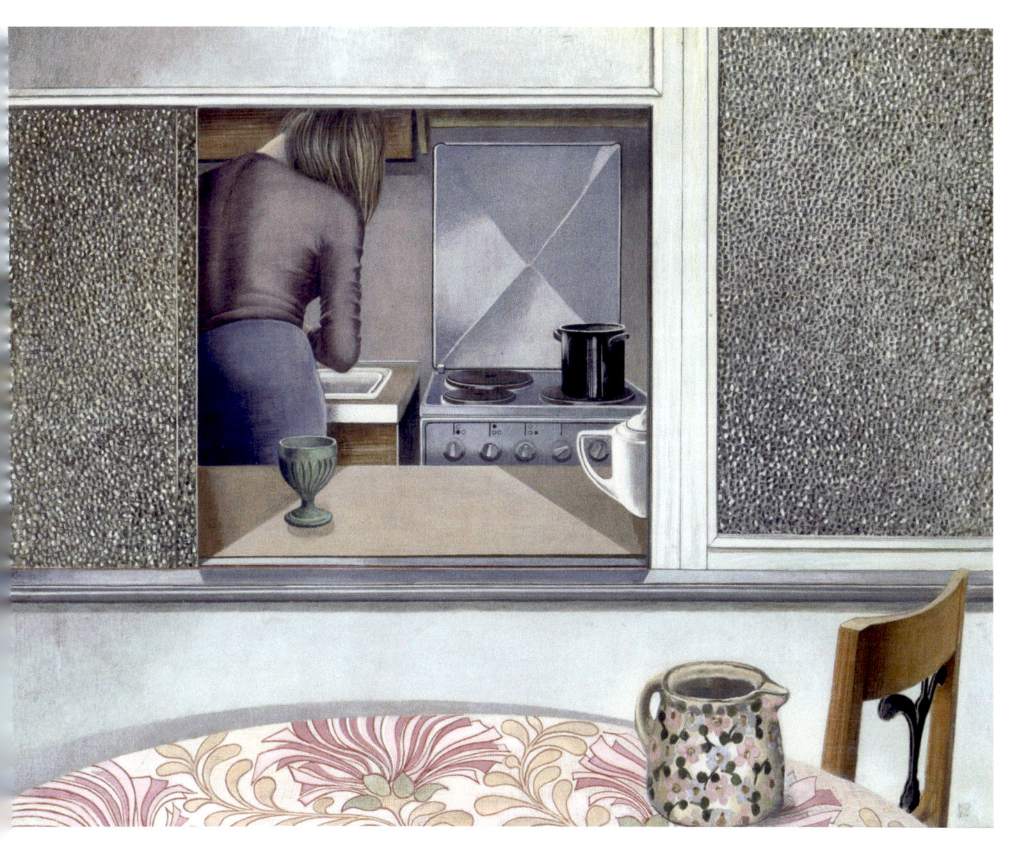

KURT DORNIS, ZWEITE SCHICHT, 1986, MISCHTECHNIK AUF MÖBELSPANPLATTE, 82 X 101 CM, ALBERTINUM | GALERIE NEUE MEISTER, DRESDEN

QUADRATISCH

Es ist immer merkwürdig, mit etwas konfrontiert zu werden, das man aus dem Fernsehen kennt, aber noch nie selbst gesehen hat. Ich habe damals nur wenige Bilder von der DDR aus der Zeit des Kalten Krieges gesehen, aber aus allem, was ich danach erfahren und gesehen habe, habe ich mir ein Bild von dieser Zeit zusammengesetzt. Und dazu wird sicher auch beigetragen haben, dass ich den Fall der Mauer im Fernsehen mitbekommen habe. Ich war 16, und die jubelnde Menge – und David Hasselhoff – haben mich sehr beeindruckt.

Wenn es so etwas wie eine typische DDR-Architektur gibt, ist das der Plattenbau. Damit sind Wohnungen gemeint, die rasterartig in Flächen gezeichnet werden können. Im weiteren Sinne wird damit das Bauen mit vorgefertigten Betonplatten bezeichnet, und das gibt es natürlich auch im Westen. Aber der typische ostdeutsche Plattenbau hat eine Besonderheit. Vor Kurzem wurde ich bei meinem ersten Besuch in Leipzig darauf aufmerksam gemacht und war sofort begeistert. Der Rhythmus in dem scheinbar tristen Gleichgewicht von Balkonen und Fenstern ist unwiderstehlich. Das erste Gebäude, das ich zu sehen bekam, war zudem mit einer spielerischen Art von Mosaikoberflächen ausgestattet, die sich im ständigen Wechsel über die Mauern aus gelblichem Beton verteilten. An der Fassade des Ladens im Erdgeschoß waren verschnörkelte Leuchtbuchstaben zu sehen – in einem Film über die DDR-Zeit könnte dies die erste Einstellung sein.

In der Zeit vor dem Mauerfall mussten die bildenden Künstlerinnen und Künstler zwischen den Regeln, die ihnen auferlegt wurden, permanent lavieren. Strikte Regeln – abstrakte Kunst war nicht erlaubt, sozialistischer Realismus schon –, aber in der Praxis konnte damit beträchtlich geschummelt werden. Was erlaubt war und was nicht, hing oft von der Beziehung

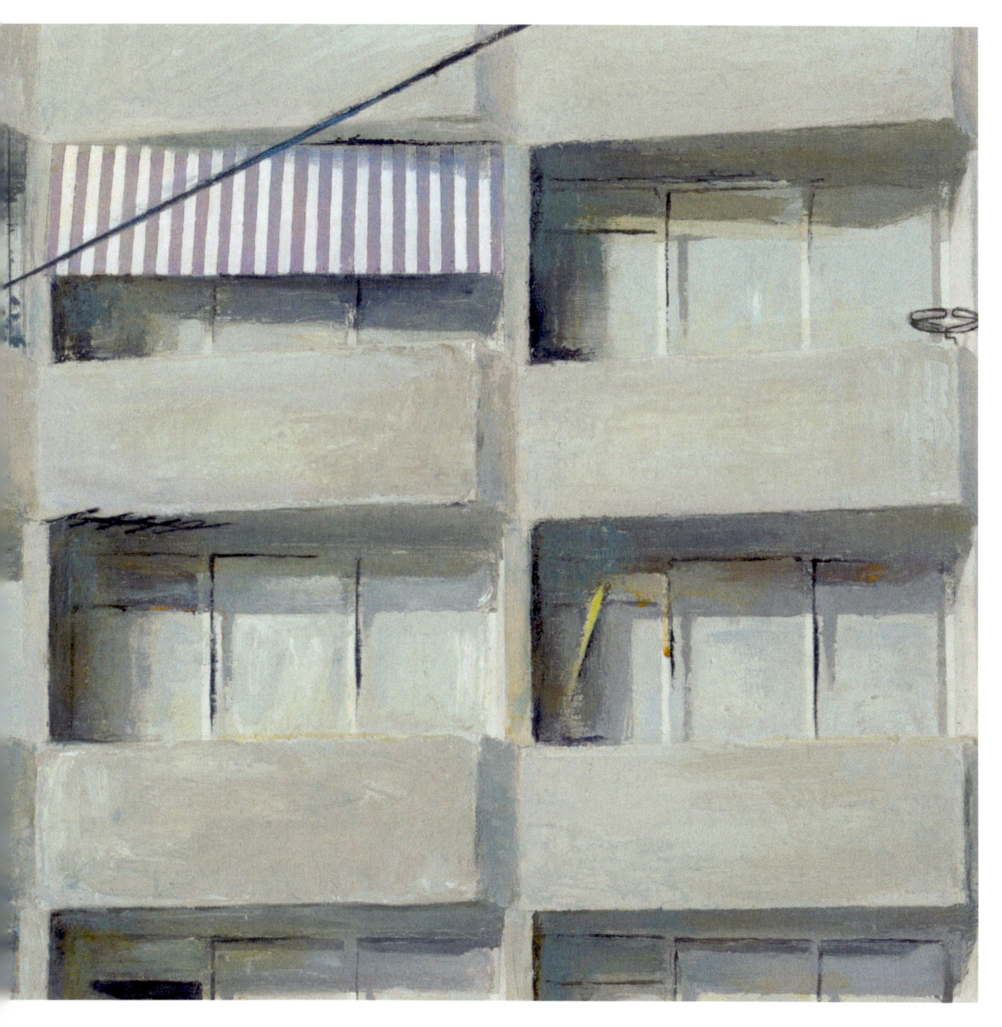

zum Dozenten der Kunstakademie oder dem Auftraggeber ab. Fiel man in Ungnade, konnte man allerdings aus der Kunstakademie oder dem Verband ausgeschlossen werden.

Dieses Gemälde von Wolfram Ebersbach (er lebt und arbeitet noch) ist ein schönes Beispiel für realistische, aber insgeheim doch abstrakte Kunst. Ein typischer Jan Schoonhoven, dachte ich einen Moment lang, dieser niederländische Künstler, der die Kunstrichtung des niederländischen Informel entscheidend mitgeprägt hatte. Mit diesen hübschen kleinen Fächern als Relief, bei denen sich aus jedem Blickwinkel der Schatten und damit die Form verändert. Mit genau den gleichen Schatten, die man sieht, wenn man im Amsterdamer Stedelijk Museum vor diesem einen Schoonhoven, *R 62-16* aus dem Jahr 1962, mit 48 dieser rechteckigen Fächer steht. Aber Ebersbachs Werk, stellte sich heraus, zeigt einen Wohnkomplex. Ob es sich dabei um einen reinen Plattenbau handelt, wage ich nicht zu behaupten, denn die Balkone bilden ein Relief, sie scheinen sogar schräg aus dem Gebäude herauszuragen. In jedem Fall sind sie deutlich in einem Raster angeordnet. Daher auch meine Assoziation mit Schoonhoven – es scheint, als ob die Kunst des Ostens und des Westens doch, irgendwo, eine Verbindung hätte.

Die 28 ganzen (und 14 halben) Fächer, die in diesem Bild insgesamt zu sehen sind, sind die Wohnräume der Unsichtbaren hinter der Mauer, gemalt zu einer Zeit, in der ich – auf der Seite vor der Mauer – 1 Jahr alt war. Jedes Rechteck eine kleine Höhle, wie die Waben in einem Bienenstock, hinter denen gelebt wird. Das sieht man, wenn man näher an das Werk herantritt. Jedes Rechteck – also jeder Balkon – ist anders. Auf dem ganzen Gemälde gibt es nur eine einzige Stelle, an der nichts passiert und die Fenster weiß sind, und die daher am ehesten den tiefen Kästchen ähnelt, die Jan Schoonhoven abends nach seiner Arbeit bei der Post aus Pappmaché bastelte.

Die Menschen in dem Werk sind furchtbar gut versteckt, aber es sind insgesamt acht – einer steht sogar drinnen und schaut uns durch die offene Tür an. Das Menschliche enthüllt sich nur in der Nähe, ein Symbol für eine Gesellschaft, die den einzelnen Menschen nicht in den Mittelpunkt gestellt hat. Und für den Betrachter wird eine angenehme Unordnung erzeugt. Nicht zuletzt mit einem lose herabhängenden Sonnenschutz, der, sobald man ihn einmal gesehen hat, wie ein stiller Widerstand wirkt.

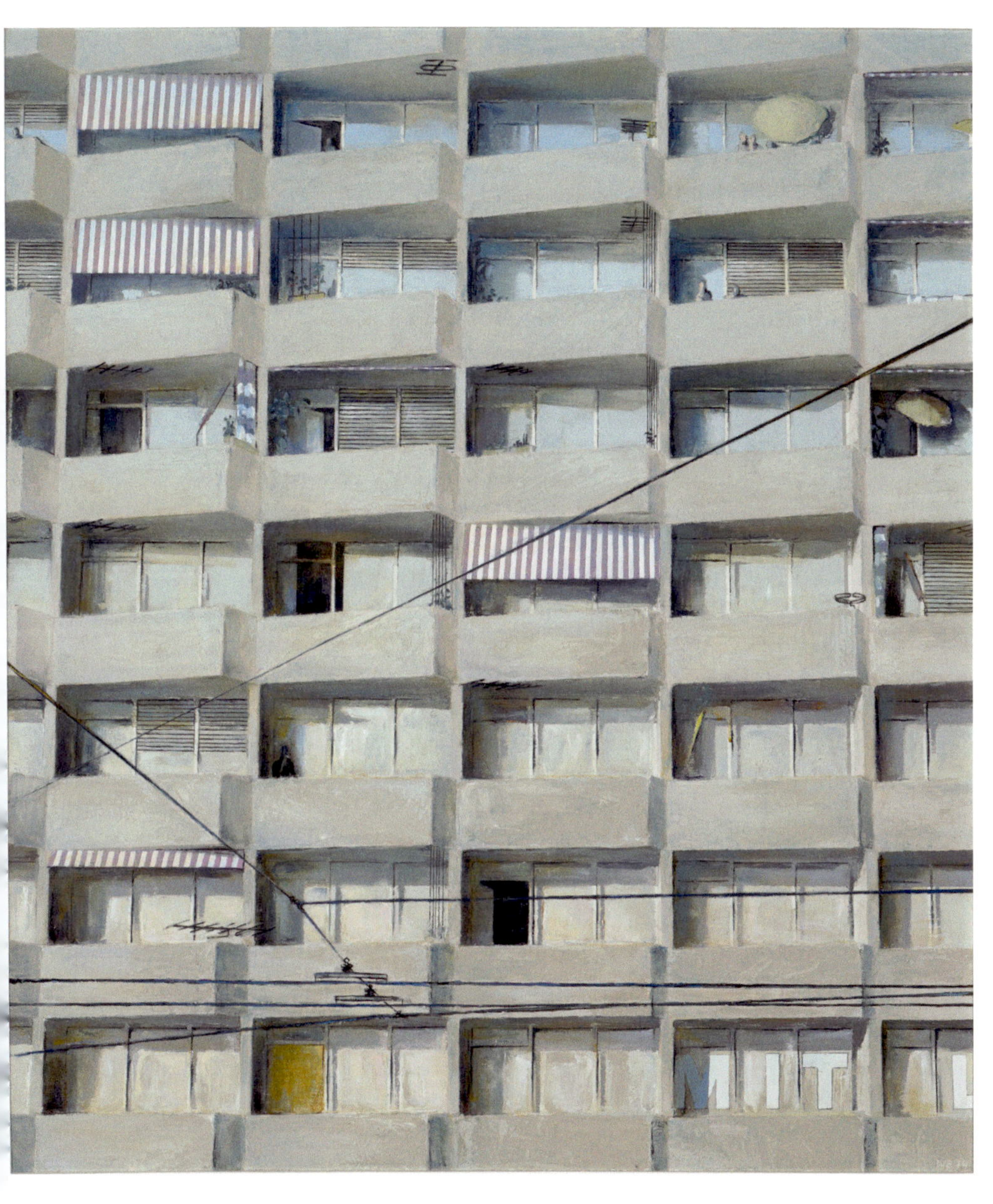

WOLFRAM EBERSBACH, HAUSFASSADE, 1974, ÖL AUF HARTFASERPLATTE, MUSEUM DER BILDENDEN KÜNSTE, LEIPZIG

EIN GESICHT

Eine dieser Personen blickt selbstbewusst durch eine Sonnenbrille, mit erhobenem Kinn. Eine schaut uns direkt an, aber sie scheint mehr in Gedanken zu sein als zu schauen. Eine starrt auf etwas, mit einem Ausdruck von Misstrauen. Eine macht aus dem Starren einen Wettkampf, und ich glaube, sie wird ihn gewinnen. Eine sieht uns mit einem Blick an, als ob wir wissen müssten, was sie meint. Eine ist in Schatten gehüllt, vielleicht auch in Gedanken. Jede von ihnen könnte auch eine Frau sein. Und jede von ihnen ist vielleicht in einer ganz anderen Stimmung, als ich mir aufgrund ihres Blickes gerade zusammengereimt habe.

Die sechs Gesichter von Marlene Dumas, ein Ausschnitt aus 111 Zeichnungen auf einem Stück Schiefer mit dem Titel *Black Drawings*, konfrontieren uns mit zwei psychologischen Automatismen. Erstens: Wenn wir viele Menschen zusammen sehen, die einige Merkmale gemeinsam haben, neigen wir dazu, sie vor allem als Gruppe zu sehen. Zweitens: Jede Interpretation eines Gesichtsausdrucks sagt genauso viel über uns selbst aus wie über diesen Ausdruck. Woher soll ich wissen, ob die Person links oben selbstsicher und nicht beispielsweise traurig ist? Und warum sollte ich den Blick der Person links unten als wetteifernd einstufen? Vielleicht schläft sie ja. Ohne Kontext und Kenntnis weiß man sehr wenig, man stützt sich automatisch auf erlernte Stereotypen.

Die Gesichter sind detailgenau, in der Zusammenstellung sieht man sie als Gruppe. Um diese Erfahrung zu machen, muss man sich eigentlich vor diesem Kunstwerk bewegen. Dann bemerkt man von selbst, wie leicht man zu Generalisierungen neigt und wie schnell man die Details aus den Augen verliert. Ich denke, das war es, was der Autor Arnon Grünberg zum Ausdruck bringen wollte, als er in seinem Vortrag am 4. Mai, dem niederländischen Totengedenktag, sagte: »Für mich war von Anfang an klar: Wenn sie über

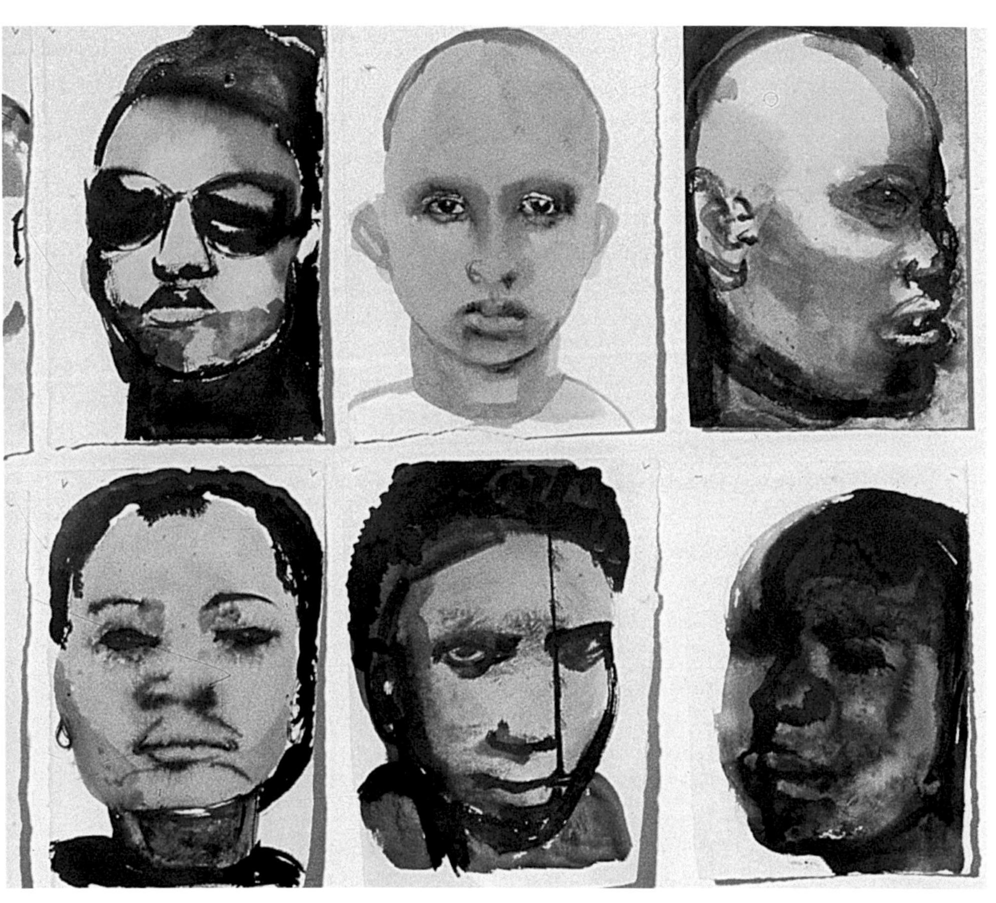

Marokkaner sprechen, dann sprechen sie über mich.« Er weiß, wie es sich anfühlt, wenn man von anderen auf nur eine Eigenschaft reduziert wird. Die Assoziationen über die Gruppe prägen das Urteil über den Einzelnen. Das ist nicht schwer zu verstehen. Marlene Dumas zeigt einfach, wie das funktioniert, in *einem* Kunstwerk.

Wir bilden uns ein Urteil auf Grundlage unserer sozialen Normen, unseres Wissens und unserer Erfahrung. Gegenüber Menschen, bei denen wir uns heimisch fühlen, haben wir eine positivere Einstellung. Für das, was wir häufiger gesehen haben, entwickeln wir automatisch eine Vorliebe. Auf das, was wir nicht kennen, reagieren wir unbewusst mit Angst. Diese schnellen Urteile kommen zustande, bevor wir überhaupt denken, die Begründung dafür folgt erst später.

Ich habe dieses Kunstwerk betrachtet, während in den USA die gewaltsamen Polizeiaktionen und die Proteste nach dem Tod von George Floyd im Gange waren. Dieses Werk hat damit nichts zu tun, ebenso wenig wie mit jüdischen oder marokkanischen Menschen, und dennoch macht es schmerzhaft sichtbar, worum es dabei im Kern geht. Schwarze Männer sind in den USA eine Gruppe, sie werden manchmal kaum als Individuen wahrgenommen. Es gibt viele Ähnlichkeiten mit der Zeit der Apartheid in Südafrika, in der Marlene Dumas (die selbst weiß ist) aufgewachsen ist. Sie malte dieses Bild 1991, ein Jahr, nachdem in ihrem Land das erste Gesetz zur Abschaffung der Rassentrennung in öffentlichen Einrichtungen wie Toiletten, Parks und Spielplätzen verabschiedet worden war.

Dumas hat die Männer mit Ostindischer Tinte gemalt, ohne Hintergrund oder Kontext. Gruppiert, wie wir das unbewusst tun, und wie es im 19. Jahrhundert üblich war, als die Rassentheorie noch als Wissenschaft galt. Aber so detailliert, dass man, aus der Nähe betrachtet, auf jeden einzelnen von ihnen neugierig wird. Auf ihre Stimmung, ihren Charakter, ihre Sehnsüchte und ihre Schönheit. Dumas bringt uns dazu, dass wir uns hin und her bewegen, vor dem Kunstwerk und zwischen unseren schnellen und unseren abgewogenen Urteilen.

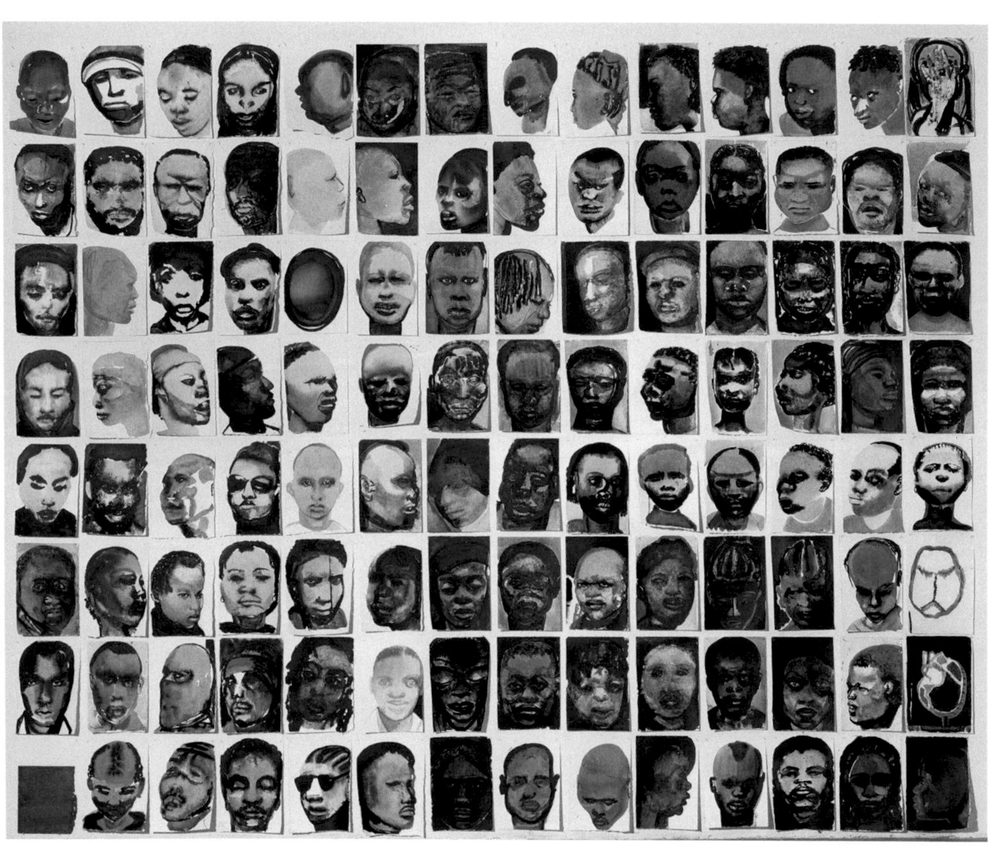

MARLENE DUMAS, BLACK DRAWINGS, 1991–92, LAVIERTE TUSCHE AUF PAPIER, 111 ZEICHNUNGEN (25 x 17,5 CM) UND EINE SCHIEFERTAFEL, GESAMTGRÖßE 230 X 295 CM, MUSEUM DE PONT, TILBURG

QUELLEN UND ERGÄNZENDE LITERATUR

Einleitung

Über Wörter und Bilder:

JAMES ELKINS, *On Pictures and the Words That Fail Them,* Cambridge University Press 2011

Über Urteilsbildung und sozialen Druck:

ZIYAD MARAR, *Oordelen, waarom niemand je ooit zal begrijpen en de voordelen daarvan,* Ten Have 2018

1. Stellen Sie Ihre Meinung zurück

Über den Nutzen schneller Urteile:

MALCOLM GLADWELL, *Blink! Die Macht des Moments*, Campus 2005

Über Fälschungen und darüber, wie man sie (nicht) erkennt:

GEERT JAN JANSEN, *Magenta,* Prometheus 1998

Über das Denken in System 1 und 2:

DANIEL KAHNEMAN, *Schnelles Denken, langsames Denken,* Siedler 2012

Über das Experiment mit dem unsichtbaren Gorilla:

DANIEL J. SIMONS & CHRISTOPHER F. CHABRIS, *The Invisible Gorilla. And Other Ways Our Intuitions Deceive Us,* Crown Publishing Group 2010

2. Wir sind, was wir meinen

Über Einsamkeit in der Kunst:

OLIVIA LAING, *The Lonely City. Adventures in the Art of Being Alone,* Picador 2017

Über den intentionalen Fehlschluss:

W.K. WIMSATT JR. & M.C. BEARDSLEY, „The Intentional Fallacy", in: *The Sewanee Review,* 1946, Bd. 54, Nr. 3 (Juli–September), S. 468–488 (via JStor)

Über *mood congruent memory:*

JOHN D. MAYER, LAURA J. MCCORMICK & SARA E. STRONG, „Mood-Congruent Memory and Natural Mood: New Findings", in: *Personality and Social Psychology Bulletin*, 1. Juli 1995, 21(7), S. 736–746

Wie Emotionen bei unserer Urteilsbildung „Regie führen":

GERALD L. CLORE & JEFFREY R. HUNTSINGER, „How Emotions Inform Judgment and Regulate Thought", in: *Trends in Cognitive Science*, September 2007, 11(9), S. 393–399

Wie unbewusste Urteile unsere visuelle Wahrnehmung beeinflussen:

BEVERLEY PICKARD-JONES, „How Our Unconscious Visual Biases Change the Way We Perceive Objects", in: *The Conversation*, 15. Januar 2019 (online)

3. Was wir nicht verstehen, macht uns neugierig
Warum Ehrfurcht erweckende Erfahrungen notwendig und gesund sind:
DACHER KELTNER, „Why Do We Feel Awe?“, in: *Greater Good Magazine*, Mai 2016 (online)
DACHER KELTNER & JONATHAN HAIDT, „Approaching Awe. A Moral, Spiritual, and Aesthetic Emotion“, in: *Cognition and Emotion*, 2003, 17(2), S. 297–314
MICHELLE N. SHIOTA, DACHER KELTNER & AMANDA MOSSMAN, „The Nature of Awe: Elicitors, Appraisals, and Effects on Self-concept“, in: *Cognition and Emotion*, 2007, 21(5), S. 944-963

4. Kunst ist geduldig
Zitat über Rubens:
WIETEKE VAN ZEIL, „Ich bin ein Europäer“, in: *de Volkskrant*, 31. Mai 2013
Über den Mere-Exposure-Effekt:
ANDREW LITTRELL, „The Mere Exposure Effect“, in: *Social Psych Online*, 15. März 2016 (online)
Die ursprüngliche Studie zu *mere exposure*:
ROBERT B. ZAJONC, „Attitudinal Effects of Mere Exposure“, in: *Journal of Personality and Social Psychology*, 1968, 9(2, Pt. 2), S. 1–27
Über die Studie zu *mere exposure* in einem Hörsaal:
RICHARD L. MORELAND & SCOTT R. BEACH, „Exposure Effects in the Classroom: The Development of Affinity among Students“, in: *Journal of Experimental Social Psychology*, 1992, 28(3), S. 255–276
Über *mere exposure* und Kunst:
JAMES E. CUTTING, „Mere Exposure and Aesthetic Realism“, in: *Leonardo*, Januar 2017, 50(10), S. 64–66

5. Du hättest dabei sein sollen
Über Kunst als Sockenpuppe für Erwachsene:
DONALD W. WINNICOTT, *Playing and Reality*, Routledge, 2008 (ursprünglich: 1971)
Über die „Aura“ und das authentische Kunstwerk:
WALTER BENJAMIN, *Das Kunstwerk im Zeitalter seiner technischen Reproduzierbarkeit*, Suhrkamp 2007 (ursprünglich: 1935)
Über den Drang zur Optimierung:
JIA TOLENTINO, *Trick Mirror. Über das inszenierte Ich*, Kapitel: „Optimierung ohne Ende“, Fischer 2019, S. 86–121

6. Begrüße die Veränderung mit offenen Armen
Über Joseph und Laure:
Le Modèle Noir, de Géricault à Matisse, Ausstellungskatalog Paris, Musée d’Orsay 2019

Warum es schwierig ist, sein Denken zu ändern:
ELIZABETH SVOBODA, „Why Is It So Hard to Change People's Minds?", in: *Greater Good Magazine*, 27. Juni 2017 (online)
Über die Neigung, bei Zweifeln seine ursprüngliche Behauptung umso härter zu verteidigen:
DAVID GAL & DEREK D. RUCKER, „When In Doubt, Shout!: Paradoxical Influences of Doubt On Proselytizing", in: *Psychological Science*, 13. Oktober 2010, 21(11), S. 1701–1707
Über die Vorteile der Veränderung des Denkens:
MARTHA JEONG, LESLIE K. JOHN, FRANCESCA GINO & LAURA HANG, „Changing Your Mind Makes You Seem Intelligent", in *Harvard Business Review*, 11. September 2019 (online)
Warum Fakten nicht genügen, um das Denken von Menschen zu verändern:
ELIZABETH KOLBERT, „That's What You Think", in: *The New Yorker*, 27. Februar 2017, online erschienen unter dem Titel „Why Facts Don't Change Our Minds"
Zitat über Antworten als Eigentum:
ALEX LICKERMAN, „Changing Your Mind", in *Psychology Today*, 7. August 2011 (online)
Warum unser Gehirn nicht plötzlich seinen Kurs ändern kann:
BRET STETKA, „The Neuroscience of Changing Your Mind", in: *Scientific America*, 7. Dezember 2017 (online)
Forschung zu den neurologischen Ursachen des Fakts, dass sich schnelle Entscheidungen nicht sofort rückgängig machen lassen:
KITTY Z. XU, B.A. ANDERSON, E. E. EMERIC, U. A., „Neural Basis of Cognitive Control over Movement Inhibition: Human fMRI And Primate Electrophysiology Evidence", in: *Neuron*, 96(6), S. 1447–1458
Zadie Smith über das Leben mit mehreren inneren Stimmen:
ZADIE SMITH, *Sinneswechsel. Gelegenheitsessays,* 2015, Kapitel: „In Zungen reden", Kiepenheuer & Witsch 2015, S. 209–235
Über den historischen Kontext von Sankt Nikolaus:
WIETEKE VAN ZEIL, *Sieh hin! Ein offener Blick auf die Kunst,* Kapitel: „Ein heimliches Geschenk", S. 190–193, E. A. Seemann 2021

Essay 1: Die Farbe von Jesus
Über das Christentum als „a black man's religion":
ALBERT CLEAGE, „The Quest for a Black Christ", in: *Ebony*, März 1969
Über den weißen Jesus in Hollywood und in der Popkultur:
MATTHEW C. WHITAKER, „Race, Religion and Cultural Competency", auf der Website *Diamond Strategies*, 24. September 2016 (online)
Über den südafrikanischen Schwarzen Jesus von Ronald Harrison:
RONALD HARRISON, *The Black Christ. A Journey to Freedom,* David Philip 2006

Riz Ahmed über die Rollen, die ein Schwarzer Schauspieler bekommt:
RIZ AHMED, „Typecast as a Terrorist", in: *The Guardian,* 15. September 2016
Martin Luther King über die Farbe Jesu:
DR. MARTIN LUTHER KING, JR., „Advice for Living", Fragenrubrik in: *Ebony,* Oktober 1957

Essay 2: Werden wir Künstlerinnen nun endlich lieben?
Zum Zitat von Denis Diderot über Anna Dorothea Therbusch, und das Beispiel von Adélaïde Labille-Guiard, deren Werk „zu gut war", um von einer Frau zu sein:
CAROLINE CHAPMAN, *Eighteenth-Century Women Artists. Their Trials, Tribulations and Triumphs,* Unicorn Publishing Group 2017
Die Bemerkung über Berthe Morisot, die nach Ansicht zeitgenössischer Kritiker einen „typisch weiblichen Stil" hatte, der auf „Unsicherheit und Bescheidenheit" beruhte, stand bei der Ausstellung zu Berthe Morisot 2019 im Musée d'Orsay auf der Wand.
Über (die Kritiker von) Artemisia Gentileschi:
JESSE M. LOCKER, *Artemisia Gentileschi. The Language of Painting,* Yale University Press 2015
ALESSANDRO GRASSI, *Artemisia Gentileschi,* Pacini Editore 2017
Über Künstlerinnen in den Niederlanden:
ELIZABETH SUTTON, *Women Artists and Patrons in the Netherlands,* 1500–1700, Amsterdam University Press 2019
ELS KLOEK, *Vrouwen en kunst in de Republiek, een overzicht,* Verloren 1998
Vasari über Künstlerinnen:
GIORGIO VASARI, *Lebensläufe der berühmtesten Maler, Bildhauer und Architekten,* Manesse 2007 (ursprünglich: 1550)
Über Lavinia Fontana und Sofonisba Anguissola:
A Tale of Two Women Painters: Sofonisba Anguissola and Lavinia Fontana, hg. v. Leticia Ruiz, Ausstellungskatalog Madrid, Prado 2019/2020
Über die steigende Zahl von Künstlerinnen in der Ausstellung des MoMA:
JERRY SALTZ, „Where Are All the Women?", in: *New York Magazine,* 15. November 2007
JERRY SALTZ, „My Final Words on MoMA's Woman Problem", in: *Vulture,* 20. November 2013
ANNE VAN DRIEL, „In New York heeft Picasso gezelschap gekregen van een zestig jaar jongere vrouw", in: *de Volkskrant,* 20. Oktober 2019
Über die Tate Modern und Künstlerinnen:
HELEN GØRRILL, „Are Women Artists Worth Collecting? Tate Doesn't Seem to Think So", in: *The Guardian,* 13. August 2018
HANNAH ELLIS-PETERSEN, „How the Art World Airbrushed Female Artists from History", in: *The Guardian,* 6. Februar 2017

Forschung zum Ankauf von Kunstwerken von Künstlerinnen in britischen Museen:
CHARLOTTE BURNS & JULIA HALPERIN, „Museums Claim They're Paying More Attention to Female Artists. That's an Illusion", in: *ArtNews*, 19. September 2019 (online)
Linda Nochlins Essay über große Künstlerinnen:
LINDA NOCHLIN, „Why Have There Been No Great Women Artists?", in: *ArtNews*, 1971 (online 30. Mai 2015)
Über unbewusste Vorurteile und warum wir Eigenschaften von Männern und Frauen unterschiedlich bewerten:
TONY GREENWALD, MAHZARIN BANAJI & BRIAN NOSEK, *Project Implicit*, Harvard, seit 1998 (online)
Über geschlechtsspezifische Vorurteile und die Bewertung von Kunst:
RENÉE B. ADAMS, ROMAN KRÄUSSEL, MARCO A. NAVONE & PATRICK VERWIJMEREN, „Is Gender in the Eye of the Beholder? Identifying Cultural Attitudes with Art Auction Prices", in *CFS Working Paper Series 595*, 6. Dezember 2017
Über die Möglichkeiten von Frauen, Kunst zu schaffen:
VIRGINIA WOOLF, *A Room of One's Own*, Hogarth Press 1929. Deutsch: *Ein Zimmer für sich allein*, Reclam 2012
Über Gauguin und seine jungen polynesischen Geliebten:
Gauguin. Portraits, hg. v. Cornelia Homburg und Christopher Riopelle, Ausstellungskatalog London, National Gallery 2019

Essay 3: Sprezzatura, oder die Kunst der Mühelosigkeit
Über den neuen Arbeitsdruck bei Geistesarbeitern:
JONATHAN WITTEMAN, „De 9-to-5-mentaliteit definitief voorbij", in: *de Volkskrant*, 12. März 2016
Castiglione über *sprezzatura*:
BALDASSARE CASTIGLIONE, *Der Hofmann (Il Cortegiano)*, Wagenbach 2004 (ursprünglich: 1528)
Über die *sprezzatura* von Raffael, Bernini und Michelangelo:
PETER BURKE, *The Fortunes of the Courtier. The European Reception of Castiglione's Cortegiano*, Pennsylvania State University Press 1996
LYNN M. LOUDEN, „‚Sprezzatura' in Raphael and Castiglione", in: *Art Journal*, 28(1), 1968, S. 43–49 u. 53
PATRICIA A. EMISON, *Creating the Divine Artist from Dante to Michelangelo*, Brill 2004
Cal Newport über Arbeitsdruck und Konzentration:
IANTHE SAHADAT, „Hoe worden we productiever? ‚Weg met de smartphone'", Interview in: *de Volkskrant*, 30. August 2016
Über die Notwendigkeit von Ruhe für Konzentration:
ROBBERT DIJKGRAAF, „De superkracht van de 21ste eeuw: Extreem geconcentreerd werken", in: *NRC Handelsblad*, 30. März 2016

Über die Bedeutung von Tagträumen für Kreativität:

RICHARD FISHER, „Daydream Your Way to Creativity“, in: *The New Scientist,* 13. Juni 2012

Über die Bedeutung abschweifender Gedanken für kreative Arbeit:

CLAIRE M. ZEDELIUS & JONATHAN SCHOOLER, „Mind Wandering ‚Aha's‘ versus Mindful Reasoning: Alternative Routes to Creative Solutions“, in: *Frontiers in Psychology,* 17. Juni 2015

Essay 4: Banksy zum Apéro

Über Banksys Stunt:

CHRIS JOHNSTON, „Banksy Auction Stunt Leaves the Art World in Shreds“, in: *The Guardian,* 6. Oktober 2018

Zitat von Alex Branczik, Leiter für Zeitgenössische Kunst bei Sotheby's, über den ‚neuen‘ Banksy:

MATTHA BUSBY, „Woman Who Bought Shredded Banksy Artwork Will Go Through with Purchase“, in: *The Guardian,* 11. Oktober 2018

Über die Geldvernichtung durch The K Foundation:

ANDREW SMITH, „Burning Question“, in: *The Observer,* 13. Februar 2000

Über die Steuervorteile der Zerstörung des Maybachs durch Jay-Z & Kanye West:

ZACH O'MALLEY GREENBURG, „Jay-Z and Kanye West Tax Deduction“, in: *Forbes Magazine,* 17. April 2012

Über die Theorie, dass Banksy Robert Del Naja von Massive Attack ist:

CRAIG WILLIAMS, *„How the World's Most Elusive Artist May in Fact Be ‚Artists'“*, Blog auf glasgowtransmission.wordpress.com, 29. August 2016

Über Anarchismus und Zerstörung:

MICHAIL BAKOENIN, „The Reaction in Germany“, in: *From the Notebooks of a Frenchman* (unter dem Pseudonym Jules Elysard), 1842

Zitat von Bansky:

BANKSY, *Wall and Piece,* Century 2005

REGISTER DER KÜNSTLER UND KÜNSTLERINNEN

DANK

In diesem Buch habe ich 37 Details aus Kunstwerken besprochen. Davon wurden 5 von Frauen geschaffen – soweit ich weiß, denn bei 4 Kunstwerken wissen wir nicht mehr, wer sie geschaffen hat. In meinem ersten Buch *Dichterbij* aus dem Jahr 2015 gab es keine einzige Frau. Ich bin allen überaus dankbar, die mich darauf aufmerksam gemacht haben, was ich anfangs nicht genug beachtet hatte. Es ist eine große Freude, dass mich viele Kunstwerke ein wenig verändert und mir zu neuen Urteilen und Einsichten verholfen haben. Den Künstlern und Künstlerinnen selbst gebührt daher der größte Dank dafür, dass ich in diesem Buch von diesem Vergnügen berichten kann, aber auch all den Menschen in den Museen, die die Kunstwerke für ihre Säle ausgewählt haben. Ich bin immer noch ein wenig überrascht, wenn ich meinen Namen auf einem so schönen Buchumschlag sehe; ich werde es nie als selbstverständlich ansehen, und das ist auch gut so, denn das ist es nicht. Bevor ich das Wagnis überhaupt einging, glaubte eine Verlegerin an mich: Leonoor Broeder, die mir die Türen öffnete, Marcella van der Kruk, die meine Texte mit Geduld und Interesse las und an ihnen feilte. Ihre Ruhe und ihr Enthusiasmus machten die Arbeit an diesem Buch immer mehr zu einem Vergnügen als zu einem Ringen. Allen Mitarbeitern des Verlags, die mit großem Engagement halfen, dieses Buch in die Welt zu bringen, ganz herzlichen Dank. Vielen Dank auch an Julia Wouters für ihr untrügliches Gespür für klare Sprache. Mein Dank gilt auch den Redakteuren, die in früheren Phasen mitgelesen haben. Chris Buur, Sara Berkeljon und Aimée Kiene ermutigen mich immer wieder, unbefangen zu schreiben und neue Themen zu erkunden. Wenn dieses Buch Freude beim Betrachten bereitet, so liegt das an der Hingabe all derer, die es zu einem solchen Schmuckstück gemacht haben: Marina Reuten, Deborah van der Schaaf, Najib Nafid und in früheren Phasen die Bildredakteurinnen Lisette Schmidt und Melissa Peen. Für ihre Wärme und ihre Urteilsschärfe bin ich meinen Freundinnen sehr dankbar. Von Gwen und Paul Vroom fühlte ich mich immer uneingeschränkt unterstützt. Und schließlich kam aus den Ecken des Hauses, in dem ich den größten Teil dieses Buches geschrieben habe, die beste Kombination aus Liebe und Relativierung: Giuseppe, Raul und Virginia, ich liebe euch.

BILDNACHWEIS

Seite 9: Foto: Ilya Rabinovich
Seite 14: Foto: c/o pictoright amsterdam 2020
Seite 56/57: © Kehinde Wiley Studio
Seite 63/65: Foto: resource-online.nl. c/o pictoright amsterdam 2020
Seite 67/69: © Estate of Chuck Close, courtesy of Pace Gallery, Foto: Ellen Page Wilson
Seite 75: © Kara Walker, courtesy of Sikkema Jenkins & Co. and Sprüth Magers, Foto: Jason Wyche
Seite 93/95: © Gerhard Richter 2022 (0174)
Seite 137: Foto: Autorin
Seite 145/147: Foto: Uwe Walther, Berlin
Seite 153/155: © Kehinde Wiley Studio, courtesy of Galerie Templon, Paris, Foto: Diane Arques/ADAGP, Paris, 2019
Seite 165/167: © Thomas Struth
Seite 177/179: © Mona Hatoum, Foto: Autorin
Seite 185/187: akg-images
Seite 189: Foto: Sotheby's
Seite 203/205: © Kurt Dornis, Werk: Inv.-Nr. 88/02, Albertinum | Galerie Neue Meister, Dresden
Seite 207/209: Werk: Inv. Nr. G 2327, Museum der bildenden Künste Leipzig
Seite 211/213: © Marlene Dumas, Foto: Peter Cox, Eindhoven

Für die Werke von Marina Abramović und Ulay, Salvador Dalí, Kurt Dornis, Wolfram Ebersbach, Anya Gallaccio, Edward Hopper, Georgia O'Keeffe, Neo Rauch © VG Bild-Kunst, Bonn 2022

IMPRESSUM

Die niederländische Originalausgabe erschien bei Uitgeverij Atlas Contact, Amsterdam, unter dem Titel *Altijd iets te vinden. De Kunst van het oordelen*
www.atlascontact.nl; www.wietekevanzeil.nl,
Wieteke van Zeil auf Instagram: @artpophistory

Für die deutsche Ausgabe

in der E. A. Seemann Henschel GmbH & Co. KG, Leipzig
www.seemann-henschel.de

Projektmanagement: Nora Schröder
Lektorat: Nora Schröder, Nadine Fischer
Übersetzung: Bärbel Jänicke, Berlin
Grafik: Barbara Hinz, Leipzig, www.bureaubara.de
Herstellung: feingedruckt – Print und Medien, Neumünster

ISBN 978-3-86502-481-7

Die Deutsche Nationalbibliothek verzeichnet diese Publikation in der Deutschen Nationalbibliografie; detaillierte bibliografische Daten sind im Internet über http://dnb.dnb.de abrufbar.

Cover: Kehinde Wiley, *General John Burgoyne,* 2017, Öl auf Leinwand, 182,5 x 152,5 cm, Leihgabe aus Privatbesitz, im Albertinum | Galerie Neue Meister, Dresden, © Kehinde Wiley Studio
Backcover: Wieteke van Zeil, Foto: Nina Schoollardt

BÄRBEL JÄNICKE
ist Übersetzerin wissenschaftlicher Texte und literarischer Sachbücher aus dem Niederländischen. Sie studierte Philosophie, Kunstgeschichte und Archäologie. 2021 wurde sie mit dem Else-Otten-Übersetzerpreis ausgezeichnet.

N ederlands letterenfonds dutch foundation for literature

Die Übersetzung dieses Buches wurde von der niederländischen Stiftung für Literatur gefördert.

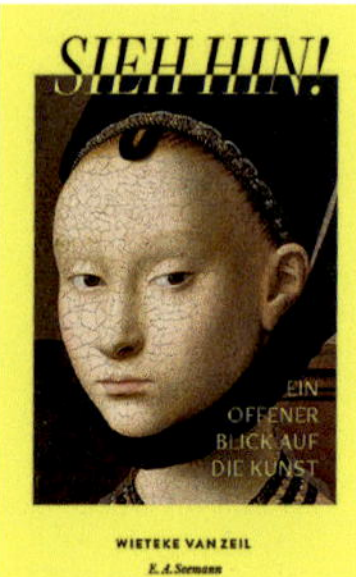

Außerdem lieferbar von derselben Autorin bei E. A. Seemann:

SIEH HIN!
Ein offener Blick auf die Kunst
ISBN 978-3-86502-470-1